W0213228

Christian von Chmielewski

MEINE SIEBEN ONKEL

Versuch einer privaten
Zeitgeschichte

Neske

Alle Rechte vorbehalten. © Verlag Günther Neske
Pfullingen 1985. Schutzumschlag von Brigitte Neske.
Umschlagfoto Bert Burgemeister
Gesamtherstellung bei Wilhelm Röck, Weinsberg.
Printed in Germany. ISBN 3 7885 0283 5

Inhalt

»Zu schildern vermögen wir nur, was wir begreifen und verstehen, daher kein Mensch vom andern ein getreues Bild zu entwerfen vermag, ja keiner von sich selbst. Es sind nur Bruchteile, die wir aneinander erkennen, um so geringere, als die uns entgegenstehende Natur die unserige überragt, und solche Bruchstücke können es denn auch nur sein, die sich in meiner Erzählung von den Personen finden, die ich schildere.«

Wilhelm von Kügelgen

1 Das Fräulein aus dem See

Auf Strümpfen schlichen wir uns aus dem Hause, Onkel Gustav und ich. Die Fensterläden waren noch geschlossen, die Tauben noch in ihrem Schlag, und die Sonne war noch nicht über die Dächer gestiegen. Tau schimmerte auf seinem Marmorschild »Dentist«.

Er nahm sich frei, weil es mein letzter Ferientag war, das Ende des heißen, strahlenden Sommers 1923. Die Arbeit ließ er liegen, die Patienten schlug er sich aus dem Kopf, um noch einmal mit mir über die Felder an den See zu gehen.

»Kann sein, wir treffen Binsebill«, sagte er, als die letzten Häuser von Joachimsthal hinter uns lagen. Kornblumen und Mohn standen am Wege, wilde Kamille und Disteln. »Binsebill ist früh auf an Tagen wie heute.«

Onkel Gustav war neunundvierzig und ich acht Jahre alt. In der Familie hieß es, er sei sonderbar, ein unruhiger Geist, der es nirgends lange aushalte; von Schwedt sei er nach Templin gezogen, von Templin nach Pasewalk und von Pasewalk nach Joachimsthal. Es gehe bei ihm hü und hott, und schlimmer noch, er habe die Gedanken nicht immer alle beieinander.

»Binsebill sitzt morgens im Schilf«, erzählte er. »Und wenn sie gut gelaunt ist, wünscht sie einem Guten Tag.«

Der Sand knirschte unter unseren Schuhen, und die ersten Lerchen standen am Himmel. Ich folgte ihm in schnellen, kleinen Schritten. Seine Hand streifte die Ähren; sie fielen mir entgegen, gelb und schwer. Sein rechter Arm schien länger als der linke zu sein, denn er hatte eine schiefe Schulter. »Junge, wird es dir nicht zu viel?«

Es ist mir nie zu viel geworden. Ich folgte ihm in den Ferien auf Schritt und Tritt: In den Garten, wenn er die Beete umgrub und Regenwürmer in eine Büchse sammelte, zu den Bienen, wenn er nach ihren Körben sah, und in seine Werkstatt. Sie lag neben der Küche und hing voller Fliegenfänger. Ich sah zu, wie er Gips anrührte, künstliche Zähne einpaßte und Gebisse formte. Ich kannte das Rauschen seines Bunsenbrenners und das Surren der Bohrmaschine. Polierte er fertige Teile, so durfte ich die Maschine treten, und quietschte das Schwungrad, durfte ich sie ölen. »Gut gemacht, mein Sohn«, pflegte er dann zu sagen. Kinder hatten er und Tante Lenchen nicht; so sah er in mir, wenn es ihm gerade gefiel, seinen Sohn. Er weckte mich morgens mit einem Apfel und gab mir abends Ziegenmilch zu trinken.

Von Binsebill, der Nixe, hatte ich schon gehört. In Joachimsthal hieß sie »Das Fräulein aus dem See«; und es gab Leute, die behaupteten, sie hätten sie getroffen. Sie trage Seerosen im Haar, schenke Kindern Glasperlen oder Türkischen Honig und sei verschwunden, sobald man sie anspreche. Ein feuchter Fleck bleibe zurück, das sei alles.

Ich ließ mir nichts vormachen. Binsebill gab es nicht. Ich kam aus Berlin, wo Leuchtreklamen am Himmel spielten, Omnibusse mit Oberdeck fuhren und die Spartakisten geschossen hatten. Von Geistern war bei uns nicht die Rede.

Vor uns tauchte eine Gruppe alter Eichen auf. Sie waren ineinander gewachsen wie Geschwister, und zwischen den Stämmen schimmerte der See. »Die Sonne steht schon zu hoch«, sagte Onkel Gustav. »Wir werden sie nicht mehr treffen. Aber macht nichts, es wird ein schöner Tag.«

Ob er wirklich an Binsebill glaubte? Und nicht wußte, daß es Nixen nicht mehr gab? Ebensowenig wie Zwerge? Mein Vater war Ingenieur. Er baute an der Untergrundbahn, tief unter den Straßen. Er kannte sich in dem Dunkel unten aus: Zwerge hatte er nie gesehen.

Im Schilf lag der Kahn des Försters. »Rein mit dir!« rief Onkel Gustav. »Ich hoffe, du kannst steuern?« Er hielt den Strick, sprang mir nach und tat so, als hätten wir nie von Binsebill gesprochen.

Nixen gab es im Zirkus Busch, nicht weit vom Bahnhof Friedrichstraße. Sie hatten langes blondes Haar, silberne Bänder um die Stirn und schwammen im Weihnachtsprogramm unter Leuchtfontänen. Mein Vater wußte alles: Wenn sie keine Nixen waren, tanzten sie im Metropol-Theater.

Onkel Gustav ruderte hinaus auf den See. Frisch und blank lag er vor uns, im Licht der aufsteigenden Sonne. Der Kahn roch nach Teer. Er war flach und breit; die grüne Farbe blätterte ab, und das Steuer knarrte.

Ich hielt den Griff mit beiden Händen. »Gut so!« lobte Onkel Gustav. »Und jetzt zur Seite damit... weiter, noch weiter!« Ich drückte das abgegriffene Holz bis an den Rand des Kahns. Wir drehten uns, und ich beugte mich über das Wasser. Es war so klar wie der Himmel. Grüne Nebel waren in der Tiefe zu erkennen, durchsichtige Schleier, die sich ineinander wanden. Unter ihnen dämmerte der rötliche Grund.

»Du bist der Steuermann!« Onkel Gustav fing den Kahn wieder ab. Wir nahmen Kurs auf das jenseitige Ufer, auf Türme, Dächer und Bäume: winzige Punkte, die in den Wellen tanzten. »Es wird Zeit, daß wir hinüber kommen. Oder hast du noch keinen Hunger?«

Ich hatte Hunger, denn wir waren ohne Frühstück davongelaufen. Aber ich gab es nicht zu. Ich blickte ihm in die Augen: »Es gibt gar keine Nixen. Du willst mich verkohlen.«

Er tat so, als habe er mich nicht gehört. Seine Jacke flatterte im Wind, sein alter Strohhut saß tief in der Stirn.

»Du willst mir Märchen erzählen!« Ich lachte, obwohl mir gar nicht zum Lachen war. »Kleinkindergeschichten oder sowas, ich weiß schon –«

Er ließ sich nicht beirren. »Junge, sei nicht zu schlau! Wenn Binsebill Lust hat, zieht sie ihr grünes Kleid an, setzt den grünen Hut auf und geht an Land spazieren.«

Ich glaubte ihm so gut wie alles und gab ihm immer recht. Ich glaubte ihm, daß es Leute gab, die den Teufel gut kannten und in den schönsten Häusern wohnten, daß es Pastoren gab, über die der Herrgott sich jeden Sonntag ärgern mußte, und Lehrer, die dümmer waren als ihre Schüler. Aber ich glaubte ihm nicht, daß es Binsebill gab, und schon gar nicht, daß sie einen grünen Hut besaß. »Du schwindelst!«

»Wenn du es besser weißt...« Es schien ihm gleichgültig zu sein, ob ich ihm in dieser Sache glaubte oder nicht. Ich hielt auf die bunten Punkte zu, die sich allmählich unterscheiden ließen. Ich

entdeckte Marktbuden, zwischen denen sich Menschen bewegten, Wäsche, die im Wind flatterte, und Tische und Stühle, die unter Bäumen am Wasser standen. Und kam mit meinen Grübeleien nicht zurecht. Wollte er mich auf die Probe stellen? Ich mußte mir Klarheit verschaffen. »Hast du Binsebill schon mal gesehen?«
»Ja«, sagte er. Mehr sagte er nicht. Er ließ die Ruder hängen und warf die Jacke hinter sich. Ein heißer Tag kündigte sich an.
»Wirklich gesehen?«
Er zog sein rotes Tuch aus der Tasche und wischte sich die Stirn. »Eines Tages schwamm sie neben mir, an einem Tag wie heute. Sie schüttelte das Wasser aus den Haaren, sah mich eine Weile an und sagte dann, ich wäre ein schöner Mann.«
»Sie hat mit dir gesprochen?«
»Was denkst du?« Er öffnete die Manschetten und krempelte die Ärmel hoch. »Sie hätte nicht mit jedem gesprochen, aber mit mir hat sie gesprochen.«
»Das weißt du genau?«
»Genau, mein Sohn. Ein sehr schöner Mann wäre ich, hat sie gesagt. Und hat mich angelächelt... Nicht wie Tante Lenchen, mußt du wissen. Anders.«
Ich starrte ihn an. Ich hatte nicht gewußt, daß er ein Lügner war. Und daß es sich so einfach machen ließ, eine Lüge wie die Wahrheit auszusprechen. Einfach so hin.
Er wischte den Schweiß aus dem Strohhut, ohne jede Verlegenheit. Und zog die Hosenbeine zurecht. Ein Lügner.
Ich blickte an ihm vorbei zum Ufer. Der See war von Silber übergossen, und die Wellen knisterten im Sonnenlicht. »Und warum hat sie gelächelt?«
»Warum... ja, warum?« Er richtete sich auf und zog die rechte Schulter nach. »Ich glaube, es war eine ihrer Launen. Sie hob den Arm aus dem Wasser und kam bis an den Rand des Kahns... Ich hätte ihre Hand nehmen können.«
Ich spürte, daß er mit seiner Lüge nicht weiter kam. Aber ich war über meine Bestürzung hinweg. Warum sollte er nicht einmal schwindeln? Mein Bruder schwindelte, und manchmal schwindelte sogar meine Mutter. »Ob sie dich gern hatte?«
Seine Schulter rutschte wieder nach unten, und er wurde kleiner, als ich es für möglich gehalten hätte. »Das kann schon sein«, antwortete er. »Wie soll man wissen, was sich eine Nixe so denkt?«

Er setzte den Strohhut wieder auf und rückte ihn nachdenklich in die Stirn. Seine Augen verschwanden im Schatten. »So ein Lächeln kann einen teuer zu stehen kommen, Junge! Das solltest du dir merken.«

Ich fragte nicht weiter. Er hatte sich in seinen Lügen verstrickt, aber merkwürdig, er gab noch nicht auf: »Ich hätte mit ihr tanzen können«, behauptete er. »In Seehausen oder Röpersdorf. Oder sonst irgendwo ... Binsebill wäre gekommen, darauf kannst du dich verlassen!«

»Du kannst tanzen?« rief ich. Jetzt hatte ich ihn. »Tanzen kannst du?«

Er klatschte in die Hände und schnellte von seiner Ruderbank. »Tarramta Tatarramta ...« Und noch bevor ich die Beine zurückziehen konnte, stand er vor mir, den Hut tief im Gesicht. »Tarramta Tatarramta ...« Er breitete die Arme aus und brachte den Kahn für Sekunden zur Ruhe. Um ihn im nächsten Augenblick auf und nieder zu reißen, schneller und schneller. »Tarramta ... Tatarramta ...« Er drehte sich aus dem Stand, sank in die Knie und fuhr wieder hoch. »Tarramta – Tatarramta ...« Er stemmte die Fäuste in die Seiten, bog sich im Schwanken des Kahns vor und zurück, »Tarramta, Tatarramta ...« Und lag bald links, bald rechts über den Wellen.

»Du fällst! Paß auf!« Ich klammerte mich an das Steuer, überschüttet von Wasser, das nach allen Seiten spritzte und über uns zusammenschlug.

Ein Schrei! Und blitzschnell, wie ein Taschenmesser, das zusammenklappt, saß er wieder auf seiner Bank. Glücklich, schweißüberströmt, atemlos. »Was denkst du!« stieß er hervor. »Ich hätte sie ... hätte sie in den Arm nehmen können, so wie sie war!«

»Noch einmal!« jubelte ich. »Tanz noch mal!«

Er zog das Tuch hervor und trocknete sich Gesicht und Nacken. »Ich hätte mit ihr tanzen können. Aber die Freiheit war mir lieber.«

Ich bettelte: »Tanz doch noch mal!«

»Wir müssen weiter«, antwortete er. »Was sollen wir hier draußen auf dem See?«

Onkel Gustav hatte in Schwedt an der Oder bei den Dragonern

gedient und dort anno 1893 an den Herbstmanövern teilgenommen. Er konnte sich rühmen, auf der Seite der Sieger gekämpft und den Kaiser gesehen zu haben. Erinnerungen, die in der Familie umgingen und im Laufe der Jahre, wie das so ist, Bereicherungen und Ausschmückungen erfahren hatten. Es konnte nicht überraschen: Onkel Gustav war der einzige gewesen, der auf dem Schlachtfeld liegengeblieben war.

Ereignisse, die nicht nur den Freyhoffs in Schwedt, sondern auch den Freyhoffs in Potsdam, in Nauen und in Oranienburg noch immer in Erinnerung waren. Erzählungen am Familientisch, die den Onkel in schönstem Licht zeigten, seinen Mut und seine Angriffslust hervorkehrten und meist so angelegt waren, daß kein Makel an ihm hängen blieb.

Er stand in jenen Tagen als Neunzehnjähriger seinen Mann! Mit einem »Hurrah!« auf den Lippen, die Zügel gesenkt, eng aufgeschlossen, nahm er mit den Kameraden der 2. Schwadron unter Rittmeister von Biesterfeldt die Höhen von Kränig. Er erkämpfte, bedrängt vom Gegner, inmitten dampfender Pferdeleiber, den Oderübergang: Es war ein unübersichtliches, mehr durch Andeutungen und Schreie als durch Hiebe und Stiche dargebotenes Gemetzel. Und er fiel vom Pferd.

Mit Verwundungen hatte niemand, zu allerletzt der Regimentsarzt, gerechnet. Man konnte den Onkel daher, wie in Schwedt erzählt wurde, nicht recht versorgen, seine Schulter und den Oberarm nur notdürftig bandagieren und ihn erst verspätet fortschaffen. Ein Verletzter, dem der Kommandeur eine Flasche Rotwein und zehn Zigarren ins Lazarett schickte, ein Held, der nach Verheilung seiner Brüche belobigt und noch vor Weihnachten in Ehren aus dem Dienst entlassen wurde.

Sein Ansehen in der Familie verklärte sich. Man war stolz darauf, in der Schwedter Zeitung unter der Überschrift »Ein Draufgänger« Näheres über seine denkwürdige Attacke zu lesen oder beim Frühschoppen im »Hotel zum Markgrafen« zu erfahren, er werde an Kaisers Geburtstag mit dem Preußischen Kronenorden IV. Klasse bedacht werden ... mit Ausnahme der Freyhoffs in Potsdam. Sie schlossen nicht aus, daß Ungeschicklichkeit bei dem Sturz im Spiel gewesen sein könnte. Gustav sei von Anfang an ein schlechter Reiter gewesen, behaupteten sie, und seine Lotte zu mächtig für ihn.

Er nahm es ohne Widerrede hin. Der Sturz ersparte ihm mancherlei Mißhelligkeiten, in die er mit heiler Schulter nach der Mobilmachung von 1914 geraten wäre. Klein und ein wenig krumm stand er später so manches Mal vor dem Kriegerdenkmal am Schloß und blickte auf den Namen »Freyhoff«. Die vertrauten acht Buchstaben galten nicht seinem Andenken, sondern dem seines Vetters Felix. Felix war unter den Ersten gewesen, die umjubelt ins Feld gezogen waren. Und war als einer der Ersten gefallen.

Die Schwedter Freyhoffs beharrten darauf, Onkel Gustav sei in der Bataille gestürzt; beim Angriff, unerwartet und kopfüber. Ein Schicksal, das durch die Nähe Kaiser Wilhelms noch verherrlicht worden sei.

Bedauerlicherweise waren die Nauener Freyhoffs in der Beurteilung des Falles noch zurückhaltender als die Potsdamer. Neben respektvoller Bewunderung verloren sie sich in Spekulationen. Onkel Alfred schloß beispielsweise nicht aus, Onkel Gustav habe sich anläßlich des Getümmels, das den Manöverbeobachtern vorübergehend die Sicht nahm, ganz einfach vom Pferd fallen lassen: in schnellem Entschluß, um die Last des Dienstes, das Striegeln seiner launischen Lotte und die Piesackereien seines Wachtmeisters Klinke ein für allemal hinter sich zu haben. Onkel Alfred sprach ihm jedoch weder Mut noch Entschlossenheit ab. »So oder so – es ging für ihn um Kopf und Kragen!« Gustav sei, so gab er zu bedenken, der Kleinste der Schwadron gewesen, ein Ärgernis bei den Appellen, ein lästiges Anhängsel. Er sei gehänselt und auf das für ihn viel zu große Pferd gezwungen worden. Wer gedient habe, kenne das. Man kenne die Wachtmeister.

Ich saß am Familientisch, hörte zu und bewunderte Onkel Gustav. Er hatte im richtigen Augenblick gehandelt, im Angesicht Seiner Majestät! Ich sah ihn vor mir, auf seiner Lotte. Und sah ihm gegenüber den Kaiser, hoch zu Pferde, wie er bei uns im Speisezimmer hing, neben dem Paneelbrett, auf dem die geschliffenen Römer standen. Onkel Gustav und der Kaiser, Aug' in Auge! Abwechselnd postierte ich in meinen Phantasien den Kaiser rechts und den Onkel links, und den Onkel rechts und den Kaiser links. Und wartete... beseligt, weil ich mehr als der Kaiser wußte. Wartete, bis Onkel Gustav vom Pferd fiel.

»Was hast du?« fragte Onkel Gustav, als wir hinten im Garten Stachelbeeren pflückten. »Träumst du?«

Ich zog die alte Tabakspfeife aus dem Mund, die er mir geschenkt hatte. »Stimmt es?« fragte ich. »Hast du dich damals vom Pferd fallen lassen?«
Er nickte.
»Und was hat der Kaiser gesagt?«
Ich erfuhr, daß Kaiser Wilhelm II. keine Gelegenheit gehabt hatte, etwas zu sagen. Onkel Gustav hatte sich nämlich schon am Morgen, noch vor dem Abrücken ins Manöver, vom Pferd fallen lassen. »Gleich nach dem Wecken, im Stall. Es war noch dunkel«, vertraute er mir an.
»Und den Kaiser hast du überhaupt nicht gesehen?«
»Ach wo... Ich fiel auf den Trog. Es war, als hätte mich eine Kanonenkugel erwischt. Und Lotte brannte durch.«
»Ins Manöver?« Ich klopfte die Spucke aus der Pfeife. »Ganz allein?«
»Als sie mich entdeckt hatten, setzten sie mich in einer Ecke aufs Stroh. Und schon waren sie alle weg.« Er stellte den Stachelbeereimer aus der Hand und reckte sich. »So ist das gewesen. So und nicht anders.«
Ich zog ihn in die Laube, um den Rest seiner Geschichte zu erfahren. Wir setzten uns auf die wackelige Bank, die er schon im Jahr zuvor hatte richten lassen wollen. »Du hast dich einfach fallen lassen, und Lotte konnte gar nichts dafür?«
Er legte die Hand auf meine Stirn und ließ sie langsam über mein Gesicht gleiten. Ich spürte die Wärme und hielt die Augen geschlossen. »Lebe ich, mein Sohn?« fragte er. »Habe ich meine Freiheit?«
Damit war sein Geheimnis auf mich übergegangen. Es gehörte nun uns beiden. Und ich schwor mir, es nie zu verraten.

Gegen Mittag legten wir an. Der Bug unseres Kahns glitt über den hellen Sand, Enten flatterten schnatternd davon.
Wir sprangen an Land, und noch bevor ich mich umsehen konnte, war Onkel Gustav in der Küche des Gasthauses »Zum schwarzen Ferkel« verschwunden. Er erkundigte sich, was ein Teller Erbsensuppe kosten würde. Dreißig Millionen. Das ließe sich machen, meinte er. Stellmacher Holm schulde ihm noch eine Behandlung. Er habe ihn benachrichtigen lassen, er werde gleich kommen.

Das Jahr 1923 hatte den Höhepunkt der Inflation gebracht. Die Preise kletterten mit jedem Tag. Wer am Morgen Geld in die Hand bekam, mußte versuchen, es bis zum Abend wieder loszuschlagen. Die Eisenbahnen verkehrten nur noch unregelmäßig, die Ernte blieb in den Scheunen oder auf den Feldern liegen, die Lebensmittelversorgung drohte zusammenzubrechen. »Helft euch selbst!« rief Kanzler Cuno vor dem Reichstag. Er war am Ende. Arbeitslosigkeit und Hunger herrschten, Furcht und Verbitterung – ich wußte nichts davon. Ich lebte in der Ewigkeit des Augenblicks, und alles, was ich sah und wahrnahm, schien mir wohlgefügt, geordnet und unumstößlich zu sein.

Wir saßen unter Kastanien am See. Die Suppe hatte Durst gemacht, und Onkel Gustav ließ für mich eine Flasche Himbeersprudel bringen. Er schäumte ins Glas, rosa und rot, und ich packte es mit beiden Händen.

»Bravo!« rief ein großer, breitschulteriger Mann. »Aus dem Jungen kann was werden!« Er setzte sich zu uns und ließ zwei Glas Bier nachkommen.

Es war Meister Holm, von dem es hieß, er könne einen hochbeladenen Heuwagen allein über die Dorfstraße ziehen. Seine behaarte Hand hob das Bier: »Prost, Doktor!« Mit dieser Hand konnte er ein durchgehendes Pferd halten. Er fürchtete nichts; außer Zahnschmerzen. Onkel Gustav hatte ihm einen zerfressenen Backenzahn gezogen, mit allem Gemäuer, samt Wurzel, ohne ihm weh zu tun. Onkel Gustav war sein Mann.

Der Stellmacher zog mit dem Daumen die Oberlippe hoch und zeigte mir die Lücke: »Vorbei ... vergessen, mein Freund!« Und wandte sich an Onkel Gustav: »Keine Sprechstunde heute, Doktor?«

Mein Onkel saß klein und blaß neben dem Riesen. Er richtete sich auf: »Sie wissen, Doktor bin ich nicht.«

Meister Holm wollte es nicht wissen. »Wenn Sie Ihren Bohrer ansetzen und Ihr Rad treten ... Respekt, Doktor! Sie haben das richtige Händchen!«

Mir fielen die Patienten ein, die Onkel Gustav wieder einmal hatte sitzen lassen. Und ich mußte an Tante Lenchen denken, an ihren Kummer und ihre Not. Ich wußte, sie würde ihn herausreden, Tabletten verabreichen und Eisbeutel auflegen. Und aus dem Fenster nach uns Ausschau halten.

»Der Junge muß morgen wieder nach Berlin«, sagte Onkel Gustav. »Ich wollte ihm noch eine Freude machen.«
»Er wollte mir die Nixe zeigen!« rief ich dazwischen. Jetzt konnte ich Onkel Gustav zur Wahrheit zwingen, jetzt mußte er zugeben, daß es Binsebill nicht gab. »Die Nixe wollte er mir zeigen, drüben im Schilf!«
»Das ist was anderes.« Meister Holm war nicht beeindruckt. Er zog die Brieftasche und nahm ein Bündel nagelneuer Scheine heraus. Er beschnupperte sie wie ein Hund und fragte mich ganz nebenbei: »Und? Hast du sie gesehen?«
Ob ich sie gesehen hätte! Er wollte sich über mich lustig machen. »Wie sollte ich sie sehen?« fragte ich. »Ich konnte sie nicht sehen, weil es sie nicht gibt!«
»Du mußt es ja wissen.« Er blätterte fünf Scheine auf den Tisch und schob sie Onkel Gustav hin. »Fünfmal fünfzig Millionen. Sind wir quitt?«
Auf der Nase des Stellmachers saß eine Warze. Und auf der Warze wuchsen Haare. Ich haßte ihn plötzlich. Warum tat er so, als gäbe es Binsebill? Genau wie mein Onkel? Warum sollte ich es glauben?
Onkel Gustav nahm das Geld und hielt die Scheine der Reihe nach ans Licht. Ihre Rückseiten waren weiß. Man hatte sie, damit es schneller ging, nur noch einseitig bedruckt. »Sie sind echt«, sagte er. »Ihre Rechnung ist bezahlt.« Über Binsebill verlor er kein Wort.
Meister Holm steckte die Brieftasche wieder ein. »Fünfmal fünfzig Millionen!« Er schlug auf den Tisch, daß die Gläser tanzten. »Es wird mit jedem Tag schlimmer. Jetzt drucken sie schon Milliarden! Man könnte den Verstand verlieren.«
Ich sah mir noch immer seine Warze an. Wahrscheinlich mußte er die stacheligen Haare jeden Sonntag beschneiden, wie Tante Lenchen ihre Haare am Kinn. »Binsebill gibt es nicht«, sagte ich in aller Ruhe. »Im See gibt es Fische, aber keine Nixen.«
»Man sollte es glauben!« sagte der Stellmacher. »Aber wenn es Binsebill nicht gäbe, hätte der arme Baron von Torsten sich nicht erschossen.« Er hob den Zeigefinger und tippte an die rechte Schläfe: »Hier rein!« Und zeigte auf den Hinterkopf: »Und da wieder raus!«
Merkwürdiges kam zutage. Meister Holm hatte vor Jahren vom Pastor den Auftrag erhalten, den Sarg des Herrn von Torsten, der

jenseits des Sees in einer Gruft stand, zu schließen und zu vernageln. Endgültig und auf alle Zeit, damit niemand mehr hingehen, den Schädel hervorholen und sich die Löcher ansehen könnte. Es war bei den Durchreisenden so Brauch gewesen. Sie waren von der Gutsschenke in die Kapelle gegangen, bei Tag und auch bei Nacht, hatten den Sargdeckel beiseite gerückt und sich von der Nixe erzählen lassen. Binsebill, so wußte der Wirt, trug die Schuld am Tode des Barons. Ihr Zauber hatte ihn umgebracht.

Der Stellmacher schwor, den Schädel zurechtgerückt und Kornblumen in die Knochenhände gelegt zu haben.

Ich wurde unsicher. Sollte es am Ende in der Uckermark Dinge geben oder gegeben haben, die es in Berlin nicht gab? Vielleicht, weil in Berlin zu viele Menschen lebten? Und die Geister sich schon vor langer Zeit auf und davon gemacht hatten?

Ich wollte mehr erfahren.

Der Baron, hörte ich, ein Gast aus Schweden, hatte Binsebill beim Erntedankfest kennengelernt. Er holte sie zum Tanz und entdeckte schon nach den ersten Drehungen, daß sie schöner und schöner wurde. Bis sie die Schönste von allen war. Und als er um Mitternacht immer noch mit ihr tanzte, bemerkte er, daß ihr grünes Kleid mit Perlen besetzt war und daß ihre Füße in silbernen Schuhen steckten. Er sah grüne Lichter in ihren Augen und fing an, sich zu fürchten. Er wollte sich losreißen, aber sie flüsterte: »Komm mit zum See!« Er stieß sie zurück – und im gleichen Augenblick war sie verschwunden. Seltsamer noch: Keiner der Tanzenden ringsum konnte sich erinnern, sie gesehen zu haben. Der schwedische Baron tanzte allein weiter, mit ausgebreiteten Armen, und verlor den Verstand.

»Ich heiße Binsebill«, hatte sie gesagt; also lief er an den folgenden Tagen über die Felder, hinunter zum See und rief ihren Namen: »Binsebill!« Seinen eigenen Namen hatte er vergessen, auch, woher er gekommen war und wohin er gewollt hatte. »So war das«, sagte der Stellmacher. »Er hat seine Pistole geladen und sich erschossen.«

In Berlin spielten Leuchtreklamen. Die Untergrundbahn erschien hoch über den Straßen, fuhr durch Häuser hindurch und verschwand wieder in der Tiefe. Man konnte mir nicht so leicht etwas vormachen. Aber nun war ich in Zweifel geraten: Warum sollte es Binsebill nicht gegeben haben? Irgendwann einmal?

»Der Baron hätte eben vorsichtiger sein sollen«, sagte Onkel Gustav. »Er hätte merken müssen, daß er sich mit einer Nixe einließ.«

Ich verstand ihn nicht. »Weil sie ein grünes Kleid anhatte? Ich kenne eine Menge Mädchen, die grüne Kleider haben!«

»Aber die Röcke einer Nixe ziehen Wasser«, behauptete er. »Ihre Rocksäume sind immer feucht, daran kannst du sie erkennen.«

Für den Stellmacher war die Sache erledigt. Er zog die »Berliner Morgenpost« aus der Tasche und strich sie glatt: »Reichskanzler Cuno wird verschwinden, das verspreche ich Ihnen!« rief er. »Wie soll er sich halten? Solange die Franzosen an der Ruhr stehen und die Kohlen stehlen? Wer hat denn in Deutschland noch zu sagen!«

Onkel Gustav blickte über den See. »Nixen haben Launen, daran muß man denken«, sagte er zu mir. »Und darum sollte man sie nicht beleidigen.«

»Du meinst, der Baron war selber schuld?«

Meister Holm unterbrach uns. Was er auf der ersten Seite las, war ihm wichtiger: »Aus der Goldanleihe wird nichts, Doktor! Unsere Mark ist keinen Pfifferling mehr wert. Und was wir gespart haben, wird nicht aufgewertet werden. Futsch ist futsch und hin ist hin!«

Ich zog Onkel Gustav am Ärmel. »Sag mal, hatte der Baron sie denn beleidigt?«

»Er gefiel ihr. Und er hat sie zurückgestoßen.«

»Und da wurde sie wütend?«

»Kann schon sein.« Nachdenklich faltete Onkel Gustav seine Geldscheine zusammen und steckte sie in die Jackentasche. »Ich habe Binsebill gesagt, daß ich nicht in Joachimsthal bleiben will. Ich wollte sie nicht kränken, habe ich ihr gesagt, aber Stettin wäre schöner.«

Am Fischstand drängten sich Frauen und Mädchen. Mein Blick hing an ihren Röcken, an längeren und kurzen, an grauen, blauen und geblümten. Eine von ihnen fuhr herum, riß mir ihren grünen Rock aus der Hand und eilte davon; er war trocken gewesen.

Auf dem Tisch der Fischhändlerin lagen Barben und Schleie, mit weißen toten Augen. Ein mächtiger Hecht war noch zur Hälfte da. Tausend Zähne steckten in seinem aufgerissenen Maul, wie Soldaten in Schlachtordnung. Am Boden drehten sich in einem Eimer Neunaugen, ein silbriges Gewimmel. Und in einem Zuber ruhte ein Aal; ein schweres, kräftiges Tier, zusammengerollt wie ein Tau, mit stechenden Augen. Sie durchdrangen das lauwarme Wasser und litten unter der Sonne. Ich war sicher, sie blendete ihn, und ich stellte mich so, daß er Schatten bekam.

Die Verkäuferin mit dem Messer und dem blutigen Beil war keine Nixe. Ihre geschwollenen Füße steckten in Holzpantinen.

Nicht weit von ihr wurden Gipsfiguren angeboten, Amor und Psyche, Hänsel und Gretel, Büsten von Schiller und Goethe, Hindenburg und Nofretete. Sie standen auf rotem, verblichenem Plüsch. Niemand ging an ihnen vorüber, ohne sie zu betrachten, aber niemand wagte, sie anzurühren.

Es wurden auch Unterröcke und Schlüpfer angeboten, rosa- und fliederfarbene, geklöppelte Spitzen, Knöpfe und Nähgarn. Und gegenüber irdene Teller und Tassen, Schüsseln und Krüge aus Bunzlau.

Der Bäcker hatte neben seinen Broten ein Blech mit Streuselkuchen ausgestellt, den er nur gegen Weißbrotmarken abgab. Schon mehr als die Hälfte war verkauft, das Stück zu fünfundvierzig Millionen. Der Bäcker war nicht kleinlich: schnitt er ein Stück herunter, dann war es so groß wie ein Buch.

»Wann kommt dein Onkel?« fragte er mich und fegte für mich Streuselkuchenkrümel zusammen. Ich drückte die offenen Hände gegeneinander und hielt sie unter das Blech. »Gleich«, antwortete ich und versank mit der Nase in Krümelduft und klebrigem Zucker.

Als ich die Hände abgeleckt hatte und die Augen wieder hob, stand Onkel Gustav neben dem Ladentisch auf einem Hocker. Er blickte in den aufgerissenen Mund des Bäckers und zog dessen Kopf an den Haaren zurück. Langsam verschwand seine rechte Hand zwischen den Zähnen. Er ertastete den Befund und prüfte die Zuckungen des Patienten. Onkel Gustav brauchte nicht hinzusehen, denn das Gebiß, dessen Sitz den Bäcker plagte, stammte von ihm. Er kannte sich aus. Sein Blick wanderte, als habe er mit der Sache nichts zu tun, während der Untersuchung über die Köpfe der Zuschauer hinweg auf den See.

»Nichts ist«, sagte er schließlich und zog die Hand behutsam zurück. »Es ist nichts gebrochen.«

Der Bäcker trat erleichtert einen Schritt zurück, schüttelte sich und half seinem Zahndoktor vom Hocker. Seine Zunge schien noch gelähmt zu sein. Er schob das Kinn hin und her.
»Am Montag sehen wir uns!« ordnete Onkel Gustav an. »Das Gebiß muß reguliert werden. Das ist schnell getan und kostet nicht die Welt.«
Mehr hatte der Bäcker nicht wissen wollen. Er spuckte in sein Taschentuch und wischte sich Mund und Nase.
Alle Augen waren auf Onkel Gustav gerichtet: einen Mann, der Ansehen und Bewunderung genoß. Respektvoll machte man ihm Platz, als er zur Regentonne ging, um sich die Hände zu waschen.

Plötzlich erhob sich Lärm, und es ist schwer zu sagen, ob er Furcht und Entsetzen ausdrückte oder lediglich ein Zeichen allgemeiner Kopflosigkeit war. Männer und Frauen schrieen durcheinander, Hunde bellten, und Kinder liefen davon. Onkel Gustav gehörte zu den Ersten, die sich faßten und erkannten, daß gehandelt werden mußte. In zwei, drei Sätzen war er am Tisch der Gipsfiguren vorbei und stand am Zuber, in dem der Aal gelitten hatte.
Der Aal war fort.
In wütendem Sprung, aus der Spirale heraus, in die die Fischhändlerin ihn gezwungen hatte, war er emporgeschnellt, über den Tisch geschossen, hindurch durch Blut und Schuppen, vorüber an den Resten des Hechtes, und war am Boden verschwunden, zwischen Kartons voller Strickwolle und flachen Schachteln mit Tischdecken.
Der Gendarm hatte schon Posten bezogen. Neben ihm lauerten Waldarbeiter und Tagelöhner, um loszuschlagen. Für den Aal gab es kein Entrinnen, so schien es; doch bevor man sich dessen versah, durchstieß er die Blockade und war auf dem Kopfsteinpflaster fast schneller als im Wasser.
»Hinterher! Platz da! Brennt ihm eins über!« Die Stimmen der Helfer überschlugen sich. »Eine Schippe Sand! Sand her!« rief der Gendarm. »Zur Seite, Leute! Leute, macht Platz!«
Onkel Gustav setzte dem Flüchtling nach, den Hut in der Hand. Der Aal drehte sich um sich selbst und suchte die Richtung: da warf der Töpfer seinen Kittel über ihn und bekam ihn durch das Leinen zu packen. »Bravo! Gut gemacht! Festhalten!« Die Händlerin klapperte in ihren Pantinen herbei, ein Stück Sackleinen in der

Hand. Ihr Gesicht glühte: »Eine halbe Milliarde ist der Bursche wert! Oder noch mehr!« Ihr Haarknoten hatte sich gelöst, die schwarzen Strähnen klebten ihr im Nacken.

Man sah den Flüchtling nicht, aber man erlebte, wie er kämpfte. Der Kittel hob und senkte sich, flog auf und wogte wie von Geisterhand bewegt. Der Töpfer ließ nicht locker. Er atmete schwer und versuchte, in die Hocke zu gehen. Seine Hände umspannten den sich windenden Flüchtling und preßten ihn zu Boden.

»Seine Kräfte lassen nach, er ist verloren«, sagte Onkel Gustav und wandte sich ab. Ich konnte von dem Schauspiel noch nicht lassen. Es waren die erregendsten Minuten dieser Sommerferien.

In aller Ruhe machte sich nun die Händlerin im Rücken des Töpfers ans Werk. Sie ließ sich auf die Knie fallen und hob lauernd den Kittel hoch, bereit, ihr Opfer hinter dem Kopf zu greifen. Sie irrte: vor ihr peitschte der Schwanz. Wild schlug er auf das Pflaster; die Lebenskraft des Gefangenen schien ungebrochen.

»Laß uns gehen!« Onkel Gustav nahm mein Handgelenk und zog mich zum Ufer. »Er kämpft um seine Freiheit. Es ist nicht mit anzusehen.«

Die Fischhändlerin kannte die Geschicklichkeit des Töpfers, zerbrechliches Geschirr unbeschadet von Ort zu Ort zu schaffen, und er kannte ihre Fingerfertigkeit beim Schuppen und Einwickeln lebender Fische. Aber im entscheidenden Augenblick kamen sie nicht miteinander zurecht. Der Töpfer lockerte seinen Griff zu früh – und mußte erleben, daß der Aal in einer blitzschnellen Drehung den Kittel abwarf und entglitt. Hinunter zum See.

Nur einer stand noch an seinem Wege. Onkel Gustav tat, was er tun mußte: Er warf sich zu Boden und erwischte ihn mit dem Hut. Versagte die Geistesgegenwart meines Onkels, der mit ausgestreckten Armen vor mir lag und den starken Fisch zu Boden drückte? Oder ließen ihn seine Kräfte im Stich? Er verhinderte nicht, daß der Aal, noch bevor die Helfer herbeigestürzt waren, seinen Weg fortsetzte, das Wasser erreichte und im Schilf verschwand. Ein Schatten unter glitzernden Wellen, der sich schnell verlor.

»Sie haben ihn entwischen lassen!« zeterte die Frau.

»Wie war das möglich!« rief der Gendarm. »Sie hatten ihn doch schon!«

Onkel Gustav vermißte einen Jackenknopf. Er rappelte sich auf und rieb die geschundenen Knie. »Was habt ihr?« schien er zu fragen, aber er sagte nichts. Klopfenden Herzens hob ich seinen zerdrückten Strohhut auf.
»Und wer bezahlt den Aal?« Die Händlerin wandte sich an den Gendarm; Zorn stand in ihren Augen: »Einer muß ihn bezahlen!«
Onkel Gustav rückte die Hosenträger zurecht und suchte nach seinen Millionen. Er tastete die klebrige Jacke ab und durchwühlte die Hosentaschen. Vor einer Viertelstunde war er noch bewundert worden, der Doktor aus Joachimsthal; jetzt starrten sie ihn an, als habe er den Aal gestohlen.
Seine Millionen waren verschwunden. Er hatte die Scheine im Getümmel der Jagd verloren; oder sie waren ihm, als er das Gebiß des Bäckermeisters untersucht hatte, aus der Jacke gezogen worden. Wir fanden sie nicht wieder.
Tröstend legte er den Arm um meine Schultern. »Unser Geld ist fort«, sagte er leise. »Um so besser.«

Onkel Gustav hat den Menschen, die ihm begegnet sind, manches Rätsel aufgegeben, und hat es ihnen überlassen, es zu lösen. Er hätte sich nicht behaupten können, wäre er die Wege gegangen, die üblich waren. Seine Kraft hätte nicht hingereicht, den Gedankenspielen seiner Angehörigen und Freunde zu folgen, der Ihre zu bleiben in ihrem Fleiß und ihrem Ehrgeiz, ihren Ränken und Finessen.
Ich bin nur hinter wenige seiner Rätsel gekommen. Aber manchmal spürte ich den Mut, der ihn beseelt hat, und ahnte die Verzweiflung, die ihn mitunter handeln ließ.
Käthchen Sommerfeld, so vermute ich, hat das Rätsel, das er ihr in jungen Jahren aufgab, zeit ihres Lebens nicht lösen können. Hilflos stand sie anno 1897 den Ereignissen gegenüber, die sie aus heiterem Himmel trafen; ratlos ließ sie den Dingen ihren Lauf.
Onkel Gustav war dreiundzwanzig Jahre alt. Den Sturz vom Pferde hatte er hinter sich, und auch die lästigen Verrichtungen, Hilfsdienste und Botengänge, die seine zahntechnische Ausbildung begleitet hatten. Die Welt stand ihm offen.
Seine Zulassung als Dentist war ausgesprochen und zu Schwedt im »Hotel zum Markgrafen« bei Krebsen und Forster Riesling

gefeiert worden. Sein Vater sprach es aus, das Glas in der Hand: Die Zukunft gehöre ihm! Und seine Mutter kam, während sie an ihrem Mokka nippte, ganz im Vertrauen auf Hermine Heidenreich zu sprechen, guter Nachbarn Kind, ein junges Mädchen, mit dem er sein Glück machen könnte, wenn er an einem der nächsten Sonntage, gleich nach der Kirche, ihren Eltern mit einem Bukett Rosen seine Aufwartung machen würde.

Hermine war die Tochter eines Lebensmittelhändlers, der neben Butter, Eiern und Käse auch Delikatessen führte, Spezialitäten für die Gabelfrühstücke der Herren Offiziere, Malossol-Caviar, Prager Schinken und Gothaer Cervelat-Wurst, ein umsichtiger Geschäftsmann, der schon vor Jahren davon abgekommen war, Salzheringe aus der Tonne oder Seife aus dem Faß anzubieten.

Hermine Heidenreich war ein ansehnliches Mädchen, etwas rundlich vielleicht, wohl auch ein wenig zu schüchtern, ein Mauerblümchen, wie man so sagte, aber ein Wesen von sonnigem Naturell.

Eine Alliance bot sich an, die sowohl den Freyhoffs als auch den Heidenreichs willkommen sein mußte; nicht zuletzt, weil die Freyhoffs mit Neunaugen und Krebsen handelten und in beiden Häusern Pläne herangereift waren, feinste Kost in selbst hergestellten Konserven, wie sie in Paris, Berlin und Petersburg bereits angeboten wurden, auf den Markt zu bringen. Handelte man gemeinsam, so kamen die Freyhoffs in den Genuß der flüssigen Geldmittel, die man auf Seiten der Heidenreichs für die Ausbreitung der Geschäftsinteressen bereit hielt, und die Heidenreichs zogen Vorteil aus dem Vorzug der Freyhoffs, Hoflieferanten seiner Majestät des Kaisers zu sein.

Mutter Freyhoff hätte ihren Sohn, der sein Leben zwar vor sich, aber noch nicht hinreichend überdacht hatte, nicht bedrängen sollen. Sie hätten merken müssen, daß Hermine nicht sein Fall war. Sie sei, durch den Mokka beflügelt, in dieser fein gesponnenen Angelegenheit zu forsch vorgegangen, hieß es später bei den Freyhoffs in Potsdam; und bei den Freyhoffs in Nauen sagte man, es habe ihr bedauerlicherweise an Contenance gefehlt. Die Oranienburger Freyhoffs, die auch ein Wort mitzureden hatten, vermuteten dagegen, sie habe in ihrem Eifer Trudchen Desombre übersehen, die Tochter des Tanz- und Anstandslehrers, mit der Gustav auf den Oderwiesen beim Schlittschuhlauf gesehen worden war.

Mutmaßungen, die verständlich sind, denn was dem Gespräch beim Mokka folgen sollte, war schlimm: Ein Skandal. Er erfaßte, wie den sorgfältig ausgebreiteten, illuminierten Erzählungen meiner Tante in späteren Jahren zu entnehmen war, die Salons der Schwedter Gesellschaft wie ein unterirdisches Beben, rüttelte an den Fassaden und ließ die Nippsachen in den Vertikos erzittern.
Onkel Gustav kannte Hermine Heidenreich kaum; um so besser war er mit der Energie und dem Willen seiner Mutter vertraut, auf Erden Gutes zu tun. Zunächst war er zu keiner Entgegnung fähig. Der elsässische Kirsch zum Mokka habe ein Übriges getan, ihn um den klaren Verstand zu bringen, meinte später, als das Unheil seinen Lauf genommen hatte, die Schwedter Verwandtschaft. Hingegen sind die Potsdamer nie von der Überzeugung abgewichen, Onkel Gustav habe gewußt, was er tat, als er schon am folgenden Sonntag achtzehn gelbe Rosen kaufte.
Auch ich bin sicher, er hat es gewußt.
Käthchen Sommerfeld war die Schönste im Oderland. Radelte sie hinaus nach Monplaisir, begleitet von zwei oder drei Freundinnen, so folgte den jungen Damen ein Rudel unternehmungsfreudiger Herren mit fliegenden Rockschößen, klingelnd und grüßend, unter ihnen nicht selten ein Dragoner-Offizier, inkognito, wie es sich schickte. Onkel Gustav hatte Käthchen wiederholt erblickt, wenn sie, von ihrer Eskorte begleitet, ins Grüne strebte. Ihre Hände steckten in weißen Handschuhen aus Rehleder, ihre Füße in zierlichen, weißen Schnürstiefeln. Ihr Gesicht, die blasse Stirn und die dunklen Augen, schützte ein Schleier vor der Sonne. Sie war schön, ohne Zweifel. Wie schön sie wirklich war, sollte Onkel Gustav schon sehr bald erfahren.
Er kaufte die Rosen. Und er begab sich, noch ehe die Kreuzkirche den Abschiedssegen des Pfarrers eingeläutet hatte, zum Hause des Tuchhändlers Maximilian Sommerfeld. Ohne zu Hause ein Wort zu verlieren, hatte er sich im Atelier Roeder, das bei Hochzeiten, Kindtaufen und Beerdigungen mit Garderobe aushalf, einen Gehrock geliehen; gestreifte Hosen, deren Kanten in der gebotenen Eile ein Stück nach innen gebügelt worden waren, und einen Rock, der viel hermachte, weil ein Wattepolster unter der rechten Schulter seinen Sitz vollendete. Entschlossen zog mein Onkel die Glocke am Hause Sommerfeld und übergab dem Mädchen seinen Hut, die Handschuhe und drei seiner neuen Visitenkarten.

Herr Sommerfeld war ein Geschäftsmann, der Haltung zu bewahren wußte. Den Tuchhandel hatte er in Manchester erlernt und zugleich gute englische Sitten angenommen. »Willkommen!« sagte er in gut überspielter Verblüffung und gab dem Mädchen einen Wink, die Rosen einstweilen auf den Flügel zu legen. Er trug eine Samtjacke mit Perlmuttknöpfen, war also nicht auf den Ernst dieser Begegnung vorbereitet. In freundlichem Ton bat er seinen Besucher, unter dem grünen Feuerwerk einer weit ausladenden Zimmerpalme Platz zu nehmen, in Reichweite einer Marmorbüste Alexanders des Großen, und zog seinen Stuhl ins Licht, vor das Gewölk üppig geraffter Gardinen, um seinen Gast genauer ins Auge fassen zu können.

Herr Sommerfeld wußte: Seiner Ältesten, die er anbetete, wurde eine gewisse Neigung zu Capricen nachgesagt. Aber er konnte sich nicht vorstellen, daß sein Gegenüber zu ihren Favoriten zählte. Es fehlte ihm, wie er feststellte, in seinem Auftreten an Elan, auch an gewissen Allüren, die junge Herren von Stand in seinem Alter vorzuführen pflegten.

Der Hausherr war auf dem besten Wege, sich ein Urteil zu bilden, als Onkel Gustav den Zeitpunkt für gekommen hielt, eine erste Erklärung abzugeben. Feierlich richtete er sich auf, umklammerte die Lehne des Sessels und sprach: »Ich darf hoffen, sehr verehrter Herr Sommerfeld, Ihnen und Ihrer hochverehrten Frau Gemahlin gelegen zu kommen... und in dieser günstigen Stunde...« Er überdachte noch einmal die ihm von Herrn Roeder mit auf den Weg gegebenen Ratschläge und fuhr fort: »... in der Gunst dieser Stunde ein Gespräch eröffnen zu dürfen, das sowohl in Ihrem Hause wie auch im Hause meiner geschätzten Eltern Zustimmung und Freude auslösen wird!« Auf die Sache selbst ging er noch nicht ein, denn Herr Roeder hatte, als er der Watte letzten Sitz und Fülle gab, darauf hingewiesen, der Antrag dürfe nur in Gegenwart beider Elternteile und in geziemender Haltung, also keinesfalls im Sitzen, vorgetragen werden.

Herr Sommerfeld atmete auf, als die Stimmen seiner Frau und seiner Tochter im Flur zu hören waren. Gemeinsam würde man die Sache schon ins Lot bringen, hoffte er. Weniger angenehm war ihm, daß schon im nächsten Augenblick seine Tochter im Türrahmen erschien, ohne die Mutter, die sich nach dem Kirchgang noch zu restaurieren wünschte.

Käthchen Sommerfeld trug eine dunkelgraue Taftbluse, mit weißen Spitzen besetzt. Über ihrem Busen glühte ein Granatschmuck. Sie eilte auf ihren Vater zu, gab ihm einen flüchtigen Kuß und verhielt betroffen den Schritt: Im Grün der Palme, wie aus dem Boden gewachsen, stand ein Herr in Schwarz, Pomade im Haar. Sie hatte ihn noch nie gesehen.

»Mein Kind«, sagte Herr Sommerfeld, »wir haben die Freude, den jungen Herrn Freyhoff bei uns zu sehen. Während wir auf dich und die Mama warteten, ließ er erkennen ...«

Ihr Blick streifte die erwartungsvollen Augen meines Onkels, die Rosen auf dem Flügel, und Röte überflutete ihr Gesicht. Ohne es zu wissen, preßte sie die gefalteten Hände in die Magengrube. Entsetzen sprach aus ihren Augen.

Ein Bild, das Onkel Gustav nie vergessen sollte! Ihre Verwirrung machte sie noch schöner. Und ihre Hilflosigkeit anmutiger. Die Leute hatten schon recht, stellte er fest, sie war die Schönste zwischen Küstrin und Stettin. Er war bezaubert. Und stolz, sie in dieser Verfassung, in vollkommenem Aufruhr ihrer Gefühle, zu erleben. Mehr noch: diesen Aufruhr ausgelöst zu haben.

Inzwischen hatte Frau Sommerfeld versucht, bei ihrem Mädchen Näheres über den unerwarteten Besucher in Erfahrung zu bringen. Sie war entschlossen, in dieser Sache zu tun, was getan werden mußte.

Gefaßt betrat sie den Salon, der Wirkung und Würde ihrer Fülle sicher. Wortlos nahm sie Handkuß und Rosen entgegen; in einer Entschiedenheit, die Onkel Gustav davon abhielt, schon jetzt seinen Antrag vorzubringen. Sie war bemüht, in dieser für die Familie bedeutungsvollen Stunde – es ging um den ersten Antrag, der auf ihr Käthchen zukam – keinen Fehler zu begehen. »Setzen wir uns!« sagte sie entschlossen und versuchte ein Lächeln, das Argwohn und Verärgerung kaum überdecken konnte.

In aufrechter Haltung, ohne die Rückenlehne ihres Sessels zu berühren, machte sie sich daran, den drohenden Angriff abzuwehren: »Es ist im Leben nicht immer leicht, lieber Herr Freyhoff, in der richtigen Stunde das Rechte zu tun.« Sie faßte den Besucher fest ins Auge: »Es gibt Absichten, die sorgfältigster Erwägungen bedürfen ... innerer Prüfungen, gemeinsamer Überlegungen ...«

Worte, die meinem Onkel offensichtlich gefielen. Er war auf dem Damastpolster erstarrt, wie sie. Kerzengerade saß er da, mit

gewölbter Hemdbrust, das Kinn im steifen Kragen. Und respektvoll nickte er ihr zu, als wolle er sie ermutigen fortzufahren.
Er brachte sie für Sekunden aus dem Konzept.
Herr Sommerfeld spielte mit der dicken goldenen Uhrkette, die schon seinen Vater ein Leben lang begleitet hatte. Er war froh darüber, daß seine Frau die Abwehr in so behutsamer und zugleich überzeugender Weise eingeleitet hatte. Das Haus Freyhoff genoß Ansehen, das durfte nicht außer acht gelassen werden. Andererseits bedeutete es für ihn und die Seinen eine Zumutung, in diese peinliche Lage ohne vorherige Absprache gedrängt zu werden.
Käthchen zog ihr Spitzentuch aus dem Ärmel. Sie wagte kaum zu atmen. Hätte sich Leutnant von Massewitz in einer solchen Angelegenheit blicken lassen, sie wäre darüber hinweggekommen. Aber er hatte Schulden bis über die Ohren, und man munkelte, er werde schon bald nach Ostpreußen versetzt werden.
»Das Leben treibt seltsame Blüten«, fuhr Frau Sommerfeld fort. »Der Mensch tut deshalb gut daran, in bestimmten Lagen Rat einzuholen ... in allem Freimut, natürlich auch mit dem gebotenen Takt ...« Sie verlor sich in Wiederholungen. Onkel Gustav mußte befürchten, um die Wirkung seines Auftritts gebracht zu werden.
»Wieviel Güte, verehrte gnädige Frau!« unterbrach er. »Ich bin bewegt!« Er beugte sich vor, und es war nicht auszuschließen, daß er im nächsten Augenblick vom Sessel rutschen und vor ihr auf die Knie sinken könnte; wohlerzogen, wie er sich gab.
Sie hob beschwichtigend die Hand: »Noch ein Wort –!«
Diese Szene war für die Tochter des Hauses zu viel. Sie schluchzte in ihr Spitzentuch. Und noch ehe ihr Vater an ihre Seite eilen konnte, erhob sie sich und lief aus dem Zimmer.
Onkel Gustav blieb gefaßt. Er war der einzige, der den Überblick behielt: Bewundernd sah er Käthchen nach. Welch ein Liebreiz in so vollkommener Verwirrung! Und welch ein Wille, sich noch in Tränen zu behaupten! Die Betroffenheit der Eltern übersah er. Welch ein Temperament! Ihr Liebster wird sie einst auf Händen tragen! Und sie wird ihn in Atem halten, ihn fesseln und schließlich an die Leine nehmen.
Die Stimme des Herrn Sommerfeld schreckte ihn hoch. »Sie sehen, Herr Freyhoff, wir haben uns vorerst nichts weiter mitzuteilen!« Und seine Frau fiel ein: »In der Tat!« Beide standen plötzlich vor ihm, unerwartet und unerbittlich.

Paul Klinke, Wachtmeister der 2. Schwadron, pflegte in unübersichtlichem Gelände, im Dunst der Mückenschwärme des Oderbruchs, in Hitze und Morast zu brüllen: »Vorwärts, Leute! Rückwärts jeht nich!« Onkel Gustav erinnerte sich dieser Weisheit eines einfachen Mannes. Er nahm Haltung an, im Angesicht Alexanders des Großen, schlug kaum vernehmbar die Hacken zusammen, die zu hohen Hacken der geborgten, viel zu engen Lackschuhe, verneigte sich und sprach: »Ich darf bitten, mich Ihrem Fräulein Tochter in respektvoller Verbundenheit zu empfehlen!«

Herr und Frau Sommerfeld standen sprachlos.

Ohne Eile verneigte er sich ein zweites Mal, ohne Hackenschlag, jedoch wesentlich tiefer: »Meine Verehrung!«

Es hätte nicht der Indiskretionen des Herrn Roeder bedurft, um die Affäre in Schwedt bekannt zu machen. Der Frackverleiher bezog seine Informationen zwar aus erster Hand, als er Onkel Gustav bei der Entfernung der Kragenknöpfe beistand und ihm aus der Watte half, aber sie waren vergleichsweise dürftig, bedenkt man, was das Dienstpersonal der Sommerfelds und der Freyhoffs unter die Leute zu bringen wußte. Bissige Anmerkungen, ordinäre Verdächtigungen. Bei den Sommerfelds ging es noch an; Bestürzung und Entrüstung herrschten vor, ihr unbescholtenes Käthchen im Gerede zu wissen. Die Freyhoffs dagegen waren weniger zimperlich. Sie nährten den Verdacht, Käthchen habe in ihrer Koketterie, die weiß Gott in der Stadt bekannt sei, dem besonnenen Gustav den Kopf verdreht.

Von den Plänen des Lebensmittelhändlers Heidenreich und des Hoflieferanten Freyhoff, gemeinsam Konserven zu produzieren, war nicht mehr die Rede; auch nicht von dem Gedanken, Hermine und Gustav miteinander zu vermählen. Hermine ging Gustav aus dem Wege; es bedrückte ihn nicht. Und Trudchen, die Tochter des Lehrers für Anstand und gute Sitten, ließ bei zufälligen Begegnungen erkennen, daß er Luft für sie sei. Das war ihm recht, denn es wäre ihm schwer gefallen, ihr über kurz oder lang mitteilen zu müssen, daß er weniger für sie als sie für ihn empfinde.

Blieb Lenchen übrig. Sie war, wie man in Schwedt so sagte, ein gediegenes Mädchen; unauffällig, eine Erbse unter Erbsen. Ihre Eltern hätten ihm, wäre der Vorfall mit Käthchen Sommerfeld nicht gewesen, eine Praxis eingerichtet. Zu seiner Überraschung blieb Lenchen, als er sie zufällig auf der Schloßfreiheit traf, mit

ihrer Notenmappe stehen. Sie gab ihm die Hand und sagte: »Gustav, was machst du bloß für Sachen?«
Ihre Offenheit gefiel ihm. »Man muß manchmal so Sachen machen«, antwortete er.
Sie zögerte: »Muß man, lieber Gustav?«
Im Elternhaus traf ihn kein Vorwurf. Alles ging seinen gewohnten Gang, etwas gedämpfter vielleicht. Man wünschte nicht, nach Schuldigen zu suchen. Man wollte vergessen. »Hier in Schwedt kannst du nicht bleiben«, seufzte sein Vater. »Du solltest eine Weile ins Ausland gehen.«
Onkel Gustav ging nach Antwerpen, mit nagelneuem Gepäck.
Ein freier Mann.

Wir machten den Kahn wieder flott und stießen vom Ufer ab. Der Marktaufseher hatte entschieden: Alle Schuld lag bei der Fischhändlerin. Sie hätte ihren Aal besser verwahren müssen. Sie habe ihn auf den Markt gebracht, und ihr sei er entsprungen.
»Warum hast du ihn nicht festgehalten?« fragte ich Onkel Gustav.
»Weil der Aal weiter wollte«, antwortete er. »Tarramta, Tatarramta... zurück in den See!«
Onkel Gustav habe getan, was er tun konnte, hatte der Marktaufseher erklärt. Er sei ein ehrenwerter Mann. Und ein Lump sei, wer die zweihundertfünfzig Millionen an sich genommen und ihm nicht zurückgegeben habe; ein Bösewicht, der nicht an den See gehöre, denn am See lebten nur ehrliche Menschen.
Der Stellmacher winkte uns nach. Er hob die schwere Hand und bewegte sie wie eine Laterne hin und her. Nicht weit von ihm stand eine junge Frau in grünem Kleid, zart und schmal, mit Seerosen am grünen Hut. Die Nixe! Ich sah sie deutlich, aber ich sagte kein Wort. Sollte sie gekommen sein, weil wir so viel von ihr gesprochen hatten? Oder weil sie Onkel Gustav noch einmal sehen wollte, bevor er fortzog vom See? Ich drehte mich weit zurück und faßte sie fest ins Auge; das mochte sie nicht. Ihre Umrisse verschwammen, als würde sie fortgespült. Und bald konnte ich auch den Stellmacher nicht mehr sehen.
»Tarramta, Tatarramta...« Onkel Gustav war guter Dinge. Er zog die Ruder singend durch das Wasser, in dem der Aal nun wieder zu Hause war und über die Menschen nachdenken konnte.

»Tanz doch noch mal!« rief ich.
»Vielleicht später. Du siehst, es zieht sich zusammen. Wir könnten ein Gewitter bekommen.«
Ich umfaßte das Steuer fest und beugte mich weit hinaus, hinab zum Wasser. Es kühlte die Stirn, blaues Glas, in dem das Sonnenlicht spielte. Wolken zogen in der Tiefe dahin wie oben am Himmel. Sie schoben sich ineinander und warfen Schatten auf den Grund. Er leuchtete wie Bernstein.
»Die Nase nach vorn!« ermahnte mich Onkel Gustav. »Du bist der Steuermann!« Er sagte es wohl nur so, denn seine Ruder waren stärker als meine Arme. Ließ ich das Steuer locker, so folgte es seinen Schlägen.
Er drehte den Kopf zurück in den Wind. »Der Wald kommt schon näher!« rief er. »Auf ihn mußt du zuhalten! Ihn darfst du nicht aus den Augen lassen!«
Hinter dem Wald stiegen Wolken auf. Sie türmten sich zu Gebirgen und rückten heran.
»Wer weiß, vielleicht ist es unsere letzte Fahrt«, sagte Onkel Gustav nach einer Weile und ließ die Ruder hängen. »Wir ziehen nach Stettin. Aber macht nichts, Junge. Wenn du nächstes Jahr wiederkommst, zeige ich dir den Hafen... Du wirst staunen!«
Der Wind nahm zu. Er strich über das Wasser, und unser Kahn wurde unruhig. »Dampfschiff liegt neben Dampfschiff. Ich werde dir Schiffe aus Stockholm und aus Kopenhagen zeigen, aus Bombay und Dakar.« Onkel Gustav beachtete das Wetterleuchten nicht. »Tante Lenchen will nicht umziehen... Stettin ist ihr zu groß, und die Häuser stehen ihr zu dicht beieinander.«
Ob Binsebill inzwischen in den See zurückgekehrt war? Und uns einen Streich spielen wollte? Ich traute ihr alles zu. Der See war unversehens schwarz geworden, und der Himmel verdunkelte sich. Ich wäre froh gewesen, wieder an Land zu sein.
»In Stettin kaufe ich dir eine Kokosnuß, so groß wie dein Kopf. Wir bohren zwei Löcher hinein und trinken sie aus... Ja, das gibt es!« Er packte wieder die Ruder, und ich hielt das Steuer, den Wald fest im Blick. »Und wenn wir einen Neger treffen, mußt du auf seine Zähne achten! Es sind die besten der Welt!«
Ich hatte Mühe, das Steuer zu halten. Es zog nach links und ließ sich nur schwer bewegen. Der Kahn verlor die Richtung, und der Wind packte uns von der Seite.

»Auch Chinesen kannst du im Hafen sehen!« erzählte Onkel Gustav. »Sagst du ihnen ›Guten Tag‹, verbeugen sie sich bis zur Erde. Sie haben viel mehr Zeit als unsereiner.«

»Das Steuer!« warnte ich. »Onkel Gustav, das Steuer!« Es wurde mir plötzlich aus der Hand gerissen, und wir drehten uns im Kreis. Er sprang auf. »Leg dich hin, der Länge nach!« Meine Nase stieß auf die Planken, und die ersten Donner rollten heran. Es gab keinen Zweifel: Binsebill war mit uns böse. Vielleicht, weil Onkel Gustav nach Stettin wollte.

Er stand über mir, das eine Bein rechts, das andere links. Der Kahn schaukelte, als wollte Onkel Gustav noch einmal Polka tanzen. »Tarramta, Tatarramta...« In zwei langen Schritten war er am Heck, duckte sich, und schon lag er über dem Steuer, die Hände im Wasser. »Tarramta, Tatarramta...« Er zog ein Geflecht von Seerosen empor und warf es Stück für Stück über die linke Schulter. »Tarramta, Tatarramta...« Er wirbelte es durcheinander, triefende Wurzeln, langstielige Blätter, weiße Blüten... Und schleuderte es in die Höhe, zurück in den See. Wir waren wieder frei, und ich krabbelte zurück ans Steuer.

Hinter dem Wald fuhr ein Blitz vom Himmel. Er stand über den Bäumen, blau und weiß, drohend, und zischte zur Erde. Ein Donnerschlag folgte.

»Keine Angst, Junge!« Onkel Gustav stemmte sich in die Ruder, tief gebückt, mit aller Kraft zog er sie durch die Wellen. »Auf Regen haben wir gewartet.«

Er keuchte und wurde immer kleiner. Sein Haar war naß, der Kragen aufgesprungen. Sein Kopf verschwand zwischen den Knien und flog im nächsten Augenblick zurück in den Nacken. Hin und her ging es, her und hin. Ich starrte in sein Gesicht, auf den zusammengepreßten Mund und die geschlossenen Augen. Ich war der Steuermann. Ich trug jetzt die Verantwortung.

Die ersten Tropfen fielen. Schwer klatschten sie auf das Wasser und schossen in tausend kleinen Fontänen wieder in die Höhe; sprühendes Silber, das sich schnell verlor. Der See schüttelte sich und begann zu dampfen, als habe Binsebill in der Tiefe Feuer gemacht.

Bis zum Ufer war es nicht mehr weit. Ich erkannte die Eichen, sah das Schilf und entdeckte den Bootssteg des Försters.

Angst hatte ich nicht. Vor mir kämpfte Onkel Gustav, ein Held.

Ich wußte, mir konnte nichts geschehen. Gegen den andrängenden Regen hielt ich den Kurs und rief im richtigen Augenblick: »Aufpassen! Wir sind da!«
Der Kahn stieß gegen den Steg, kam zur Ruhe, und wir sprangen wie geübte Seefahrer an Land. »Lauf, was du kannst!« Onkel Gustav warf die Schlinge über den Pfosten. »Sieh, daß du weiterkommst!«
Ich ergriff seinen Strohhut und rannte los. Schon nach wenigen Schritten hatte er mich eingeholt. Wir hetzten die Uferböschung hinauf, unter den Eichen hindurch und hinaus auf die Felder.
Minuten später riß Onkel Gustav die Tür eines Schuppens auf: »Hier sind wir sicher! Hier kann uns nichts passieren!« Atemlos ließ er sich gegen einen Stapel alter Zaunpfähle fallen. »Die Bude hier ist uralt. Der machen Blitz und Donner nichts mehr aus.«
Das Gewitter entlud sich jenseits des Sees. Wir waren ihm entwischt. Und hätten wir nicht dem Aal geholfen, wären wir mit trockener Haut davongekommen. »Du bist ein guter Steuermann!« sagte Onkel Gustav und schüttelte sich das Wasser aus den Ohren. »Mit dir könnte ich im Oderbruch Krebse fangen!«
Ich verriet ihm nicht, daß ich Binsebill noch einmal gesehen hatte. Und ich nahm mir vor, es keinem Menschen zu sagen. Auch keinem meiner Freunde, weder Otto noch dem »Professor«. Sie hätten mich ausgelacht.
Binsebill hatte gewinkt, als wir auf die Eichen zuliefen. Sie stand in einem hohlen Weidenstamm, schlank und schön, hinter langen Regenfäden. Ihr Kleid war so grün wie die herabhängenden Zweige, und in ihren Augen schimmerten grüne Lichter. Ich wollte mit dem Strohhut zurückwinken, aber ich ließ es lieber.
»Frierst du?« fragte Onkel Gustav.
»Keine Spur.« Wir hatten es uns auf ein paar Brettern bequem gemacht und sahen zu, wie das Gewitter abzog. Onkel Gustav kippte das Wasser aus den Schuhen. »Ich borge mir Geld, sobald es wieder geht. Und kaufe mir in Stettin eine neue Bohrmaschine.« Er fuhr in die Schuhe zurück und machte ein paar Kniebeugen. »Eine Maschine, die sich leichter treten läßt.« Er hüpfte von einem Bein auf das andere. »Eine Maschine, die der Schulter nichts mehr ausmacht. Warte ab ... dann werden die Patienten merken, wen sie vor sich haben!«

Kurz darauf geschah das Unbegreifliche. Die Nachricht ging in Joachimsthal noch am selben Abend von Haus zu Haus; und bald sprachen auch die Freyhoffs in Schwedt und die Freyhoffs in Oranienburg, in Nauen und in Potsdam davon. Sie tauschten Briefe aus, denn die einen wollten von den anderen Näheres, mehr als Vermutungen, in Erfahrung bringen. Meine Mutter schrieb aus Berlin: »Laßt doch meinen armen Bruder Gustav in Frieden!«

Die letzten Regentropfen hingen noch in den Zweigen, als wir von unserem Ausflug heimkehrten. Die Sonne stand über den blanken Dächern, als sei nichts geschehen, und Resi, die Ziege, graste am Straßenrand. »Mein Gott, wie seht ihr aus!« rief Tante Lenchen uns entgegen. Sie eilte in die Küche: »Wartet, ich mache heißen Kaffee!«

»Tarramta, Tatarramta!« Onkel Gustav hob einen der schweren Steine auf, die das Rosenbeet einfaßten. Er wog ihn in der Hand, holte aus und zerschmetterte das Marmorschild »Dentist«. Die goldenen Buchstaben zersprangen, die Stücke fielen zu Boden, und an der Wand blieb ein heller Fleck.

Onkel Gustav sah sich triumphierend um: »Immer weg damit! Weg mit Schaden!« und blinzelte mir zu, als wollte er fragen: War das was? War das gut so, mein Sohn?

Es war wunderbar. Es erinnerte mich an die Späße im Zirkus Busch, an den Jubel, wenn es in der Manege krachte und knallte, qualmte und stob. Ich mußte lachen, und auch Onkel Gustav mußte lachen. Wir lachten beide aus vollem Halse und schlugen uns auf die Schenkel.

Tante Lenchen kam aus der Küche gelaufen. Sie musterte die Trümmer und faltete die Hände: »Gustav, was machst du bloß für Sachen!«

Sie setzte sich auf die Schwelle. Und weinte.

2 Die Revanche

Onkel Edwin trug sonntags eine weiße Nelke im Knopfloch. Er konnte aus dem Stand über eine Stuhllehne springen, durch die hohlen Hände Saxophon blasen und Bleistifte aus den Ohren ziehen. Las er nach dem Frühstück den »Berliner Lokal-Anzeiger«, so klemmte er sich ein Monokel in das linke Auge. Und machte er sich auf den Weg an die nächste Ecke, um Zigaretten zu holen, so verbeugte er sich auf der Schwelle vor Frau Bamberg und sagte: »Milli – auf bald!«

Er handelte mit Kugellagern, die unter dem Sofa versteckt waren, und klagte dann und wann: »Ich weiß nicht ... Die Geschäfte sind schon besser gegangen.«

Die Geschäfte gingen nicht mehr so gut, weil die Inflationsjahre vorüber waren und der Schwarze Markt allmählich an Bedeutung verlor. »Es ist an der Zeit, daß du eine Beschäftigung von Format findest«, pflegte Frau Bamberg ihm zu antworten. »Einem Mann wie dir stehen alle Türen offen.«

Sie trug bis zum Mittagessen einen kunstseidenen Morgenmantel, bedruckt mit weißem Flieder auf lila Grund. Ihr schweres blondes Haar lag in einem Netz, ihre Lippen waren kirschrot geschminkt, und ihre Füße steckten in lila Pantoffeln. »Unsere Märchenprinzessin!« rief Onkel Edwin gelegentlich und blinzelte mir zu.

Er nannte mich Felix und nicht »Flix« wie meine Freunde. Felix heiße »der Glückliche«, erklärte er mir und meinte, dabei sollte es bleiben. Meine Eltern hätten gut daran getan, mir diesen Namen mit auf den Weg zu geben; dereinst würde ich den Himmel einreißen.

Onkel Edwin wußte nicht, daß ich Weihnachten 1914 zunächst

nur auf die Namen Christian Friedrich getauft werden sollte und den Namen Felix nur durch Zufall hinzu bekommen hatte. Mein Vetter Felix war in den ersten Adventstagen an der Westfront bei Monchy-aux-Bois gefallen. Ich sollte für ihn ins Leben treten, für den in der Familie zu Schwedt an der Oder vielgeliebten jungen Mann. Für Felix, den Unglücklichen.

Onkel Edwin wußte auch nicht, daß »Felix« mir später besser gefallen hatte als »Christian« oder »Friedrich«, denn »Felix« erschien mir weniger verpflichtend. Und auch gegen »Flix« hatte ich nichts einzuwenden.

Wie hätte Onkel Edwin es wissen sollen? Er war gar kein richtiger Onkel von uns, meinem älteren Bruder, meiner jüngeren Schwester und mir. Er war ein gewisser Herr Edwin Müller-Wendisch, der in Berlin uns gegenüber auf der gleichen Etage wohnte und bei Frau Bamberg ein möbliertes Zimmer gemietet hatte. Ein Herr, der für uns mehr als ein Onkel war: Ein ehemaliger Leutnant, der alle Automarken kannte, über den Bau der Luftschiffe Bescheid wußte, wie Charlie Chaplin laufen und sich für uns viel Zeit nehmen konnte.

Sein erster Versuch, an eine Beschäftigung von Format heranzukommen, war gescheitert. Er hatte Protokollführer an Bord der »Cecilie« werden wollen. Die »Cecilie« sollte von Kiel aus in die Ostsee segeln, bis hinauf nach Riga, um den Magnetismus des Meeresgrundes zu erforschen. Das erste eisenfreie Schiff der Welt; eine Expeditionsfahrt, ein Abenteuer, das Onkel Edwin entsprochen hätte. Ein Schiff ohne Nägel und Schrauben, ohne Ankerkette, Angelhaken und Bratpfannen. Ein Vorhaben, das uns Kinder in unserer Phantasie über Wochen beschäftigt hatte: die »Cecilie« auf hoher See vor dem Wind, Onkel Edwin in der Takelage, das Notizbuch in der Hand. Aber man hatte ihn nicht haben wollen. Mehr als elfhundert Bewerber hatten sich gemeldet; ein Mann, der sein Studium 1914, als der Kaiser zu den Fahnen rief, abgebrochen und nach Heimkehr aus dem Felde nicht wieder aufgenommen hatte, war nicht in die engere Wahl gezogen worden.

Onkel Edwin hatte, als ihm 1919 vor dem Anhalter Bahnhof von Revolutionären die Schulterstücke von der Uniform gerissen worden waren, nicht wieder von vorn anfangen wollen. Er wollte neue Wege suchen; hatte zugegriffen, als ihm der Handel mit

Kugellagern angeboten worden war. »Eine runde Sache«, hatte ihm einer seiner ehemaligen Kameraden versichert. »Kugellager hat nicht jeder! Ich kann sie dir besorgen. Besser ein Dutzend Kugellager in der guten Stube, als treppauf, treppab, um ein paar Flaschen Wein an den Mann zu bringen!«

Treppauf, treppab – das hatte Onkel Edwin daraufhin nicht nötig gehabt. Seine Geschäfte liefen gut, fast von selbst. Er konnte sich schon bald im »Kakadu« am Kurfürstendamm eine Flasche Sekt Schloß Veaux leisten, Kaviarbrötchen kommen lassen und das Monokel aus der Westentasche ziehen, wenn Myra, die Pianistin, »Hab' ein blaues Himmelbett« anstimmte... An der Bar des »Kakadu« hatte er auch Milli kennengelernt, die zarte, verträumte Frau Emilie Bamberg, deren Mann bald nach Ausbruch des Krieges auf dem Rückzug aus Ostpreußen gefallen war.

Die beiden arrangierten sich. Milli stutzte seinen Schnurrbart, bevor sie abends ins »Café Zielka« oder zu den »Stettiner Sängern« ins Dönhoff-Brettl gingen, und er legte noch schnell drei Briketts im Kachelofen nach. Saß er, wenn es dämmerte, noch an der Schreibmaschine, die türkische Zigarette im Mundwinkel, so huschte sie über die Teppiche an seine Seite: »Edwin, mein Schatz... Haben wir noch etwas Likör?«

Wir besaßen nur im Damenzimmer, in dem die Mahagoni-Möbel der Schwedter Mitgift standen, einen echten Teppich. Bei Frau Bamberg lagen sie in den beiden Vorderzimmern übereinander. Ich konnte auf ihnen bis zur Decke springen, die Kristalleuchter an den Wänden klirrten kaum. Bloß Onkel Edwin fuhr hoch: »Felix, du wolltest Lady auf die Straße führen! Hast du es vergessen?«

Ich hatte Lady, dem Terrier der Frau Bamberg, eine Verdoppelung meines Taschengeldes zu verdanken. Für das Ausführen, den täglichen Weg von Laternenpfahl zu Laternenpfahl, bekam ich wöchentlich fünfzig Pfennig. Lady war wohlerzogen und meist etwas verschlafen. Es lag an den Resten des Orangenlikörs, den sie aus den Gläsern leckte. Und wohl auch daran, daß sie meist zu spät schlafen ging. Sie ließ sich den Maulkorb ohne Widerstand umbinden und ohne Gekläff an die Leine nehmen. Andere Hunde beachtete sie kaum, und auch sie wurde von anderen Hunden kaum beschnuppert. Ganz im Gegenteil, selbst größere und stärkere Hunde schlugen, wenn sie Lady von ferne sahen, einen Bogen. Ich glaube, Frau Bamberg trug die Schuld: Sie hatte die

Angewohnheit, ihrem Liebling, wenn er in ihrem Schoß vor sich hindämmerte, eine Fingerspitze Maiglöckchenparfum hinter die Ohren zu reiben.

Gute Aussichten eröffneten sich für Onkel Edwin im Rundfunkhandel. Alle Welt sprach von Detektor- und Röhrenempfängern, von Anoden- und Heizbatterien, von Antennenketten und Radioporzellan. Ein Aufschwung zeichnete sich ab. Die Hörergebühren waren von fünf auf zwei Mark gesenkt worden, und für die bevorstehende Frankfurter Frühjahrsmesse 1924 war ein »Radiotag« angekündigt worden, ein erstes Treffen aller »Radiointeressenten und Radiofachmänner«.

Es tat sich viel: Wer sich einen Radio-Amato oder einen gleichwertigen Mehr-Röhren-Empfänger anschaffte, konnte neuerdings auf Welle 365 London hören, trotz aller atmosphärischen Störungen. London sendete Sinfoniekonzerte des Drahtlosen Orchesters, Opern-Premieren und Tanzmusik aus dem Hotel Savoy. Das war mehr, als ein Grammophon bieten konnte. Onkel Edwin beschloß, nach Frankfurt zu reisen. Die Broschüren »Radio-Spiegel« und »Das Wunder der Wellen« hatte er sich schon besorgt.

Ich sah zu, wie er packte. Er ließ sich Zeit, denn er wollte den Abendzug nehmen, um eine Hotelübernachtung zu sparen. »Kugellager sind nicht schlecht«, sagte er. »Alles, was sich dreht, hat Zukunft. Du siehst es an Fritz von Opel, 128 Kilometer hat er auf der Avus geschafft... Du siehst es an den Zeppelinen, sie fliegen mit Maybach-Motoren.« Er zögerte: »Aber wer weiß – vielleicht ist Radio noch besser.«

Ich beobachtete, wie er den dunklen, gestreiften Anzug zusammenlegte, die Ärmel einschlug und ihn in den Koffer fallen ließ, wie er die Kragen in ein Handtuch wickelte, die Krawatten glatt strich und ein Bild von Frau Bamberg unter die Wäsche schob. Es war in Leder gerahmt und zeigte sie im Profil. Sie blickte schräg nach oben, zart und durchsichtig, entrückt wie ein Kinostar.

»Hast du was?« fragte er plötzlich und schob die Hände in die Hosentaschen. »Du sagst keinen Piep. Ist dir eine Laus über die Leber gekrochen?«

Ich dachte schon seit Tagen an den Stahler, den ich an Harry verloren hatte. Ein schönes Stück, viel größer als eine Murmel.

Onkel Edwin hatte ihn mir geschenkt. Stahler gehörten zur vornehmen Familie der Bucker. Neben ihnen gab es nur noch Glaser, leuchtende Glaskugeln, von bunten Spiralen durchzogen. Murmeln hatte jeder; sie wurden aus vollen Händen geworfen. Sie waren aus Ton gebrannt, das Fußvolk, die jederzeit bereite Truppe. Bucker wurden nur selten gesetzt. Sie wurden angehaucht, poliert und im Taschentuch aufbewahrt.

»Hast du dich mit Otto verkracht?«

Onkel Edwin verstand nicht viel von unseren Murmelspielen. Was sollte ich ihm schon erzählen? »Kommt Frau Bamberg zum Bahnhof?« fragte ich und unterdrückte meine Verzweiflung.

»Denke schon«, antwortete er. »Sie ist bei einer Freundin. Auf Lady brauchst du nicht zu warten.«

Ein Stahler wurde nur selten aus der Tasche gezogen. Er war ein König. Trotzdem hatte ich mit ihm so manches Spiel gewonnen: Er lag fest in meiner Hand, sicher unter dem Daumen, und hatte mir viel Glück gebracht. Er hatte von selbst gewußt, wohin er rollen sollte. Bis zu dem Augenblick, in dem Harry ihn gewonnen hatte.

Harry trug eine alte Lederhose und geflickte Hemden. Er ging nachmittags auf den Rummelplatz und verdiente sich ein paar Groschen. Er spannte Hanselmann, das Pony, in das Kinderkarussell, säuberte die Karbidlampen und durfte einspringen, wenn in Dolly's Kuriositätenschau der Fakir fehlte. Harry hatte mich hereingelegt.

Herr Krogmann, der Briefmarkenhändler mit dem Pincenez auf der Nase, hatte recht: »Ihr treibt es schon wie die Erwachsenen!« rief er uns nach, wenn wir in den Kleinen Tiergarten gingen, um Murmeln zu spielen. »Ihr wollt euch gegenseitig übers Ohr hauen! Ihr übt euch im Betrügen!« Er hatte unsere Spiele durchschaut. Ich war von Harry betrogen worden.

Wäre der »Professor« dabei gewesen, Helmut Winkler, der in Mathematik eine Eins hatte, so hätte er mich gewarnt. Er hatte Augen für zwei. Er bemerkte die leiseste Unebenheit des Bodens und erkannte, ohne genauer hinzusehen, wie fest der Sand und wie glatt die Wölbung eines Murmellochs war. Aber der Professor hatte keine Zeit gehabt, mir Ratschläge zu geben. Er mußte am Hansa-Ufer Spenden für den VDA sammeln, den Verein für das Deutschtum im Ausland.

»Felix, mach doch keine Geschichten!« sagte Onkel Edwin. »Wo drückt der Schuh?«
»Dein Stahler ist weg!« stieß ich hervor. »Ich hab ihn verloren.«
Es beeindruckte ihn nicht. »Ist das alles?« fragte er. Die Schlösser seines Koffers schnappten zu. Er hob ihn an, wog ihn in der Hand und stellte ihn neben die Korridortür. »Verlieren gehört zum Spiel, ebenso wie gewinnen. Es ist fast dasselbe.«
»Dasselbe? Onkel Edwin! Wenn du erlebt hättest, wie Harry –«
Er ließ mich nicht zu Wort kommen. »Ich hoffe, du bist ein guter Verlierer?«
Darüber hatte ich noch nicht nachgedacht. Ein guter Verlierer? Wer verlor, war schlecht. Ein schlechter Spieler. »Weiß nicht«, antwortete ich und folgte ihm in die Küche. Warum sollte ich ein guter Verlierer sein? War es nicht wichtiger, ich blieb ein guter Spieler?
Quer über den Hinterhof konnte ich in unsere Küche sehen. Jenseits der Müllkästen, der Teppichstange und der beiden dünnen Birken war meine Mutter dabei, das Abendbrot zu richten. Sie hatte schon Licht gemacht.
»Du weißt nicht, ob du ein guter Verlierer bist?«
Onkel Edwin hatte früher Reifen gespielt und Triesel. Von den Moabiter Buckerspielen verstand er so gut wie nichts. Sollte ich ihm erzählen, wie die Auseinandersetzung hinter der Heilandskirche begonnen hatte? Wie hundert andere auch. Und wie sie sich plötzlich zugespitzt hatte und ich in Gefahr geraten war? Ich machte es kurz: »Harry ist ein Betrüger«, sagte ich. »Ein elender Schuft.«
»Ach so.« Onkel Edwin schnitt sich mit der Brotmaschine vier Scheiben ab und legte sie nebeneinander auf den Tisch, zu zwei Pärchen. »Dann mußt du dir den Stahler zurückholen. Harry schuldet dir Revanche.«
Das sagte auch Otto. Und auch der Professor war dieser Meinung. Wir hatten zunächst geknobelt, wie das so üblich war: Papier, Stein, Schere. Das Papier umwickelt den Stein, der Stein schleift die Schere, die Schere schneidet das Papier. Eins, zwei, drei: Harry hatte zwei Finger, also die Schere, und ich die Faust, also den Stein, gezeigt. Und hatte damit den ersten Wurf.
Ich setzte meinen Stahler gegen drei seiner Glaser. Sie waren blank wie Spiegelscheiben, noch nicht zerkratzt. Erste Güte.

Entschlossen ließ ich meinen Stahler weit über das Loch hinaus rollen, so weit, daß er nicht mit einem Stoß zurück ins Ziel befördert werden konnte.
Das Spiel lief wie von mir vorausgesehen. Harry warf seine Glaser in einem Schub, brachte einen von ihnen sofort ins Loch und die anderen in seine Nähe. Er führte, blieb also am Spiel, und schob die beiden anderen nach.
Und er hatte noch immer die Führung: Zögernd näherte er sich dem Stahler, besah dessen Lage von allen Seiten, stieß ein paar Zuschauer beiseite und sagte: »Jetzt is mir alles schnuppe.«
Ein Lügner. Er wollte gewinnen. Und ich wollte es auch.
»Det schaffste!« rief einer seiner Freunde.
»Denkste!« rief ein anderer.
Harry tippte meinen Stahler nur an, trat zurück und wartete, was ich wohl tun würde. Ich war nicht dümmer als er. Auch ich krümmte den Zeigefinger nur, um die Kugel millimeterweise aus ihrer Lage zu bringen. In der Heilandskirche begann leises Orgelspiel. Früher Nachmittag: es konnte nur eine Beerdigung sein.
Wir blickten aneinander vorbei. Keine Miene verriet, was der eine oder der andere im Schilde führte. Harry näherte sich zögernd dem Loch, in dem seine Glaser wie Ostereier lagen, zog sich die Strümpfe hoch und kehrte zum Stahler zurück. »Harry, du weeßt!« warnte eine Stimme. »Dicht daneben is ooch vorbei!«
Er tippte ein zweites Mal. Und ich auch.
Es gefiel den Zuschauern nicht. Mein Hintermann rief: »Nu mach! Der kann dir sowieso nich! Harry hat keen Murmelvastand!«
Wir wurden beschimpft und angefeuert und begannen, unsere Zurückhaltung aufzugeben. Der Choral, der uns durch die hohen, geschlossenen Fenster der Kirche erreichte, berührte uns kaum. Abwechselnd schubsten wir den Stahler ein paar Zentimeter weiter, ließen ihn auch einmal springen. Aber den Mut, ihn wirklich abzustoßen, ihn über die Strecke ins Loch zu bringen, hatte noch keiner von uns.
Die Zuschauer wurden ungeduldig. »Flix!« hörte ich. »Warten taucht zu nischt! Jib ihm Saures!« Und einer stieß mich an: »Is dir de Feife ausjejangen?«
Auch Harry wurde bedrängt: »Hannepiepe, schläfste schon? Mit de Beene strampeln is zu wenig!«
Ich blieb ruhig. Ich wußte, keiner der Zuschauer würde mir

meinen Stahler zurückbringen, wenn ich einen Fehler machte. Ich stand nicht zum ersten Mal im Kampf um Sieg oder Niederlage ... Aber plötzlich ging Harry zum Angriff über. Er bückte sich, schneller als erwartet, setzte tief an, so tief es ging – und ließ den Stahler fliegen.

Die Richtung war ungenau. Der Stahler blieb links vom Loch in gut zwei Meter Abstand liegen. »Verdammt –!« schimpfte Harry und sprang der Kugel nach. »Laus mich der Affe!« Und tat so, als habe er sich vertan, als sei ihm der Finger ausgerutscht und das Spiel für ihn verloren.

Er bluffte, aber ich merkte es nicht. Niemand merkte es, und niemand warnte mich. Die Zuschauer waren verstummt. Sie hielten den Atem an.

Wäre der Professor dabeigewesen, so hätte er entdeckt, daß der Stahler auf weichen Boden gerollt und eingesunken war, für ungeübte Augen kaum sichtbar. Er hätte bemerkt, wie gefährlich es war, den Stahler aus dieser Lage abzustoßen, ihm den richtigen Schwung zu geben: Es war unmöglich, den zu erwartenden Reibungswiderstand abzuschätzen.

Siegesgewiß stieß ich den Stahler ab ... und brachte ihn nur auf Dreiviertel des Weges. Den Rest besorgte Harry. Mühelos ließ er ihn rollen, ins Loch.

»Man muß verlieren können«, sagte Onkel Edwin. »Es ist schwieriger, als zu gewinnen ... Auch im Leben.« Er bestrich die Brote mit Mettwurst, nicht zu dick und nicht zu dünn, und ließ die Hälfte des Wurstzipfels für Frau Bamberg übrig. »Wer nicht verlieren kann, gibt auf.«

Ich verstand ihn nicht. Es war das erste Mal. »Wer gewinnt, ist doch der Bessere?« fragte ich. »Und du bist doch immer der Beste!« Onkel Edwin konnte nicht nur aus dem Stand über eine Stuhllehne springen oder Bleistifte aus den Ohren ziehen. Er konnte die geschwungene Treppe vom Hausflur zum Hochparterre in fünf Sprüngen nehmen und am Kaiser-Wilhelm-Turm bis auf den Grund der Havel tauchen. »Du verlierst doch nie!«

Er wickelte die Brote in Pergamentpapier und schloß den Küchenschrank. »Ich habe schon oft verloren«, antwortete er. »Mehr verloren, als du denkst.«

»Erzähl doch mal!« rief ich. »Erzähl doch mal, was so alles war! Damit ich es weiß!«

Er warf den Paletot über die Schulter und nahm den Koffer. »Gute Verlierer sind selten«, sagte er. »Du kannst sie mit der Laterne suchen.«

Der Rummelplatz lag in einer Baulücke, nicht weit von Bolle, der morgens die Milch brachte. Zwischen verrußten Brandmauern, die sich am Himmel zu berühren schienen, flogen Luftschaukeln, drehte sich ein Kinderkarussell, standen Würfel- und Schießbuden, ein Flohzirkus und ein Zelt, in dem es Rollmöpse, saure Gurken und Soleier gab. Die Besucher kamen schon am Nachmittag. Und abends, wenn an den Drähten die Glühbirnen aufleuchteten, lud Dolly zur ersten Vorstellung in ihre Kuriositätenschau ein.

Harry hatte sich seit Tagen nicht blicken lassen; weder hinter der Heilandskirche noch am Kuhstall, weder auf der Wullenweberwiese noch am Borsig-Steg.

»Was meinste?« fragte ich Otto. »Vielleicht erwischen wir ihn am Karussell?« Otto war mein bester Freund. Er zögerte keinen Augenblick: »Nischt wie hin!« rief er und legte seine Hand auf meine Schulter. »Der soll erleben, wat ne Harke is!«

Otto war ein Jahr älter als ich, aber einen Kopf kleiner. Sein Hals war zu kurz geraten. Senkte er das Kinn, so lag es auf der Brust. Holte er tief Luft, so machten sich seine Gegner davon. Sie wußten, er war stark und unberechenbar, schnell und rauflustig. Dabei konnte er so tun, als sei er schwach und hilflos, allein und verlassen: blieb er in der Markthalle stehen, mitten im Gedränge, mit hängenden Armen, so bekam er meist nach einer Weile eine Kokosschnecke oder einen Apfel geschenkt.

Otto war anders als ich. Verhielt ich mich leise, so wurde er laut. Wich ich zurück, so schlug er zu. Fand ich etwas zum Lachen, so packte ihn die Wut. Wir paßten überhaupt nicht zueinander. Und trotzdem suchte einer den andern: Machste mit? Wir waren unzertrennlich. Mitmachen? Aber feste!

Harry stand hinter dem Karussell und hielt Hanselmann am Zaum. Das Pony konnte noch nicht eingespannt werden, weil der Treibriemen zur Drehorgel abgesprungen war. »Da seid ihr ja!« rief er uns entgegen und tat so, als hätte er uns schon erwartet.

Otto senkte den Kopf: »Mann, wir haben mit dir zu reden!«

Harry schob sich hinter das Pony. »Die Musike muß erst in

Schwung, det seht ihr ja!« Er strich über sein kurzes Haar, eine hellrote Borstentolle: »Wat sein muß, muß sein.«

Egon, der Erdnußverkäufer, stand schon auf seiner Kiste. »Nüsse vom Rio Grande!« rief er mit heiserer Stimme. »Ein Leckerbissen, meine Damen und Herren!« Mit den Damen meinte er vorwiegend Dienstmädchen, die mit dem Einkaufskorb oder einem Kind an der Hand stehengeblieben waren, mit den Herren Arbeitslose, die stempeln gingen, Rentner und Schüler wie uns. Er zeigte eine Erdnuß zwischen Daumen und Zeigefinger: »Zweie in einer, ein Wunder der Natur! Direkt aus Rio de Janeiro nach Berlin-Moabit!« Er lachte uns zu, denn wir kannten ihn aus dem Büro der Völkischen. »Ein Jeschenk der Wildnis!« rief er. »Darum bloß zwee Jroschen!«

Reichstagswahlen standen vor der Tür. Und die Völkischen hatten sich mit der Nationalsozialistischen Deutschen Arbeiterpartei zusammengetan. Wir wußten es nicht so genau, fühlten uns aber bei den Völkischen, in einem ehemaligen Zigarrenladen, wie zu Hause. Es gab dort die schönsten Kleber; Klebezettel, deren Bilder uns gefielen und deren Gummierung gut schmeckte, ein wenig nach Zitronenbonbons.

Wir klebten den Schlachtruf »Deutschland, erwache!« straßauf, straßab, bis hin zum Bahnhof Tiergarten und zum Kriminalgericht. Wurden wir erwischt und festgehalten, so schlugen wir um uns, kratzten und bissen. Wurde ein Schupo geholt, so schimpfte er: »Euch wer'k Beene machen! Wat vasteht ihr Doofköppe von Politik?« Wir verstanden nichts von Politik. Aber wir wußten aus der Schule, dem Friedrichswerderschen Gymnasium, daß die Rechten besser seien als die Linken. Und daß die Republik, in der wir lebten, nicht viel tauge.

Bella, die hübsche Spitzin, spazierte an uns vorüber, geführt vom Fakir. Bella gehörte zu Dollys Kuriositätenschau. Sie konnte den Salto rückwärts und beherrschte das kleine Einmaleins. Und hatte nachmittags meist Hunger. Sie schnupperte an jeder Tasche, jedem Beutel und jedem Schuh. Auf ihr Fressen mußte sie warten, bis die letzte Vorstellung vorüber war; und während ihrer Arbeit bekam sie nur hin und wieder ein Stückchen Zucker.

Bella hatte es schwer, hinter den Wohnwagen ein ruhiges Plätzchen zu finden, um vor ihrem ersten Auftritt noch schnell ihren Geschäften nachzugehen. Hinter den Wagen lag ein Platz, schmal

und lang wie ein Handtuch, auf dem Ball und Hopse, mit Vorliebe aber Murmel gespielt wurde. Er schob sich zwischen die Hinterhöfe und wurde von einer Holunderhecke begrenzt, einem Paradies der Spatzen, die hoch oben unter den Regenrinnen nisteten.
Bella war kleiner als Lady, schneeweiß wie sie, aber ohne den schwarzen Fleck über dem linken Auge. Und offenbar auch so vornehm wie sie, ruhig und zurückhaltend. Spürte Bella, daß sie bewundert wurde, so stellte sie sich auf die Hinterbeine und warf den Kopf zurück wie Asta Nielsen.
Harry erschien schneller als erwartet. Wir standen beim Würfelfritze und beobachteten einen Betrunkenen, der zum zweiten Mal eine Achtzehn geworfen hatte. Harry drängte sich zwischen uns: »Damit ihr's wißt, den Stahler hab ick nich dabei«, sagte er. »Ick schlepp ihn ja nich durch de Jejend.«
Es sah fast so aus, als wollte er sich vor der Revanche drücken. Otto übernahm die Verhandlung. »Zu Hause haste den Stahler? Oder haste'n in Posemuckel, bei deiner Oma?«
Harry blieb unbefangen: »In der juten Stube. Aber wenn Flix will... ick bring ihn jelejentlich mit.«
»Jelejentlich?« Otto hatte Mühe, sich zu beherrschen. »Biste varrückt?« Er ballte die Fäuste in den Taschen. »Flix will seinen Stahler wiederhaben! Morjen wird jespielt!«
Harry trat vorsichtshalber einen Schritt zurück. Er wollte Platz haben, falls es zu Handgreiflichkeiten kommen sollte. Und fragte freundlich: »Morjen schon?«
Otto kochte. Sein Kinn klebte auf der Brust, ich mußte ihn zurückhalten. »Übermorgen geht jenau so jut!« warf ich ein. »Is auch 'n schöner Tag.«
Otto gab nicht nach. »Morjen!«
»Da muß ick schnell mal fragen«, antwortete Harry und war, ehe wir's uns versahen, wieder im Gedränge verschwunden.
»Der will uns beschubsen!« rief Otto. »Aber da mach ick Dampf! Jewaltig Dampf mach ick da!«
Der Betrunkene warf eine dritte Achtzehn. Er riß uns aus unseren Überlegungen. Er trommelte mit den Fäusten auf die Bretter, und Würfelfritze läutete die Schiffsglocke: »Direktemang der Hauptjewinn!« rief er. »Für heute bin ick ruiniert!« Und überreichte dem Gewinner ein Marmeladenglas mit einem Goldfisch: »Der is über's Jahr so jroß wie die in Sanssouci!«

Wir traten zur Seite, und der Mann trat auf unsicheren Füßen den Heimweg an.
»Wo nimmt der die Wasserflöhe her?« fragte Otto. »Det arme Vieh... Und janz alleene.«
Die Glühbirnen gingen an. Sie schaukelten über unseren Köpfen, und blasse Schatten huschten in der ersten Dämmerung über die Häuserwände. Die Besucher riefen »Aaah –!«, und die ersten Neugierigen erschienen vor Dollys Kuriositätenschau.
Dolly ließ nicht lange auf sich warten. Im Schein spiegelnder Lampen schlug sie einen Gong und stellte zu ihrer Rechten Bella, zu ihrer Linken Fips, den Affen, vor. Beide hockten auf hohen Stühlen, und über ihnen wiegte sich Koko, der Papagei.
Dolly war die schönste Frau, die ich je erblickt hatte. Um ihre Stirn lag ein goldener Reif, besetzt mit bunten, funkelnden Steinen. Ihre Augen glühten, Perlmutt schimmerte auf ihrem Gesicht, und ihre Lippen leuchteten wie frische Erdbeeren. So stellte ich mir eine Königin vor; aber ich wußte, es gab bei uns seit ein paar Jahren keine Königinnen mehr. Und der Kaiser war nach Holland geflohen.
Koko krächzte: »Pinke-pinke! Bezahlen!« Lächelnd breitete Dolly die Arme aus, als wollte sie jeden, der vor ihr stand, ans Herz ziehen. Und Fips, der Affe, klopfte mit dem Zeigestock auf eine Tafel: »Eintritt nur 25 Pfennig!«
Die ersten Besucher traten an die Kasse. Ich beneidete sie, denn ich wäre Dolly gern in ihr Zelt gefolgt. Ich hätte gern gesehen, wie Koko seine Kanone, die »Dicke Bertha«, abfeuerte, Fips die Trommel rührte, Bella Purzelbäume schlug und Dolly von neun Dolchen durchbohrt und sodann zersägt wurde.
Wir fanden Harry am Karussell wieder. Er war dabei, einer Frau mit ihrem Jüngsten in einen der beiden Schwäne zu helfen. Das Kind war noch zu klein, um die Fahrt auf einem der Löwen, Elefanten oder feurigen Hengste anzutreten. Es war ein klappriges, in allen Fugen ächzendes Karussell, das sich schon vor hundert Jahren auf dem Strahlauer Fischzug gedreht hatte. Inzwischen war es zu langsam und für die meisten Kinder auch zu langweilig geworden.
Harry ging Papa Menke, dem Besitzer, zur Hand, um es in Gang zu setzen: Beide zogen an eisernen Griffen und liefen im Kreise, bis das Pony Tritt gefaßt und den gewohnten Trab um die Achse

begonnen hatte. Die Drehorgel spielte: »Du, du liegst mir im Herzen«, und die Kinder klammerten sich an Löwenmähnen und Elefantenohren.

Nach ein paar Runden tauchte Harry auf. Er saß in dem frei gebliebenen Schwan. »Den müßte man vatobacken!« knurrte Otto und warf sich mit einem Satz neben ihn auf das Wachstuchpolster. Es war leichter gesagt als getan. Harry rückte zur Seite, machte ihm Platz und zog eine Erdnuß aus der Tasche: »Willste –? Direkt aus Rio!« Otto wollte nicht. Und beide entschwanden in ihrem Schwan.

Papa Menke stand neben mir und drehte den Kopf im Kreise. Seine Augen folgten den Löwen, Elefanten oder Pferden, ohne sie wahrzunehmen. Es schien, als drehe er den Kopf von früh bis spät, wie schon sein Vater und sein Großvater. An seiner Unterlippe hing ein kalter Zigarettenstummel.

Und wieder tauchten die beiden auf. Ich war sicher, Otto würde die Revanche erzwingen. Onkel Edwin fiel mir ein: Was kümmerte es mich, ob ich ein guter Verlierer war? Ich mußte meinen Stahler zurückholen, Harry besiegen, ihn schneller schlagen, als er es sich träumen ließ.

Seine Hand lag auf einem Flügel des Schwans. Er knabberte Nüsse und winkte mir zu. Otto neben ihm hatte es sich bequem gemacht. Sein Kopf war im Polster versunken, seine Beine lagen auf dem Schwanenhals.

Als das Pony verschnaufte, stand er als erster neben mir: »Übermorjen wird jespielt!« rief er. Harry folgte ihm: »Warum nich? Mir is alles recht.«

Ich streckte ihm die Hand hin: »Abgemacht!«

»Abjemacht.« Er schlug ein. »Aber deine Glaser kannste zu Hause lassen. Ick steh auf Stahler.«

Wir glaubten, nicht recht gehört zu haben. »Is das dein Ernst?« fragte Otto. »Oder willste uns bloß ärjern?«

Harry strich sich über die Borstentolle, scheinbar ratlos, und wandte sich an mich: »Denkste, ick bin auf deine Glaser scharf?«

Die Verhandlung spitzte sich unerwartet zu. Wer Revanche gab, hatte gewisse Vorrechte. Aber er durfte die Bedingungen des Spiels nicht von Grund auf ändern.

Otto ging auf Harry los: »Flix schmeißt drei Glaser, vastehste? So wie du bei ihm. Und damit basta!«

»Nischt is basta.« Harry zog den Gürtel fester. Seine roten Haare sträubten sich: »Mir wird janz anders ... bin ick doof?«
Die überlieferten Regeln, die uns in Fleisch und Blut saßen, versagten. Veränderte Harry die Bedingungen, wenn er den Einsatz von Glasern zurückwies? Oder war er im Recht? Immerhin war er bereit, den von ihm gewonnenen Stahler zu setzen.
Der Professor fehlte. Er hätte raten und vermitteln können. Aber der Professor war ins »Marmorhaus« gegangen. Er sah mit seinen Geschwistern Jackie Coogan in dem Film »Lang lebe der König!« Otto und ich hätten Jackie, der jünger war als wir und für jeden seiner Filme eine Million Dollar bekam, auch ganz gern gesehen. Aber die Kinderermäßigungen waren gestrichen worden.
»Wat is?« drängte Harry. »Oder is nischt mehr?«
Der Professor hätte sagen können, ob Harry verpflichtet war, meine Glaser anzuerkennen. So wie ich es ihm gegenüber getan hatte. Aber es half nichts, wir mußten ohne ihn auskommen. Wir mußten versuchen, uns ohne ihn mit Harry zu einigen.
Der trumpfte auf: »Stahler gegen Stahler!«

Frankfurt erlebte große Tage: Die Einführung des Rundfunks werde die Welt verändern, hieß es auf dem Radiotag. Es sei nur noch ein Frage der Zeit, und ein jeder werde aus dem Äther Nachrichten empfangen und Musik hören können. Er werde seine Lebensgewohnheiten ändern, kaum mehr eine Zeitung lesen, nur noch selten in ein Konzert gehen und in der Sofaecke Ohrenzeuge bedeutender sportlicher Ereignisse werden. Eine neue Industrie wachse heran, nicht zu vergleichen mit der Produktion von Sprechmaschinen und Grammophonplatten.
Onkel Edwin hatte viel gesehen, Erstaunliches erfahren – und nichts erreicht. Man suchte Radio-Konstrukteure und Radio-Ingenieure. Bewerber, die gekommen waren, um sich erst einzuarbeiten, wurden abgelehnt. »Sie kommen zu spät!« hieß es. »Keine Zeit, keine Zeit!« Man suchte auch Vertreter, aber man wünschte, daß sie Kautionen hinterlegten und entschlossen waren, den Vertrieb mit eigenen Mitteln aufzubauen. »Was glauben Sie?« hielt man Onkel Edwin entgegen. »Wer Geld hat, wird es bis Weihnachten verdoppelt haben! Wer keins hat, ist nicht unser Mann.«
Er mußte den Dingen ihren Lauf lassen. Er hatte seine Zeit im

Schützengraben vertan und nach Kriegsende den Anschluß verpaßt.

»Meine Rückkehr aus Frankfurt muß gefeiert werden!« rief er meiner Mutter entgegen, ohne sich die Niederlage anmerken zu lassen. »Ob Felix wohl am Abend kommen und sein Kegelspiel ausleihen darf?«

Meine Mutter erlaubte es, wie schon so manches Mal: »Wenn es nicht zu spät wird? Sagen wir, so bis neun?«

Er dankte. Gute Freunde kämen, ein Ehepaar aus Wilmersdorf. Auch sie hätten große Pläne. Es ginge nun allenthalben voran.

Nach dem Kaffeetrinken sah Frau Bamberg bei uns vorbei. Ihr Morgenrock wehte, und Maiglöckchenduft zog bis ins Kinderzimmer. Sie borgte sich Margarine und zwei Eier, um zum Abend noch schnell Käsestangen zu backen. »Es ist ein Unglück!« klagte sie. »Edwin hat in Frankfurt so gute Figur gemacht... Und so schnell erfaßt, worum es geht, Sie kennen ihn... Man könnte verzweifeln!« Sie schob das Haarnetz aus der Stirn. »Ich bitte Sie, wo soll Edwin zehntausend Mark hernehmen?«

Mein Vater schien recht zu behalten: Er behauptete, Onkel Edwin sei »ein Luftikus«. Ein junger Mann, der morgens zu spät aufstehe und abends zu spät ins Bett finde, der seine Uhr in Nachtlokalen verpfände, Nelken ins Knopfloch stecke und ein Monokel trage, tauge nicht für rechte Arbeit. »Ran an die Ramme!« heiße es bei ihm auf der Baustelle. Herr Müller-Wendisch ginge nicht ran. Er ginge um den Brei herum.

Mein Vater kannte ihn zu wenig, nahm ich an. Mein Vater stand morgens um fünf Uhr auf und fuhr zum U-Bahn-Bau am Wedding. Klapperten seine Schlüssel abends wieder im Schloß, so war er müde. Er zog Bonbons aus der Tasche, fuhr uns mit der Hand durch die Haare und schlief nach dem Abendbrot über der Zeitung ein. Er kannte Onkel Edwin nicht. »Kugellager? Was soll das noch?« fragte er. »Die kauft der ordentliche Mensch am Spittelmarkt oder was weiß ich wo.« Er war mißtrauisch. »Es geht um krumme Geschäfte. Man weiß doch, wie die Dinge heutzutage so laufen! Hier eine kleine Provision, dort ein Handgeld... Und zwischendurch ein bißchen Kokain.«

Meine Mutter verteidigte Onkel Edwin: »Sie haben ihm in seinen besten Jahren beigebracht, wie man Handgranaten schmeißt und Leute aufspießt... Warte ab, er wird sich durchbeißen!

Sie stand zu ihm, weil er meine Schwester mochte. Hilde war nun schon fast sieben Jahre alt und hatte noch immer krumme Beine. »Englische Krankheit« nannte man ihr Leiden. Knochenerweichung. Sie hatte in den letzten Kriegsjahren, zur Zeit der englischen Blockade, zu wenig zu essen bekommen. Lief sie Onkel Edwin entgegen, klein und häßlich, so hob er sie hoch in die Luft: »Hillichen, du bist die Schönste!« rief er und schwenkte sie im Kreise. »Ein Prinz wird dich holen!« Über ihren von Brei und Arzneien verquollenen Backen versteckten sich müde Augen. Aber wenn sie in seinen Händen unter der Zimmerdecke schwebte, begannen ihre Augen zu leuchten. Alle Freude, die ihr geblieben war, brach auf. Sie jubelte. Und lächelte noch, wenn er längst wieder gegangen war.
»Warte ab! Er hat Verstand ... Verstand und Anstand. Es ist Verlaß auf ihn.«

Hugo Knipp, der Freund, den er eingeladen hatte, war mit ihm im gleichen Regiment gewesen. Er trug ein Glasauge, das nur auffiel, wenn er zur Seite sah. Er war kleiner und dicker als Onkel Edwin und hatte, ohne sich dessen bewußt zu sein, eine zu laute Stimme. Um so leiser verhielt sich seine Frau. Margot Knipp war Tänzerin gewesen; ein Sehnenriß hatte ihre Laufbahn beendet.
Ich machte, als ich den beiden vorgestellt wurde, einen Diener und schätzte meine Einnahmen als Kegeljunge auf vierzig bis fünfzig Pfennig. Leuten wie ihnen saßen die Groschen locker. Sorgfältig stellte ich die kleinen Kegel auf, genau nach Vorschrift, und brachte Onkel Edwin die erste Kugel: »Sag mal, könntest du –« Es war die von mir erhoffte Gelegenheit, ihn schnell zu fragen, ob er noch einen Stahler für mich übrig hätte, aber Frau Bamberg trat zu uns: »Edwin, sei ein Engel! Zieh das Grammophon auf! Margot möchte die Massary hören!«
An einen zweiten Stahler mußte ich herankommen. So schnell wie möglich. Schenkte Onkel Edwin ihn mir, dann war Harry verloren. Harry war zwar ein gefährlicher Spieler, man mußte aufpassen, aber er war kein guter Spieler. Ich wußte, ich war der Bessere. Margot Knipp sank in die Kissen eines der Korbsessel und hielt Lady auf dem Schoß. Ihr schwarzer Bubikopf glänzte wie Lack; um die Stirn lag ein silbernes Band. »Bist du der Kleine von nebenan?« fragte sie mich. »Der tüchtige kleine Junge?«

Lady mochte Frau Knipp so wenig wie ich. Mit einem Satz war sie an meiner Seite. Sie sprang an mir hoch und wollte, daß ich ihr eine Kugel über die Bahn entlang der Teppiche rollte. »Später«, vertröstete ich sie. »Du siehst, das Spiel geht gleich los.«
Zunächst rauschte die Grammophonnadel. Und die schwebende, zärtliche Stimme der Fritzi Massary, die in »Marietta« gefeiert worden war, setzte ein: »Was eine Frau im Frühling träumt...«
Herr Knipp lehnte sich an das Vertiko, blies blasse Ringe zur Lampe und sah ihnen mit aufgerissenem Auge nach. Frau Bamberg kuschelte sich in eine Sofaecke, das Ende eines langen Seidenschals um Mund und Nase, und Frau Knipp legte ihre Fingerspitzen an die Schläfen und schloß die Augen... Um im nächsten Augenblick hochzufahren: Lady versuchte ein Duett. Sie stimmte mit weit aufgerissener Schnauze leise Laute des Jammers an, die nach dem ersten Luftholen in ein klägliches, mühsam unterdrücktes Heulen umschlugen. Frau Knipp warf die Arme in die Luft, ihre Ärmel fielen zurück: »Kann das Tier sich nicht zusammennehmen?«
Behutsam hob Onkel Edwin den Deckel des Grammophons, um der Stimme mehr Fülle zu geben, wenn auch das Kratzen der Nadel zunahm. Es beflügelte Lady in ihrer Empfindsamkeit. Ihre Kopftöne erreichten schneidende Höhe. »Milli!« rief Frau Knipp. »Sage dem Hund, daß ich mit meinen Nerven am Ende bin!« Sie war den Tränen nahe.
Bestürzt packte ich Lady am Halsband und zog sie über die Teppiche hinaus in den Flur. Mit dem linken Fuß stieß ich die Tür hinter uns zu: »Laß sie schimpfen!« tröstete ich sie. »Wir gehen nachher noch mal auf die Straße. Unten singt keiner.« Lady schüttelte sich, als käme sie aus dem Grunewaldsee. Dann zeigte sie ihre kleinen spitzen Zähne, um den Kiefer wieder einzurenken. Als wir in den Salon zurückkehrten, standen alle zum Kegelspiel um einen Syphon Bier bereit. Wie sich zeigte, waren sie inzwischen auf Rußland zu sprechen gekommen.
»Edwin, überleg' es dir!« rief Herr Knipp und drehte die Kugel in der Hand. »Rußland ist schöner, als du denkst! Und Gastfreundschaft geht den Leuten dort über alles!« Er warf eine Acht, ohne genauer hinzusehen. »Ich kann dir sagen: Wodka, Balalaika, Kalinka...«
»Was soll Edwin in Woronesch?« Frau Bamberg wickelte sich in

ihren Schal. Sie schien zu frösteln. »Wenn er will, kann er hier in Berlin Motorfahrräder verkaufen, die neuesten Modelle von Harley-Davidson... Mein Gott, wo liegt Woronesch?«

Ich notierte am Nähtisch die Würfe. Onkel Edwin schaffte bloß eine Vier. Frau Knipp rutschte aus und verlor den Schuh. Es wurde ein schlechtes, ein durcheinander geratenes Spiel. Trotzdem behielt ich den Überblick und konnte jeden Augenblick sagen, wer der Beste und wer der Schlechteste sei. Und hoffte im stillen, Frau Knipp würde verlieren. Wie kam sie darauf, daß ich ein tüchtiger kleiner Junge wäre?

Ihr Mann blieb obenauf: »Für Woronesch wäre Edwin der rechte Mann!« rief er und hielt sich an die Käsestangen. »Und dir, liebste Milli, würde es dort besser gefallen als im Harz, in Wernigerode oder Schierke! Schöne Gegend...« Er drückte die Hand auf seinen Scheitel, eine winzige Frisur, die in der Mitte seines kahlen Kopfes saß. »Unsere Ingenieure sind in Woronesch gefragt. Und unsere Offiziere sowieso, Kameraden, die englische Tanks im Angriff miterlebt haben.« Er wurde leiser: »Wir dürfen doch keine Panzer bauen, es ist uns in Versailles verboten worden. Aber die Sowjets dürfen... Edwin, die brauchen uns! Und der Rubel rollt!«

Auch Margot Knipp dämpfte die Stimme: »Ich bekomme einen Burschen und ein Reitpferd und jederzeit ein geschlachtetes Schwein. Das ist ausgemacht.«

»Mir langt das Kasseler von Rustenbach und unter der Woche etwas Aufschnitt.« Frau Bamberg spielte schlecht. Sie warf wieder nur drei Punkte, obwohl sie übertrat. Sie war nicht bei der Sache. »Wenn Edwin will, kann er schon morgen Schreibmaschinen verkaufen, für Cohn und Compagnon. Warum soll er nach Rußland gehen?«

Onkel Edwin stand in der Tür und putzte sein Monokel. Cohn und Compagnon hatten abgesagt. Ich wußte es schon seit zwei Tagen. Ging es ihm am Ende gar nicht so gut, wie ich gedacht hatte? Ich suchte seine Augen: sie gaben keine Antwort.

Hatte mein Vater recht? Lebte Onkel Edwin wie zu Kaisers Zeiten ein verschuldeter Gardeoffizier? Brauchte er Geld, waren ihm auch russische Rubel recht –? Von Rußland wußte ich nicht viel. Ich wußte, daß es groß und kalt war, und voller Bären.

»Auf die neuen Schatzrubel ist Verlaß!« versicherte Herr Knipp. »Die Stabilisierungsaktion ist den Sowjets geglückt. Wäre ihre

Handelsdelegation sonst in London empfangen worden? Die Russen haben Getreide, Weizen und Roggen in Hülle und Fülle... Und Mais und Baumwolle.« Er klopfte auf seine Brieftasche. »Die Verträge für Woronesch werden hier in Berlin gemacht. Freunde, die Vorschüsse können sich sehen lassen!«
»Unsere Rentenmark ist auch nicht ohne«, warf Frau Bamberg ein. »Es geht wieder bergauf... man merkt es doch.«
»Sagt der Herr Reichskanzler!« Herr Knipp warf eine Sieben. Sein Auge blitzte: »Marx hat schon viel gesagt, schließlich will er die Wahl gewinnen. Auf einmal verspricht er die Einheit des Reichs... Warum schmeißt er dann nicht die Franzosen aus dem Ruhrgebiet? Warum riskiert er nicht mal was?«
Onkel Edwin wurde ungeduldig. »Hugo, du weißt selbst am besten, daß es nicht geht! Sabotage, das ist alles, was den Leuten an der Ruhr noch übrig bleibt. Dynamit im Rucksack... die Kohlengruben versaufen lassen –«
»Ich bitte –!« Frau Bamberg nahm die Kugel. »Wollten wir spielen? Oder uns mal wieder ein bissl streiten?«
Noch ließ Herr Knipp nicht locker: »Edwin, kein Russe behauptet, daß wir schuld sind am Kriege! Mit den Russen kann man reden... Sind wir in Woronesch, dann haben wir den Dreck hier hinter uns.« Er stellte sich auf die Zehenspitzen: »Lenin ist tot. In Rußland hat sich einiges geändert.«
»Und es ist dort nicht so eng! Jeder hat Platz, man kann sich bewegen.« Frau Knipp warf sich in einen Korbsessel. »Zitowitsch hat gesagt, wer frei atmen will, der gehört in die Sowjetunion... Boris Zitowitsch, der Mann, der uns den Scheck gegeben hat.« Sie lächelte: »Milli, ein fescher Mann... gut gelaunt, galant...«
Onkel Edwin zog mich beiseite: »Felix... Du darfst dich bei Frau Bamberg ruhig mal verrechnen. Sie hat Migräne.«
Ich machte aus einer Drei eine Acht und aus einer Eins eine Vier. Und zog der Tänzerin ein paar Punkte ab. Wie konnte sie sagen, daß ich tüchtig wäre? Sie kannte mich doch überhaupt nicht. Ich war nur tüchtig, wenn ich Lust dazu hatte.
Frau Bamberg nahm ihre Freundin in den Arm: »Margot, um alles in der Welt, warum muß es plötzlich Rußland sein? Wenn Edwin weg wollte, hätte er längst nach Ostpreußen gehen können. Er hätte in Königsberg Spielzeug verkaufen können, ohne jede Kaution... Tafelsilber, oder Staubsauger – so gut wie alles.«

Onkel Edwin trat hinzu: »Milli, du hast aufgeholt! Du bist die Zweitbeste!« Er tupfte ihr eine Träne weg, die im Puder hängengeblieben war. »Rechne mal nach, Felix!«
Bei früheren Spielen war mehr getrunken worden. Man hatte gelacht und gesungen, und Lady war beschwipst vom Sofa gerutscht. Ich hatte keinen guten Abend getroffen. Es wurde immer schwieriger, Onkel Edwin nach dem Stahler zu fragen.
»Edwin, alter Junge!« rief Herr Knipp. »Nach Rußland reist man Erster Klasse! Und läßt sich, wenn die Lokomotive Wasser faßt, heißen Tee ins Coupé bringen!« Er machte eine weite Armbewegung, als sei es schon an der Zeit, in den Express einzusteigen. »Die Bauern warten auf den Stationen mit Speck und Brot und Trinkeiern. Für ein paar Tscherwonzen bist du satt.«
Er hatte hundert Punkte erreicht. Er hatte gesiegt. Feierlich gab er mir die Hand: »Du hast gut aufgepaßt, mein Junge! Du bekommst aus Rußland eine Ansichtskarte! Ein Mann, ein Wort. Du kannst dich drauf verlassen.«
Onkel Edwin hatte verloren. Er mußte das Bier bezahlen. Oder hatte er es nur so eingerichtet? »Springst du noch schnell ins ›Kindl‹?« fragte er mich. »Der Syphon ist leer.«
Lady verstand jedes Wort. Sie wartete schon an der Wohnungstür. Frau Bamberg legte sie an die Leine und band ihr den Maulkorb um: »Lauf ihm nicht davon, Süße! Hörst du? Sonst kommt der Hundefänger und steckt dich in den Sack.«
Hundefänger waren neuerdings auch noch bei Dunkelheit unterwegs. Zu zweit. Mehr als hundert Mann. Und trotzdem nahm die Tollwut weiter zu. »Weißt du überhaupt, was Tollwut ist?« fragte ich Lady im Schein der ersten Gaslaterne. Sie tat so, als habe sie nichts gehört. »Woher sollst du es auch wissen? Aber ich rate dir, nimm dich in acht!« Sie hob den Kopf und hielt ihn schräg in der Schwebe, genau so, wie es Frau Bamberg manchmal tat. Die eine mußte es von der anderen haben. »Komm jetzt! Sie warten aufs Bier!«
Der Syphon faßte drei Liter. Es zischte, als er verschlossen wurde. Der Wirt, ein schwitzender, fröhlicher Mann, bot mir eine Zigarre an. Aber Lady zog mich aus der Tür, über die Straße und wieder die Treppe hinauf. Auch sie hatte Durst bekommen.
Onkel Edwin stand schon auf dem Treppenabsatz. Es war der Augenblick, auf den ich gewartet hatte. »Sag mal –« – Ich hängte

hastig Leine und Maulkorb an den Haken –. »Sag mal – hast du noch einen Stahler für mich übrig? So einen, wie ich schon hatte?«
Er trug den Syphon in die Küche, und ich legte den Rest des Geldes auf den Tisch. »Muß das sein?« fragte er.
Ich wußte, daß er noch Stahlkugeln besaß, einen Schatz. Sie lagen in einem Kasten auf grünem Samt, eine Parade der Größen von eins bis neun.
»Muß sein«, antwortete ich.
Er schob mir fünfzig Pfennig hin, zehn Pfennig mehr, als ich erwartet hatte. »Geht nicht«, sagte er und wischte den Syphon trocken.
Ich klapperte mit den Groschen in der Tasche und sah ihn erschrocken an. Damit hatte ich nicht gerechnet. Sollte Harry mir entwischen?
»Geht nicht?«
Er wischte auch den Tisch trocken. Der Wasserhahn tropfte, und in den Vorderzimmern spielte das Grammophon »G'schichten aus dem Wienerwald«, ein Stück, das Lady kalt ließ. »Weißt du«, sagte Onkel Edwin schließlich, »ich besitze nur noch ein paar Kugeln, eine kleine Kollektion. Ich brauche sie, um meine Geschäfte zu machen. Was sollen die Kunden von mir halten, wenn ich ihnen keine Muster zeigen kann?«
Daran hatte ich nicht gedacht. Ich schämte mich.
Den Kasten aus poliertem Nußbaumholz bewahrte er im Bücherschrank auf, in einem der unteren Fächer, in denen auch das Lottospiel und die Dominosteine lagen. Zog man die Schübe auf, so verströmten sie einen Geruch nach Firnis und feinem Leder, Landkarten und längst verflogenem Tabakqualm. Herr Bamberg, der im Osten gefallen war, hatte alte Landkarten gesammelt. Und war abends auf ihnen um die Welt gereist.
»Ich muß die Muster vorzeigen können, das ist die Sache. Ohne Muster komme ich zu keinen Abschlüssen. Die Geschäfte müssen laufen.«
»Ich weiß«, antwortete ich. Obwohl ich wußte, daß sie nicht mehr liefen. Und entdeckte, daß Onkel Edwin ein guter Verlierer war. Er wollte nicht, daß ich etwas von seinen Sorgen wußte. Und auch nichts von seinen Niederlagen. »Ich weiß«, sagte ich noch einmal. Und spürte, daß ich älter geworden war.
Onkel Edwin war schlecht dran. Hätte er sonst erwogen, nach

Ostpreußen zu gehen, um Staubsauger zu verkaufen? Oder nach Schlesien, um Aluminium-Kochtöpfe einzuführen? Oder nach Westfalen, um bei den Bauern Pionierspaten aus Heeresbeständen unterzubringen?
»Rubel willst du keine?«
»Rubel –?« Er dachte kurz nach. »Was soll ich mit Rubeln?«

Langweilte sich mein Freund Otto, so nahm er seinen Murmelsack und machte sich auf den Weg zum Kuhstall. Er hatte es nicht weit. Das niedrige Gebäude klebte lang und schmal an einer Brandmauer, schwarz wie sie, und nur der Misthaufen erinnerte daran, daß hier einst ein Bauernhaus gestanden hatte: ein Fachwerkhaus mit Pelargonien vor den Fenstern, Gemüse im Garten und Hühnern auf dem Hof, umgeben von Wiesen und Feldern. Sie reichten im Süden bis zur Spree und im Norden fast bis an den Plötzensee. Im Rausch der Gründerjahre, der um sich greifenden Industrialisierung, dem Wirbel der Bodenspekulationen waren sie verschwunden; verdrängt von Häuserkolonnen, Vorder- und Rückgebäuden, Hinterhöfen und Seitenflügeln, Ziegelsteingebirgen und lichtlosen Schluchten, zugedeckt von asphaltierten Straßen und gepflasterten Bürgersteigen, den »Trottoirs«. Nur der Kuhstall war geblieben. Und mit ihm ein flüchtiger Geruch nach Heu und lauwarmer Milch.
Otto liebte diese Baulücke, denn hinter den Ställen lag ein guter Murmelplatz. Bucker und Murmeln rollten vergnügt und unberechenbar über das flache, unregelmäßige Steinpflaster, erlaubten sich Späße und Sprünge und hielten die Spieler in Atem. Hier konnte Otto etwas wagen, hier war es leicht für ihn, die ihm geläufigen, von ihm erprobten Tricks anzuwenden. Er wollte nicht wissen, wie ein Murmelspiel laufen würde; er wollte es offenhalten, in die Länge ziehen und streiten. Er wollte sich nicht mit seinen Gegnern messen, sondern sich an ihnen reiben, sie unsicher machen und zermürben, sie täuschen und erledigen.
Er merkte nicht, daß ich gekommen war. Breitbeinig stand er neben der Pumpe, mit gesenktem Kopf, als wollte er seine beiden Mitspieler auf die Hörner nehmen. Im nächsten Augenblick sprang er vor, ging in die Hocke und machte sich selbst ans Spiel. Jeder der drei hatte sieben Murmeln geworfen, einzeln, eine nach

der andern. Und die am weitesten gesprungenen waren bereits in die Nähe des Loches befördert worden. Aber die Nähe täuschte: die Unebenheiten und Steine drückten die Murmeln aus ihrer Bahn. Keiner der drei blieb lange am Spiel.

»Da biste ja!« rief Otto. Und entschuldigte sich: »Ick mußte wat tun. Meine Murmeln sind alle jeworden.«

Er war der Lauteste. Seine Drohungen, seine Verwünschungen und Selbstgespräche gehörten zum Spiel. »Ick sage janischt!« kündigte er an. »Vata hat 'n schlauen Sohn!« Und fiel unerwartet in einen Liegestütz: »Jibt's denn sowat! Heil'jer Bimbam, bin ick von jestern?« Seine Mitspieler kannten ihn. Sein Temperament beunruhigte sie nicht. »Schweich dir aus!« riet ihm sein Freund Polke. »Wat du machst, kann Lehmanns Kutscher ooch.«

Otto hatte taube Ohren. Er sprang kreuz und quer über das Pflaster, zog die Hose hoch, fuhr sich durch die Haare, schlug sich an die Stirn: das Spiel nahm ihn vollkommen gefangen. Weder Blitz noch Donner hätten ihn ablenken können.

Bis er rief: »Sowat kann mir nu ärjern!« Er sank in die Knie, halb verzweifelt, halb triumphierend, und machte sich an die letzte der Murmeln. »Otto jeht uff 't Janze!«

Er stieß sie über die letzten Steine und gewann. Mit sicheren Griffen räumte er das Loch aus und ließ die Murmeln in seinen Sack fallen. Polke sah gelassen zu: »Bleib man so bei! Morjen biste alle wieder los.«

Polke war der Neffe des Kuhstallbesitzers. Er wohnte bei seinem Onkel an der gegenüberliegenden Wand. Wir konnten von der Küche aus, als wir uns dort ausruhten, die Kühe zählen. Es waren elf Stück. Sie wußten nicht mehr, wie Butterblumen aussahen. Und hatten schon lange keine Kalitten mehr gesehen, die weißen Schmetterlinge, von denen es rund um Berlin so viele gab. Die Kühe bekamen ihr Futter aus Wittenau.

Ich hatte Otto schon erzählt, daß Onkel Edwin keinen Stahler mehr hergeben konnte, und Polke wußte es auch. Es bedrückte die Freunde nicht. »Det kannste deichseln«, tröstete Otto und stellte sein Milchglas aus der Hand. »Du pumpst dir einfach eenen ... den nimmste aus dem Kasten. Det macht fast janischt.«

Auch Polke hatte keine Bedenken, obwohl er jeden Sonntag mit seiner Tante in die Heilandskirche gehen mußte. »Det machste aus'n Handjelenk, vastehste?«

Ich hatte den Schrank vor Augen, die tiefen Schubfächer, den Kasten mit den neun Kugeln auf grünem Samt. Und spürte Lady an meiner Seite. Wie würde sie sich verhalten? Würde sie etwas merken, würde sie bellen?

»Jeht nich«, sagte ich.

Ging es wirklich nicht? Oder war ich nur zu feige? Ich blickte auf die Sense, die an der Wand hing, wuchtig und schwer. Es war die Sense von Polkes Großvater. Ihr Blatt wurde noch immer blank gehalten, Jahr um Jahr, als könnten eines Tages wieder ringsum die Wiesenblumen blühen und die Kalitten flattern... Nahm ich den Stahler am Morgen aus dem Kasten, blitzschnell und ohne weiter zu überlegen, so konnte er schon am Abend wieder an seinem Platz sein. Keiner würde es merken... Neben der Sense hing eine Fotografie. Sie zeigte Polkes Großeltern, Hand in Hand unter einem Apfelbaum. Wo die Apfelbäume gestanden hatten, fuhr nun die Straßenbahn.

Ich überlegte: Was würde Onkel Edwin an meiner Stelle tun? Er konnte Spielkarten aus dem Ärmel zaubern, aber einen Stahler? Würde er mich verstehen? Wohl kaum. Ich fühlte mich verlassen. Otto fing Fliegen vom Wachstischtuch. Sie waren schon wieder munter, kannten rund um den Kuhstall kaum mehr eine Winterpause. Ich hielt ihn am Handgelenk fest: »Was is, wenn ich den Stahler verliere?«

In seiner Hand summte eine Fliege. »Na, nu wird's Tach!« Mehr sagte er nicht. Gelangweilt schleuderte er die Fliege aus dem Fenster. Es gab Fragen, in denen konnte er mir nicht weiterhelfen. Auch Polke ahnte nichts von meinen Grübeleien. »Fall nich von' Stengel!« riet er mir. »Trink lieber deine Milch.«

Ich mußte die Freunde verstehen. Sie wußten, daß ich der bessere Spieler war, ein Meister, wenn ich einen Stahler in der Hand hielt. Für sie hatte ich schon gewonnen. Zumal auch der Professor mitkommen und die Augen offenhalten wollte. Polke schwärmte schon: »Wird 'ne dufte Nummer – wetten?«

Ich war stolz, schon gefeiert zu werden. Und mit der Zuversicht der Freunde kehrte mein Mut zurück. Was tat es schon, wenn ich mich heimlich an die Sache machte? Heimlich holte ich auch gelegentlich Briketts aus dem Keller, um meiner Mutter eine Freude zu machen. Warum sollte ich mir nicht schnell mal heimlich einen Stahler borgen?

Allerdings: mein Bruder hätte mir abgeraten. Er hatte das Murmelzeitalter hinter sich und handelte mit Briefmarken. Heimlich borgen? hätte er gefragt. Dann kannste auch gleich an seine Brieftasche gehen. Mein Bruder machte gute Geschäfte. Er forschte in den Alben des Herrn Krogmann nach Briefmarken, die schön aussahen, nur einmal vorhanden waren und nicht mehr als einen Pfennig kosteten. Diese Stücke verkaufte er als Doppelte, Geschenke seines Onkels Eugen aus Schwedt, an reiche jüdische Mitschüler, die auf der anderen Spreeseite rund um den Hansaplatz wohnten; das Stück zu zwei bis vier Pfennig. Achim hätte geraten: Laß die Finger davon!

Polke war da entschlossener: »Sei kein Doofkopp!« drängte er. »Dir kann Harry doch nischt!«

Und Otto fand: »Det kannste ruhig drehn.«

Ich wollte nichts drehen. Ich wollte Harry besiegen, das war alles. Natürlich war das nicht so einfach: Ich mußte mich zuvor bei Frau Bamberg in das Wohnzimmer schleichen, mußte Türen und Schübe öffnen, vorsichtig, mit gespitzten Ohren, mußte den Stahler nehmen und mich möglichst unauffällig wieder aus dem Staube machen.

»Und wenn Harry gewinnt?«

Polke war schon in den Hof gegangen. Für ihn war die Sache erledigt. Otto blieb auf der Schwelle stehen: »Wenn der jewinnt? Denn klauste den Stahler. Und wir hauen ab.«

Das war ein guter Rat. Wer sich bei einem Spiel betrogen fühlte, hatte ohnehin das Recht, ins Loch zu greifen und sich zurückzuholen, was er geworfen hatte. Es wurde vom Gegner hingenommen; wenn nicht, so konnte nur Flucht helfen. Oder es kam zu einem Handgemenge, einer Prügelei, in der geklärt wurde, wer das Recht auf seiner Seite hatte.

Otto sah sich hinter den Ställen um. »Hier wird jespielt!« bestimmte er.

Polke war ebenfalls dafür: »Wir wer'n det Kind schon schaukeln.« Er versprach, gegen Ende des Spiels die Tür zur Wohnung seines Onkels offenzuhalten. Sollte ich wirklich verlieren, so konnten wir mit dem Stahler durch die Küche und über eine Kellertreppe verschwinden. Sie führte in das Labyrinth benachbarter Kellerwohnungen, hinaus auf Hinterhöfe, über die wir uns in Ruhe aus dem Staube machen konnten.

Polke stemmte die Arme in die Seiten: »Ihr zwee beede langt euch det Ding – der Rest jeht janz von alleene.«

Es war ein schönes Gefühl, wieder einen Stahler in der Hand zu halten. Ich hauchte ihn an und polierte ihn auf dem Ärmel. Er blitzte wie ein Stern und hatte nicht eine Schramme. Der helle Frühlingshimmel, die weißen Wolken spiegelten sich in ihm, und sah ich genauer hin, so schien es, als stürzten die Häuserreihen zu beiden Seiten der Straße, Fenster und Balkone, Erker und Blumenkästen, in seinem Glanz zusammen.

Lady ließ mir kaum Zeit. Sie zog an der Leine und wurde unruhig, denn es war Donnerstag und der Müllwagen polterte heran. Sie fürchtete die Pferde, die in schweren Geschirren schnaubten, und haßte die Müllmänner in den genagelten Stiefeln, die zu zweit in Wolken von Asche die Müllkästen kippten. Lady liebte keinen Spektakel. Sie bevorzugte die Stille, den ruhigen, unauffälligen Ablauf der Dinge.

Ich steckte den Stahler in die Tasche und streichelte sie: »Sag, bringst du mir Glück?« In ihre Augen trat ein Schimmer, den ich schon kannte, ein Ausdruck, als wollte sie antworten: Weißt du das nicht? Sind wir nicht Freunde?

Glück konnte ich gebrauchen, denn Harry hatte es abgelehnt, am Kuhstall zu spielen. Er hätte das Sagen, hatte er erklärt und gefordert, es müsse am Rummelplatz, hinter den Wohnwagen, gespielt werden. Oder er würde überhaupt nicht spielen. Und Papa Menke würde mitkommen. Der Alte verstünde vom Murmelspielen mehr als wir alle zusammen.

Warum sollte er Papa Menke nicht mitbringen? Ich war mit Otto und dem Professor verabredet.

Der Professor wartete schon an der Schießbude. Er putzte seine Brille und schob die Stahlbügel hinter die Ohren. Seine hellblauen Augen verschwammen in den dicken Gläsern; schwarze, stechende Punkte sahen mich an: »Flix, das Spiel ist so gut wie gewonnen. Ich hab mich da hinten schon umgesehen. Prima Gelände ... ganz dein Fall!« Er stutzte: »Und was willste mit dem Hund?«

Lady saß neben mir und tat wieder einmal so, als wüßte sie nicht, daß von ihr die Rede war. »Ich mußte ihn mitnehmen«, entschuldigte ich mich. »Den merkste überhaupt nicht.«

Der Professor kam auf den Boden zu sprechen. Er sei festgetreten, versicherte er, besser als hinter der Heilandskirche. Und es gäbe reichlich Platz, um mit Stahlern, die schnell laufen, über mehr als zehn Meter zu spielen. Die verstreut liegenden Löcher früherer Spiele und die Unebenheiten schadeten nichts. Sie müßten eben in die Strategie mit einbezogen und die Stahler um sie herum bugsiert werden. Das sei der Pfiff, der Witz der Sache. Und außerdem mein Glück, denn Harry würde an diesen Löchern scheitern. »Spielen kann er!« räumte der Professor ein. »Aber hier oben...«, er tippte an die Schläfe: »Hier fehlts bei ihm! Da kannst du fragen, wen du willst!«

Otto ließ nicht lange auf sich warten. Verschwitzt und außer Atem stand er vor uns: »Is ja 'n Ding!« rief er. »Ick stand mit Polke schon am Kuhstall. Wir wußten janich, wat los is!«

Ich beruhigte ihn: »Mit Harry war nich zu reden. Hauptsache, er setzt den Stahler.«

»Polke kann nu nich. Er mußte bei de Kühe bleiben. Und die Kellernummer könn' wa ooch vajessen.« Er blickte in die Brillengläser des Professors: »Wat is, wenn Flix valiert?«

»Sonst geht's dir gut?« Der Professor wurde ärgerlich. »Flix hat schon gewonnen... so gut wie.«

Otto wollte es im Augenblick nicht hören. Er hatte die Gewohnheit, Mitteilungen, die nicht in seine Überlegungen paßten, durch ein Sieb fallen zu lassen; gleichgültig, ob es sich im Naturkunde-Unterricht um bedecktsamige Zwitterblüten, in Erdkunde um die Schiffbarkeit des Ganges oder bei unseren Spielen um die heimliche Verständigung über geplante Angriffsziele handelte. »Wenn Flix valiert«, wiederholte er, »ick meene, wenn er nich so jut is, wie er is... Nischt wie wech, vastanden? Hinten is 'n Loch im Zaun!« Er unterbrach sich und starrte Lady an: »Wat is mit der Töle?«

Lady musterte ihn vorwurfsvoll. Sie wußte, daß Töle kein feines Wort war, ein Wort, mit dem nur, und leider in schlechter Absicht, ein Hund gemeint sein konnte. Sie drückte sich an meine Wade, und ich nahm ihr die Leine ab.

Viel zu gern hätte ich Lady bei Frau Bamberg gelassen. Aber Lady war, ohne daß ich zur Besinnung hätte kommen können, zugleich mit dem Stahler in meine Hände geraten: Ich drückte mich leise aus dem Wohnzimmer zurück in den Flur, noch benommen von meiner Tat, den Raub in der Hosentasche, als mir Frau Bamberg entgegenkam: »Ach, Felix, ich weiß, du bist ein Engel!« Worte, die mich trafen, denn im Grunde hatte sie recht. »Sei lieb, nimm Lady! Behalte sie, bis ich von der Schneiderin zurück bin.« Maiglöckchendüfte umwehten sie, und in ihrem Haar saß ein schwarzes Käppchen mit einem Gesteck aus grauen Federn.

Ich mußte Lady nehmen, obwohl ich wußte, daß Schneiderinnen viel Zeit für ihre Kundinnen und meist eine Kanne Kaffee auf dem Rechaud haben. Ich mußte sie nehmen, ob ich wollte oder nicht.

»Kannse flitzen?« fragte Otto. Dabei wußte er, daß Lady ruhige Bewegungen bevorzugte und gemeinhin nur etwas schneller lief, wenn es über die Treppe heim zu Frau Bamberg ging. Er ließ nicht locker: »Kannse loofen? Mit de Beene in de Hand?«

»Brauchse nich«, antwortete ich. Der Augenblick war gekommen, ihm die Meinung zu sagen: »Wo denkste hin? Wir müssen doch nich hinten raus, nich durch'n Zaun! Harry wird auf's Kreuz gelegt!«

Otto zog umständlich die Strümpfe hoch. »Ick meente man bloß... ick dachte, der Hanake könnte dir wieda beschubsen. Weeß man, wat der vorhat?«

»Flix gewinnt!« Mehr sagte der Professor nicht. Seine Pupillen erstarrten, und es war zu spüren, daß er keinen Widerspruch mehr duldete. Das Spiel konnte beginnen.

Harry wartete hinter den Wohnwagen, an der Mauer. Und neben ihm stand Papa Menke, einen kalten Zigarettenstummel im Mundwinkel. Er trug eine Joppe mit aufgesetzten Taschen und eine rote Krawatte, so dünn wie ein Schnürsenkel. Freundlich trat er auf uns zu und gab jedem die Hand.

Es war uns zu feierlich. An sich hatten wir damit gerechnet, daß Harry ein paar Freunde mitbringen würde. Nun stand uns dieser Alte im Wege, der Besitzer eines Kinderkarussells, das wackelig und zu langsam geworden war.

»Wer fängt an?« fragte Papa Menke und zog, ohne lange zu fackeln, einen Groschen aus der Tasche: »Zahl oder Ähren?«

Seine Frage galt mir: »Zahl«, bestimmte ich, und Harry nickte.

Papa Menke klebte den Stummel fester, warf den Groschen in die Luft und trat zwei Schritte zurück. Wir stürzten hinzu: die Zahl lag oben. Auch Lady mischte sich ein. Sie sprang an mir hoch und versuchte, den Maulkorb abzustreifen.

»Den braucht se nich«, sagte Papa Menke. »Wir sind hier unter uns und wie zu Hause.«
»Hast du gehört, Lady?« Ich legte Maulkorb und Leine hinter mich. »Aber wehe, du läufst weg! Auf die Straße! Der Hundefänger nimmt dich mit, und morgen bist du mausetot!«
Lady verstand jedes Wort. Sie setzte sich still neben Leine und Maulkorb, um mich nicht weiter zu stören. Sie spürte, daß ich mich nicht um sie kümmern konnte. Und sie ahnte, daß ich gewinnen und meinen Stahler noch am Nachmittag zurück auf den grünen Samt legen mußte. Lady wußte mehr, als man sich träumen ließ.
Der Professor hatte inzwischen die Lage überdacht. »Schmeiß drei Meter«, empfahl er. »Nicht weiter. Dann kann nichts schiefgehen.«
Sein Rat war gut. Aber er konnte nicht ahnen, was es für mich bedeutete, wieder einen Stahler in der Hand zu halten. Einen Stahler, mit dem ich so gut wie jeden Wurf wagen konnte, der so rollen würde, wie ich es wünschte, verläßlich wie ein Freund. Ruhig schätzte ich die Bahn ab. Bis zum Loch mochten es zwölf oder sogar vierzehn Meter sein. Sie führte schon zu Beginn an einer linkerhand liegenden Vertiefung vorüber. Sie war ungefährlich, wenn ich den Wurf richtig ansetzte. Und die Bahn berührte kurz vor dem Ziel auf der anderen Seite ein größeres ausgetretenes Loch. Es konnte mir nur zum Verhängnis werden, wenn ich meinem Stahler zu wenig Schwung mit auf die Reise gab; wenn er kurz vor dem Ziel durch Unebenheiten aus der Richtung geriet.
Der Professor bekam rote Ohren. »Was gibt's zu überlegen?« fragte er leise. »Drei Meter, nicht mehr.« Otto stand neben ihm. Er schwieg. Seine Fäuste drückten die Hosentaschen auseinander.
Ich ging in die Knie, den Stahler locker zwischen Daumen und Zeigefinger, bereit zum Wurf... und fuhr hoch. Lady machte neben mir einen Luftsprung. Einen Sprung, wie ich ihn bei ihr noch nie gesehen hatte. Und stürzte in Richtung der Wohnwagen davon. Zwischen den Rädern war Bella aufgetaucht, die Spitzin aus Dolly's Kuriositätenschau, Bella, die den Salto rückwärts und das kleine Einmaleins beherrschte. Ihre Haare sträubten sich, in ihren Augen flackerten Feuer. Wie ein Pfeil schoß sie Lady entgegen.
Der Zusammenprall der Rivalinnen glich einem Naturereignis.

Blitz und Donner in einem. Staub wirbelte auf, Steinchen flogen. Die Hunde verwandelten sich in ein wütendes, rasendes, rotierendes Bündel, in einen Schneeball, der auf uns zurollte.
Ich richtete mich wieder auf, unfähig, meinen Wurf zu tun. Betroffen, Lady in diesem Schauspiel zu erleben, diesem Zustand vollkommener Selbstaufgabe, der jede Erziehung vermissen ließ. Ein gellender Pfiff setzte dem Spuk ein Ende. Erschrocken ließen die weißen Teufel, Terrier und Spitz, voneinander, und ich bekam Lady am Halsband zu fassen. Sie schüttelte das Fell, verdrehte den Kopf und sah mich an: Was sagst du nun? schien sie zu fragen. Der habe ich's aber gegeben, wie?
Erhobenen Hauptes verließ auch Bella das Feld. Sie setzte gemessen, wie auf der Bühne, ein Bein vor das andere, hob den Schwanz und verschwand wieder unter den Wagen. »Bestien!« knurrte Otto. Und Papa Menke, der den Pfiff beim Militär als Posten der Schloßwache gelernt hatte, wenn von Tor zur Tor zu präsentieren war, meinte nachsichtig: »Muß man vastehn, Kinder ... Die feinen Damen bei Kranzler würden sich jenau so bejrüßen, wennse könnten.«
Der Professor wiederholte: »Drei Meter, verstanden?« Er hielt es für überflüssig, auf das Verhalten Ladys näher einzugehen.
Ich lockerte das Handgelenk, holte kräftig aus und warf. Die Kugel flog blitzend über die Bahn, vorbei an dem ersten Loch, und rollte schnurgerade ihrem Ziel entgegen. Es war ein Meisterwurf. Erst allmählich ließ ihre Geschwindigkeit nach, mit zunehmender Reibung, und das zweite Loch, die tückische Ausweitung des Kraters, blieb unberührt rechts liegen. Wie von Geisterhand geleitet, legte sie das letzte Stück holpernd zurück und verschwand im Loch.
»Schwein gehabt!« schimpfte der Professor. »Was sollte der Quatsch?« Ich hatte ein gut Teil meines Ansehens bei ihm verloren. »Haste doch nicht nötig gehabt! Taugt zu nischt!«
Ich wußte es selbst, aber ich mußte so handeln. Ich mußte zeigen, daß es keinen Wurf für mich gab, den ich nicht geschafft hätte. »T'schuldige«, flüsterte ich. »Jetzt weiß er, wer ick bin.«
»Ach nee?« gab der Professor zurück.
Harry tat, was er nach meinem Wurf tun mußte. Er ließ seinen Stahler nur ein kurzes Stück laufen, trat sofort zurück und räumte mir das Feld.

Ich nahm mir die Freiheit, seinen Stahler – der noch vor einer Woche mir gehört hatte – links in die Mulde rollen zu lassen. War es Absicht, war es ein Versehen? Es war Spaß am Spiel. Und die Vorfreude, Harry nun an der Nase herumzuführen.
Papa Menke griff ein. Er bückte sich und legte den Stahler, wie es die Regel bestimmte, in Spielrichtung auf den Rand der Vertiefung. Und ich erkannte, daß ich unvorsichtig gewesen war. Aber es machte zum Glück noch nichts aus. Noch hatte Harry nicht die Möglichkeit, das Ziel anzusteuern. Es lag für einen Stoß mit dem gekrümmten Zeigefinger noch zu weit, selbst wenn er dem Stahler von unten her auf die Sprünge geholfen hätte.
Harry verzichtete auf das übliche Hin und Her, ein Belegen sicherer Positionen, die gewohnte Zermürbungstaktik, und stieß die Kugel sofort weit nach vorn. In die Gefahrenzone. Sie rollte vor das zweite, rechts vom Ziel liegende Loch, ein Hindernis, das für mich nicht zu überwinden war.
Otto staunte: »Wer hat ihm det jelernt –?«, und war so ratlos wie ich. Mir blieb weder ein Spiel nach rechts noch nach links offen. In beiden Fällen hätte ich den Stahler schon zu nahe vor das Ziel gebracht.
»Nicht schlecht«, urteilte der Professor.
Ich hätte den Stahler weit aus dem Feld, zur Seite oder zurück, stoßen können, aber damit hätte ich zugegeben, in die erste Falle geraten, der schlechtere Spieler zu sein.
War Harry besser als ich? Hatte er die Kugel mit sicherer Berechnung fünf Zentimeter vor das Hindernis gesetzt? Aus mehr als neun Metern Entfernung? Ich blickte zur Seite: Er hielt die Hände auf dem Rücken und wartete ab. Er wartete in großer Ruhe, und plötzlich schloß ich nicht mehr aus, daß er so gut spielen konnte wie ich. Mindestens so gut, vielleicht besser. Mein Hemd klebte; ich begann zu schwitzen.
Der Professor riet: »Antippen!« Er wollte erleben, wie Harry sich weiterhelfen würde. »Laß ihn zappeln!« flüsterte er. Sollte Harry die Suppe auslöffeln, die er eingebrockt hatte.
Papa Menke warf den Zigarettenstummel weg und ließ den Kopf kreisen, als drehe sich neben ihm sein Karussell. Er blickte über uns hinweg auf die hohe schwarze Wand. Gab es am Ende einen Plan, den Harry verfolgte? Das Ziel lag ja so nahe, das Loch, in dem mein Stahler auf den zweiten wartete. Aber es war unerreich-

bar, weil der Krater, der noch umspielt werden mußte, zertreten und sandig, tückisch und unberechenbar war.
»Bloß tippen, meinste?« fragte ich den Professor. Gab es keine bessere Lösung? Es war seine Stunde. Er mußte nun raten – ich wußte nicht recht weiter.
Die Bügel seiner Brille hingen zwischen seinen Fingerspitzen; aus trüben Augen sah er mich an: »Flix, du kannst ihn hochreißen, bißchen Fingerspitze dabei ... und über den ganzen Mist ins Loch fliegen lassen. Haste das geübt?« Ich hatte es nie geübt. Nichts hatte ich geübt. Ich war immer der Beste gewesen. »Nee«, mußte ich zugeben.
Seine Augen verschwammen. Leise sagte er: »Dann geht's nich.«
Mein Freund Otto sagte kein Wort. Er stand neben Lady, das Kinn auf der Brust, zu einem Sprung bereit. Er spürte nicht, daß das Spiel eine Wende genommen hatte, uns plötzlich in unserer Umsicht, unserem Mut und in unserer Haltung forderte; daß wir schon weiter waren. Es ging nicht mehr um einen Sprung, nicht mehr um Flucht. Es ging um mehr.
Ich gab dem Stahler einen leisen Schubs. Er bequemte sich kaum aus seiner Lage, um Millimeter vielleicht.
Und schon sprang Harry vor und stieß ihn rechts an der Mulde vorbei, bis in die Nähe der Wand. Es war ein kurzer, kräftiger Stoß, der mir das Spiel noch schwerer machte. Wollte ich den Stahler aus seiner neuen Lage ins Loch bringen, so mußte ich eine leichte Bodenwelle überwinden, die schräg zur Bahn lag. Schnitt ich sie nicht im richtigen Winkel, so rollte der Stahler neben das Ziel.
»Der kann was«, bestätigte der Professor. »Nun mußte ran!« Er traute mir viel zu. Vermutlich, weil mir der Eröffnungswurf so gut gelungen war.
Otto kam nicht mehr mit. Das Pflaster am Kuhstall, diese Arena bewegter, schneller Spiele, war ihm vertraut. Auch die Tücken, die hinter der Heilandskirche lauerten, wußte er sicher einzuschätzen. Aber dieses Spiel, solche verhaltenen, hintergründigen Auseinandersetzungen, waren ihm zuwider, ärgerlich wie die Anfangsgründe der Geometrie. Zögernd sagte er: »Wie ick det sehe ... Flix, da is für dich noch wat drin.« Gequält holte er Luft: »Und kipp nich aus de Pantinen!«
Ich war allein. Schaffte ich den Stoß, lief der Stahler die Schwelle

so an, daß er jenseits ins Loch rollte, dann war ich der Bessere. Aber der Stahler konnte steckenbleiben, auch abrutschen. Er konnte sich jenseits der Schwelle vor das Loch setzen und auf Harry warten. Es gab so gut wie keinen Streich, den er mir nicht spielen konnte. Mein Selbstvertrauen ließ mich im Stich. Schweiß trat mir auf die Stirn.

Wagte Harry den Stoß, so war er der Bessere: Er war der Bessere, selbst wenn ihm der Stoß mißlang und ich das Spiel gewann... Ich begann zu frösteln. War ich noch bei Verstand? Konnte ein Verlierer der Gewinner und ein Gewinner der Verlierer sein? Es war zu spät; Onkel Edwin hätte die Antwort gewußt.

Ich hatte nicht den Mut, den Stoß über die Schwelle zu wagen. Ohne länger zu überlegen, spielte ich den Stahler zur Seite. Es erleichterte Harry den Anlauf zur Schwelle. Nutzte er ihn, so hatte er es geschafft – oder mir zum Sieg verholfen.

»Bravo!« lobte der Professor.

Papa Menke zog mich am Ärmel zurück, und Harry warf sich auf den Boden. Er prüfte, wie stark die Neigung der Schwelle an beiden Seiten war und pustete in den Sand, um dahinter zu kommen, wie locker der Boden war. Ebenso schnell sprang er wieder auf und sagte: »So nich.«

Ein zweites Mal fiel er zu Boden, doch nun am Rande der Mauer. Er besah sich die dunklen Ziegelsteine, betrachtete die spärlichen, dünnen Grashalme, warf ein Bonbonpapier zur Seite und blickte zu Papa Menke: »Schon besser!«

Sein Sieg folgte in Sekundenschnelle. Er spielte die Mauer an, als wollte er eine Partie Billard eröffnen: der Stahler prallte ab und lief ins Loch.

Harry war der beste Spieler, den ich je erlebt hatte. Ich konnte nicht sprechen, mein Mund war trocken. Bewegungslos sah ich zu, wie er sich bückte, die beiden Stahler nahm und in die Tasche steckte. Wortlos gab ich ihm die Hand.

Papa Menke suchte in seiner Joppe nach einer Zigarette. »Du hast dich gut geschlagen«, sagte er zu mir. Sein Kopf begann wieder zu kreisen, und er verlor mich aus den Augen: »Aber du hast dir zu wenig dabei gedacht.«

Der Professor legte den Arm um meine Schultern: »Laß man, wir waren nicht schlecht... Nur nicht gut genug.«

Otto hatte uns vergessen. Er blickte zu Boden, mit hängenden

Armen. Und schob die Schuhspitzen zusammen und auseinander, zusammen und auseinander.

Das Gebell der Hunde drang erst allmählich in mein Bewußtsein. Weitab, hinter den Wohnwagen, zwischen Luftschaukel und Flohzirkus, lieferten sich Lady und Bella ihre zweite Schlacht. Sie war wilder als die erste, entschlossener und unerbittlich.

Ich ergriff Maulkorb und Leine und rannte los. Otto und der Professor folgten. »Lady!« rief ich, so laut ich konnte. »Lady, hierher! Sofort hierher!«

Vor der Würfelbude trat uns eine Frau in den Weg, mit aufgelöster Frisur, eine Lederpeitsche in der Hand. »Was hat euer Hund hier zu suchen?« schrie sie. »Macht, daß ihr weiterkommt! Schert euch zum Teufel!«

Lady und Bella rasten über den Platz, um Buden und Zelte. Sie gerieten aneinander, überschlugen sich und wirbelten in wildem Gekläff dem Karussell entgegen. Es war unmöglich, sie auseinander zu halten. Sie waren zu einem Untier mit zwei Köpfen geworden; acht Beine fegten über den Boden und ruderten durch die Luft. Als wir das Karussell erreicht hatten, herrschte plötzlich Stille. Lady hatte sich durch eine Lücke der herabgelassenen, am Boden verknüpften Zeltbahnen gezwängt, und Bella war ihr in das Halbdunkel gefolgt. Zwischen Löwen und Elefanten, Schwänen und Pferden mochten sie aufeinander lauern oder nach Luft ringen; wir wußten es nicht.

Die aufgebrachte, böse Frau erschien neben uns. »Bella muß Geld verdienen!« stieß sie hervor. »Bella ist Artistin, sie zahlt keine Hundesteuer!« Ihre Peitsche war aus geflochtenem Leder. Das dünne Ende tanzte im Sand, der Stiel lag fest in ihrer Hand. Sie wollte Lady erwischen. »Wird Bella gebissen, hole ich die Polizei!«

Papa Menke versuchte, sie zu beruhigen: »Die Jeschichte is vorbei«, sagte er. »Die beeden beriechen sich jetz da drinne. Se sagen sich Juten Tach.« Er kramte in seiner Joppe: »Dolly, haste zufällig 'ne Zijarette?«

Die schreckliche Frau war Dolly ... Dolly, die am Abend einen Goldreif im Haar trug, besetzt mit bunten, funkelnden Steinen. Die schöne Dolly, deren Haut im Schein der Glühlampen wie Perlmutt schimmerte, die verführerische Dolly, deren Lippen so voll und rot wie Erdbeeren waren. Ich starrte sie an und hätte weinen mögen. Warum hatte der liebe Gott aus der schönen Dolly und aus der schrecklichen Dolly eine einzige gemacht? Warum hatte er die Schöne nicht schön und die Schreckliche nicht schrecklich gelassen?

Die Hunde waren noch immer nicht miteinander ins reine gekommen. Sie knurrten und kläfften. Und unversehens brach der Lärm von neuem los. Lady, die nach Maiglöckchen duftete, konnte sich nicht mit einer Rivalin abfinden, die alle Gerüche eines freien, bewegten, gewöhnlichen Lebens an sich trug. Und Bella, die Karbidlampen liebte und Applaus, konnte keine Rivalin dulden, die ein Halsband mit Silberbeschlägen trug und Orangenlikör schätzte.

»Wo ist die Kanaille?« schrie Dolly und versuchte, sich in das Karussell zu zwängen. Sie dampfte vor Zorn. »Ich bringe sie um!« Ihr Rock war zerrissen, ihre Füße steckten in ausgetretenen Sandalen. Sie roch nach dem Affen Fips, hatte Pickel im Nacken und dicke rote Arme.

Ihre Stimme überschlug sich: »Ich schlage sie tot!«

Die Korridortür war nur angelehnt. Lady drückte sie mit der Schnauze auf und schob sich in den Flur. Auch die Tür zum Wohnzimmer stand offen. Onkel Edwin hatte Besuch.

Zwei Herren waren anwesend, die er kaum beachtete. Er saß im Erker, die Beine übereinander, und las den Lokalanzeiger. Die Herren waren einander sehr ähnlich: beide trugen auf der Oberlippe winzige Bärtchen, beide trugen steife, altmodische Kragen, und beide hatten abstehende Ohren. Der eine von ihnen saß auf dem Sofa und machte sich in einem Buch Notizen. Der andere schlurfte, ohne viel zu sagen, mit kurzen Schritten, die kaum länger als seine Schuhe waren, über die Teppiche. Es schien fast so, als ob er etwas suche, irgend etwas, das unter ihnen verborgen sein könnte.

Frau Bamberg mußte eben erst nach Hause gekommen sein. Das Käppchen hatte sie noch nicht abgenommen. »Sie haben gehört, Herr Müller-Wendisch steht Ihnen jederzeit zur Verfügung«, sagte sie mit leiser, erregter Stimme. »Aber Sie dürfen ihn nicht daran hindern, seinen Geschäften . . . seinem Broterwerb nachzugehen.«

Lady schlug um die Besucher einen Bogen und kroch, ohne nach rechts oder links zu sehen, unter das Sofa. Sie suchte Ruhe. Schon unterwegs hatte sie kaum mehr einen Laut von sich gegeben und hatte versucht, mir zu verheimlichen, daß sie hinkte. Ihr linkes Vorderbein berührte kaum den Boden. Trotzdem waren wir uns beide darin einig, daß sie einen Umschlag mit essigsaurer Tonerde gebrauchen konnte; und nach allem, was sie geleistet hatte, vielleicht auch ein paar Tropfen Likör.

»Wir haben unsere Vorschriften«, sagte der Mann, der den Fußboden inspizierte. »Ob wir nun fündig geworden sind oder nicht, die Anzeige liegt vor.«

Frau Bamberg versuchte zu lächeln. Aber um ihren Mund und ihre Augen legten sich Falten, die ihr alle Leichtigkeit nahmen. Ich entdeckte, daß sie älter war, als ich angenommen hatte. Viel älter als Onkel Edwin.

»Eine Anzeige –?« fragte sie. »Von wem?«

»Anonym«, antwortete der Mann.

Sie zog ihre Handschuhe aus und warf sie auf den Nähtisch. »Anonym? Und Sie machen sich daran, eine Existenz zu zerstören? Herr Müller-Wendisch hätte nach Rußland gehen, hätte in Woronesch viel Geld verdienen können... Sie werden wissen, welche Möglichkeiten es dort für Persönlichkeiten seines Schlages gibt... Aber er zog es vor, in seinem Vaterland zu bleiben.«

»Liebe Frau!« Der Kriminalbeamte blieb vor ihr stehen. »Es ist für Herrn Müller-Wendisch eine Sache von zwei oder drei Tagen. Überprüfung der Akten, Personenstandsfeststellung und so weiter... Dann ist er wieder frei. Frei wie ein Vogel.«

»Wenn's gut geht«, ergänzte der andere, ohne von seinen Notizen aufzusehen. »Wir wissen nicht, was im einzelnen gegen ihn vorliegt.«

Onkel Edwin trug sein Monokel. Und im Knopfloch, obwohl gar nicht Sonntag war, eine weiße Nelke. Ich hätte ihn so gern begrüßt, ihm schnell entgegengerufen: Mach dir nichts draus! Mit Koks handelt sogar unser Pedell! Und kein Aas weiß es, kein einziger Lehrer! Aber Onkel Edwin war in die Zeitung vertieft.

Ich hätte ihm auch so gern gesagt: Damit du es weißt... in deinem Kasten fehlt ein Stahler! Ich hab' ihn gestohlen und verloren! Aber es war nicht möglich, mit ihm zu sprechen. Ich stand neben der Flurgarderobe, hinter der Tür, und wagte kaum zu atmen. Harry

war der Bessere! hätte ich auch gern noch gesagt. Und ich hab' zugelernt.
»Sie zerstören seine Existenz!« wiederholte Frau Bamberg. »Lesen Sie diesen Brief! Herr Müller-Wendisch hat mit der HAPAG Verbindung aufgenommen. Er wird für sie tätig werden. Und wenn alles gut geht, schifft er sich schon bald nach Amerika ein.«
Sie warf den Brief auf den Sofatisch. »Gehen Sie Sonntag in acht Tagen in den Blüthner-Saal! Und Sie werden wissen, mit wem Sie es zu tun haben! Er arrangiert den Filmvortrag ›Mit der Hamburg-Amerika-Linie in die Neue Welt‹.« Ihre Stimme wurde leiser: »Es ist ein Auftrag mit Perspektiven, eine Beschäftigung von Format – für einen jungen Herrn wie ihn, einen ehemaligen Offizier.«
Der Herr im Sofa schloß sein Notizbuch. »Herr Müller-Wendisch muß mit. Da beißt keine Maus einen Faden ab.« Er sagte es gelangweilt. Man merkte, er wollte zurück ins Präsidium und Feierabend machen.
Sein Kollege blieb umgänglicher. »Mit muß er«, sagte er. »Aber eine Verhaftung ist das nicht.«
»Noch nicht!« warf der Mann in der Sofaecke ein. »Versprechungen dürfen wir nicht machen. Was weiß denn unsereiner, wie die Ermittlungen stehen? Sie laufen ... Und das mal so, mal so.«
Mein Bruder Achim stand plötzlich hinter mir. Er flüsterte: »Du sollst zum Kaffee kommen!« Und noch näher an meinem Ohr: »Polente ... in Zivil. Sie haben schon die ganze Wohnung durchwühlt, sogar die Schlafzimmer. Kokain ... Und nischt jefunden.«
»Siehste!« Ich atmete auf.
»Onkel Edwin is doch nich doof!« flüsterte Achim. »Nich so doof, wie die denken!«
Ich wollte ihm folgen, aber in diesem Augenblick erhob sich Onkel Edwin, legte die Zeitung zusammen und fragte: »Sind Sie bereit?«
»Wir –?« Der Mann mit dem Notizbuch spreizte die Knie und langte noch schnell, vielleicht um die Untersuchung abzuschließen, unter das Sofa. Mit einem Schrei sprang er in die Höhe. Lady hatte ihn in die Hand gebissen.
»Verdammt!« stöhnte er und hielt sich das Handgelenk. »Verdammt, das hat noch gefehlt!« Lady beachtete ihn kaum. Sie lief aus dem Zimmer und brachte sich jenseits des Hausflurs in unserer Wohnung in Sicherheit. »Das kommt Sie teuer zu stehen!«

Lady mußte unter dem Sofa jedes Wort mitbekommen haben, verärgert darüber, daß niemand einen Verband um ihre Pfote machte. Mit Wörtern wie Kokain und Koks und Schnee hatte sie zwar nicht viel anfangen können, aber ihr war nicht entgangen, daß der Mann, der über ihr saß, ihrem Frauchen lästig fiel. Ein unfreundlicher Patron, der ihr zusetzte. Es war ein Fehler von ihm gewesen, ihr im Dunkel plötzlich die Hand vor die Nase zu halten. Eine kleine Verstauchung und ein paar Blutergüsse waren ihm sicher.

»Hat das Tier die Tollwut?« fragte er und trat von einem Bein auf das andere. »Am Ende hat der Köter Tollwut! Er muß erschossen werden!«

»Der kleine Zwischenfall tut mir leid«, sagte Onkel Edwin und prüfte mit Daumen und Zeigefinger den Sitz der Nelke. »Er tut mir aufrichtig leid ... Aber man weiß ja, wie Hunde so sind, wenn sie aus dem Schlaf gerissen werden.«

Ich stand jetzt mitten im Zimmer, und merkwürdig – niemand beachtete mich. Es war, als hätte ich eine Tarnkappe. Ich konnte tun und lassen, was ich wollte, man sah mich nicht. Ich betrachtete die Beamten genauer, ihre Schnurrbärte, die wie Fliegen unter ihren Nasenlöchern saßen, und ihre abstehenden Ohren, in denen schwarze Haare wucherten. Ich blieb vor Frau Bamberg stehen und hätte die rosa Perlen ihrer Kette zählen können. Die Kette war doppelt um ihren Hals geschlungen und reichte bis zum Gürtel. Ich stellte mich vor Onkel Edwin auf und sah zu, wie er das Monokel um den Zeigefinger kreisen ließ. Nichts entging mir. Ich sah alle und wurde von keinem gesehen.

Plötzlich entdeckte ich das Kästchen aus Nußbaumholz. Es stand geöffnet auf dem Vertiko: acht Stahler lagen auf grünem Samt. Eine der Mulden war leer. Der zweitgrößte Stahler fehlte.

Es war nicht richtig gewesen, ihn zu nehmen. Und falsch, auf die Freunde zu hören. Acht Stahler waren nicht neun. Und gestohlen blieb gestohlen.

Schnell ging ich zur Tür. Froh darüber, nicht gesehen zu werden.

»Heinrich, du brauchst einen Schnaps!« hörte ich in meinem Rücken sagen. »Ich hab' was Anständiges im Büro. Oder willst du lieber ein Protokoll basteln? ... Ein Schnaps, und der Fall ist erledigt.«

»Erledigt? Zum Teufel, das wollen wir erst mal sehen!«

Der Kollege wahrte die Form. Er warf einen Blick auf Frau Bamberg, sagte: »Guten Tag!« und bat Onkel Edwin mit einer Handbewegung voranzugehen, mitzukommen. Zum Alexanderplatz.

Im Flur wurde ich wieder sichtbar. Und bemerkte, daß Onkel Edwin den Nußbaumkasten vom Vertiko genommen hatte. »Nimm ihn!« sagte er. »Wenn ich nach Amerika fahre, brauche ich ihn nicht mehr.« Ich blickte ihn ratlos an, hilflos, und hatte alles vergessen, was ich noch mit ihm besprechen wollte. »Schon gut«, sagte er. »Schon gut.«

In der Korridortür blieb er stehen und verbeugte sich vor Frau Bamberg: »Milli – auf bald!«

Ich folgte ihr zum Erker, und sie zog die Gardine beiseite. Unten wartete ein schwarzes Auto mit weiß lackiertem Verdeck. Ein Sechssitzer. Auch andere Gardinen wurden beiseite gezogen. Nebenan und gegenüber.

»Brennabor«, sagte ich und zeigte auf das Auto.

Onkel Edwin hatte seinen Koffer und den Spazierstock mitgenommen. Man öffnete ihm den Wagenschlag. Er blickte noch einmal zu Frau Bamberg hinauf, zog den Hut und stieg ein.

Das Auto fuhr in Richtung Heilandskirche und bog rechts ab. Kolonialwarenhändler Fink wunderte sich, Onkel Edwin in einem so schönen und großen, blankgeputzten Automobil zu sehen. Er machte einen Diener.

»Onkel Edwin ist ein guter Verlierer«, sagte ich.

Frau Bamberg zog die Gardine wieder zu und nahm ihre Kappe ab. Sie blies in die zarten, grauen Federn und fragte: »Wie kommst du denn darauf?«

3 Neunaugen und Oderkrebse

Der Geruch gerösteter Neunaugen zog über die Dächer der Schloßfreiheit. Er verfing sich in Gassen und Gärten, Höfen und Stuben; und wem er in die Nase stieg, der wurde von einer unerklärlichen, ihn bedrängenden Unruhe erfaßt.
Es war wie in jedem Jahr: Pünktlich zur Kastanienblüte hatten sich die ersten Schwärme dieser flinken, aus der Ostsee kommenden Fische vor Schwedt gezeigt. Sie drängten in die Nebenarme der Oder, in das Geflecht der Wasserläufe zwischen Vierraden und Kriewe, Nipperwiese und Kränig, und es lohnte wieder, ihnen nachzustellen, sie auszumachen und abzufangen.
»Sie sind wieder da!« stand im Mai 1925 zweispaltig im Lokalteil der »Schwedter Zeitung«. Und im Inseratenteil war zu lesen: »Frische Neunaugen! Ab 4 Uhr vom Rost! Freyhoff, Hoflieferant«. Vertraute Worte, die jedem Bürger vor Augen führten, daß der Frühling nun wirklich, endgültig und unwiderruflich ins Land gekommen war.
Die Damen holten ihre Strohhüte aus dem Schrank, die Herren steckten sich Maiglöckchen ins Knopfloch. Man lachte und schüttelte sich die Hand: Auf später, mein Bester! Im Goldenen Hirsch! Beim Brückenwirt! Im Markgrafen! Und bemerkte plötzlich, daß auch der Flieder schon seit Tagen in voller Blüte stand, weiß und violett, und daß Goldregen über die Schloßmauer hing.
Das »lustige Städtchen«, wie es weithin in den brandenburgischen Landen hieß, machte seinem Namen wieder Ehre; und mancher Fremde reiste herbei, um das »Potsdam der Uckermark« in all seiner Munterkeit zu erleben.
Onkel Eugen hatte vorgesorgt. Für den Verkauf en detail, die

Abgabe der knusprigen, noch brutzelnden Neunaugen über die Straße, wurde hinten im Hof unter dem alten Nußbaum geröstet. Und für die Verwertung en gros, die Lieferungen an das Offizierskasino und die Herstellung der Konserven in der Fabrik: einem unscheinbaren Fachwerkbau, in dem vor Jahren noch die Pferde, die Kutsche und der Schlitten von Großvater Ludwig gestanden hatten.

Mächtige Zuber wurden in den Hof gekarrt, gefüllt mit den schlanken, silbrigen Fischen, die sich wie Aale ineinander schlangen. Nach jeder Fuhre machte Onkel Eugen einen Strich in sein Notizbuch. Er stand hoch über dem Gedränge am Geländer der gußeisernen Wendeltreppe, die am Haus klebte und hinauf in sein Comptoir führte. Wohlwollend legte er zwei Finger an die Mütze, wenn Freunde ihm zuwinkten, ihn grüßten und ein gutes Geschäft wünschten. Es war eine blaue, verschossene Schirmmütze, deren goldener Anker noch immer blitzte. »Käpt'n« nannten die Leute meinen Onkel, obwohl sie wußten, daß er es bloß bis zum Bootsmann gebracht hatte: Anfang des Jahrhunderts an Bord der IQUITOS III, auf dem Amazonas zwischen Monte Alegre und Codajas.

Im Grunde war ihm der Trubel lästig, das Kommen und Gehen, die Unruhe, vor der seine Hühner erschrocken in den Stall und die Katzen auf den Speicher geflohen waren. Aber es mußte Geld ins Haus.

Die Zeiten hatten sich geändert. Als seinem Vater Ludwig anno 1890 der Titel eines Hoflieferanten für Neunaugen und Krebse verliehen worden war, reisten die von ihm offerierten Oderkrebse in ihren luftigen Körben noch bis Magdeburg, Leipzig und Dresden; und der fröhliche Mann reiste ihnen hinterher, feiernd, fabulierend, tafelnd, und hielt die Geschäfte so in Gang. Inzwischen aber war das Geld knapper geworden, und selbst Feinschmecker gaben sich in den Weinstuben mit einer Tasse schnell zubereiteter Krebssuppe als Entree zufrieden. Mein Onkel mußte sich auf die Fabrikation von Krebssuppenpulver und Krebsextrakt umstellen. »Ich tue mein Bestes!« sagte er. »Aber es geht mit dem Handel bergab.«

Nur die Neunaugen-Saison lief noch immer wie zu Kaisers und des Großvaters Zeiten. Sie gehörte zu Schwedt, wie im Herbst das Fest der Tabaksernte, wenn die Blätter gebrochen, eingebracht

und unter Ziegeldächern zum Trocknen in den Wind gehängt worden waren.
Frau Schlotter, die schon meinem Großvater geholfen hatte, warf Münzen und Scheine in eine Waschschüssel. Ihr Gesicht glühte, und ihre Augen brannten. Sie wendete die fetten Fische mit einer langen, eisernen Zange, warf sie, sobald sie goldbraun geworden waren, auf ein Blatt Pergament, und ihre Kunden trugen die Leckerbissen so schnell sie konnten davon. »Vorsicht!« rief sie ihnen nach. »Ich darf um Vorsicht bitten!«
Onkel Eugen hatte die Jahre auf dem Amazonas nicht vergessen, den weiten, hellen Himmel und die schwarzen tropischen Nächte. »Ich hätte bleiben sollen!« sagte er manchmal. »Aber Ella hatte mein Wort.«
In der Fabrik arbeiteten sechs oder sieben Frauen in blauen Kitteln an den Rosten. Sie sprachen kaum; es knisterte und zischte. Ihre Umrisse verschwammen im Dunst, die Glut der Holzkohlen tanzte auf ihren Gesichtern. Der beißende Rauch zog durch Türen und Fenster.
Ich sah zu, wie sie die gerösteten Neunaugen auf Bretter legten, Dutzend um Dutzend, und ins Lager trugen; vorbei an den Maschinen, in Sackleinwand gehüllten Ungetümen, die Krebsschalen zu Pulver zerstampfen, Suppenextrakte rühren und Konservendosen schließen konnten.
Es war schrecklich, den Tod der Neunaugen mitzuerleben. So schrecklich, daß ich mich von diesem Bild nicht trennen konnte. Das wenige Wasser, das ihnen in ihrem Zuber noch geblieben war, wurde abgelassen, sie wurden mit Salz überschüttet und mit einer Stange umgerührt. Wimmelnd wehrten sie sich gegen die scharfen, zerfließenden Körner, zuckend und zäh. Bis sie zugrunde gingen und halbtot auf den Rost gezogen wurden.
»Nicht so schlimm«, sagte eine der Frauen. »Sie merken nichts. Es sind niedere Tiere.« Ich starrte in den Zuber, auf die sich windenden Leiber, und versuchte, die neun Punkte zu zählen, die ihnen den Namen gegeben haben.
Hoffentlich merken sie wirklich nichts, dachte ich. Man kann sie nicht fragen.
Niedere Tiere mochten es sein, noch keine richtigen Fische, denn sie hatten keine Gräten, sondern Knorpel, und keine Zähne, sondern runde, glatte Mäuler. Mit diesen Mäulern saugten sie sich

an größeren Fischen fest, um ihr Blut zu trinken. »Auch an Aas gehen sie«, sagte die Frau. »Wie die Aale.«
Damit war es nun für die Neunaugen, über die ich mich beugte, vorbei. Sie befanden sich, wie sie da für den Rost, die Hölle, bereit standen – ob nun noch etwas lebendig oder schon fast tot – in einer schlimmen Lage. Ich grübelte: Weil sie so gut schmeckten.
War am Morgen das Inserat: »Frische Neunaugen!« erschienen, so wurden zum Abend im »Hotel zum Markgrafen« die Tischdecken abgenommen. Die Gäste sollten es sich in der gewohnten Weise bequem machen. Sie wünschten, die noch heißen Fische zu kühlem Bier aus dem Papier zu essen, mit Stumpf und Stiel. Nur selten legte ein Gast die Köpfe beiseite; vielleicht ein junger Regierungsassessor aus Angermünde, dem die Bräuche der Uckermärker noch nicht hinreichend vertraut waren, oder ein Geschäftsmann aus Berlin, der sich seine Tischsitten bei Kempinski in der Leipziger Straße angeeignet hatte.
»Du darfst mitkommen«, sagte Onkel Eugen, als er in der Fabrik nach dem Rechten sah. Er ging um die Roste, zog mich aus der Tür an die frische Luft und trug mir auf: »Du läßt dir nachher drei Dutzend einwickeln... Es hilft nichts, wir müssen uns noch im ›Markgrafen‹ sehen lassen. Auf einen Sprung.«

Mir war nicht entgangen, daß Tante Ella mich suchte. Sie wußte längst, daß ich bemüht war, ihr aus dem Wege zu gehen. Erschien sie, das Taschentuch vor dem Mund, an den Rosten, so verschwand ich in den Schwaden brutzelnder Neunaugen hinter den Maschinen, und zeigte sie sich auf der Wendeltreppe, so eilte ich durch den Hausflur hinaus ins Freie. Trotzdem bekam sie mich unter den Kastanien zu fassen: »Felix, du hast mich enttäuscht!« sagte sie. »Ich dachte, du würdest Wort halten.«
Sie hatte mir verboten, hinunter an die Oder zu gehen. Ich könne noch nicht schwimmen. Und sie verspüre wenig Lust, mich als Wasserleiche zurück nach Berlin schicken zu müssen, mit ein paar Blumen auf dem weißen Sarg. Sie drückte sich gern klar und unmißverständlich aus und hatte mir auch schon angekündigt: »Wenn ich noch einmal erfahre, daß du allein am Bollwerk gewesen bist... Ich fackele nicht lange! Du sitzt im nächsten Zug nach Hause und deine Ferien sind vorbei.«

Ich mochte meine Tante nicht. Mag sein, es lag an ihrem zu knapp geschneiderten Frühjahrskostüm, vielleicht auch an ihren zu üppigen Rundungen. Machte sie sich mit Sonnenschirm und seidener Handtasche auf den Weg nach Monplaisir, um unter alten Bäumen Apfelkuchen und Schlagsahne zu essen, so trug sie einen allzu ausladenden Busen voran; und schlimmer noch: sie zeigte denen, die ihr folgten, einen Popo, der mich in seiner Fülle und Großartigkeit verwirrte. Aber offenbar nur mich, denn sie galt als schöne Frau. Sie sei, so hörte ich, eine imponierende Erscheinung, eine Dame, mit der mein Onkel sich sehen lassen könnte.

Sie hatte herausbekommen, daß ich unten am Wasser, an den Liegeplätzen der Boote, gewesen war. Allerdings nicht allein, sondern mit Gusti, meiner Freundin. Dieser Wortbruch, dieses doppelte Vergehen, hatte Tante Ella zu meiner Erleichterung in eine schwierige Lage gebracht. Sie mußte, so wie die Dinge lagen, die kleine Gusti aus der Sache heraushalten und den Fall möglichst unauffällig, am besten mit mir unter vier Augen, behandeln. »Wie konntest du Gusti mitnehmen?« fragte sie, ohne in ihrem Zorn die Stimme zu heben. »Das Kind ist erst neun! Mein Gott, wenn ich mir vorstelle...«

Ich hatte Gusti nicht mitgenommen. »Wo gehst du hin?« hatte sie mich gefragt, als mir das Zählen ihrer Maikäfer zu langweilig geworden war und ich mich davonmachte. »Ans Wasser«, hatte ich geantwortet. Sie staunte: »Du darfst ans Wasser?« Eine Frage, die mich verletzt hätte, wäre sie nicht von ihr, sanft und harmlos, gestellt worden. Schließlich kam ich aus Berlin, besuchte das Friedrichswerdersche Gymnasium und war ein freier Mann. »Ich mache, was ich will!« antwortete ich. »Ich gehe zu den Booten.« Sie war mir nachgerannt. Sie liebte die Boote so wie ich. Und wußte, wo die schönsten lagen.

»Das Schlimmste ist«, klagte Tante Ella, »daß ich es ihrer Mutter nicht sagen kann. Es fällt ja alles, aber auch alles, auf mich zurück.« Sie hätte besser auf mich aufpassen müssen. Auch auf Gusti, denn Gusti spielte meist bei uns. Ich blickte zu Boden und schwieg.

Gusti Marwitz wohnte drei Häuser weiter. Ihre Mutter hatte mit meiner Mutter auf der Schulbank gesessen, mit ihr die Tanzstunde besucht und war mit ihr später in den Radfahrverein eingetreten; eine Freundschaft, die noch immer hielt. Kam der Herbst, so reiste ein Korb Spalierbirnen von Schwedt nach Berlin, und stand

Weihnachten vor der Tür, so revanchierte sich meine Mutter mit Liegnitzer Bomben und Thorner Katharinchen. Frau Marwitz hatte mich in die Arme geschlossen, als sie mich wiedersah: »Junge, bist du gewachsen!« Und hatte mich gefragt, ob ich Hindenburg schon gesehen hätte, den neuen Reichspräsidenten? Ja, ich hatte ihn gesehen, als er in der Reichshauptstadt Einzug hielt. Ich wußte, wie er aussah: Paul von Hindenburg, der Retter des Vaterlandes, wie die Leute in Schwedt sagten. Wir standen am Großen Stern Spalier. Und erblickten unter einem blanken Zylinder ein müdes Gesicht mit tausend Falten. »Du hast ihn gesehen? Mit eigenen Augen?« Frau Marwitz bewunderte mich, Glanz des Reichspräsidenten strahlte auf mich ab. »Schön, daß du mit Gusti spielst«, sagte sie. »Gusti kann viel von dir lernen. Du weißt ja, sie hat Jungs viel lieber als Mädchen.«

Ich hatte es schon bemerkt. Seit ich da war, übersah sie Lelo und Nanne, ihre Freundinnen. Holte ich sie ab, so stand sie schon am Fenster.

Gusti hatte braune Zöpfe. Sie kräuselte die Nase, wenn sie lachte, vergnügter als alle andern, und lief, wenn ich wollte, unter dem Nußbaum auf den Händen. Mir zuliebe hatte sie ihrer Puppe Augustine die Perücke heruntergerissen: aus Augustine war August geworden. Aber auch August hatte mich gelangweilt. Seine gläsernen Augen waren zu starr und seine Lippen zu rot.

»Ich will Gnade vor Recht ergehen lassen«, erklärte meine Tante. »Aber du schwörst mir auf der Stelle, daß du nie mehr ... nie mehr an die Oder gehen wirst! Dann breite ich über alles, was gewesen ist, den Mantel der Nächstenliebe.« So sagte sie und hob mein Kinn, um mir in die Augen zu sehen.

Gnade vor Recht? Von Gnade verstand ich wenig; im Religionsunterricht war von ihr dann und wann die Rede gewesen, verschwommen, kaum faßbar. Und Recht? Tante Ella wußte nicht, daß ich Gusti versprochen hatte, morgen noch einmal mit ihr an die Oder zu gehen. Gusti hatte ein Recht darauf, daß es dabei blieb. Und ich hatte die Pflicht, mein Wort zu halten.

Tante Ella ahnte auch nicht, daß wir die Fischerkähne schon ausprobiert hatten. Einen nach dem anderen. Wir hatten sie vom Ufer abgestoßen, hinaus in die Strömung, soweit die Ketten reichten.

Der »Kormoran« gefiel uns am besten. Er war flach und leicht, aber die Ruder fehlten. »Setz dich ans Steuer!« befahl ich Gusti. »Du bist der Steuermann!«

Sie hatte kräftige Arme. Ohne zu zögern packte sie das Steuer und streckte die Beine aus. Wir blickten hinauf in die Weidenzweige, die über uns wehten, und lauschten in die Stille. Kein Mensch war in der Nähe.

Das machte Mut. Ich kommandierte: »Aufgepaßt!« und sprang von meinem Sitz, um zu tanzen. »Tarramta, Tatarramta!« Ich warf die Arme in die Luft und bog mich nach rechts und nach links. »Tarramta, Tatarramta!« Es gefiel ihr. Sie kräuselte die Nase und klatschte im Takt. Der »Kormoran« ging auf und nieder, spritzte nach allen Seiten, und die Kette rasselte. Bis ich ihn in einer Kniebeuge wieder abfing und auf meinen Sitz zurückfiel. Gusti wischte sich das Wasser aus dem Gesicht: »Mach's noch mal!«

Gusti war das erste Mädchen, das ich liebte. Tarramta, Tatarramta... Ich nahm mir vor, später einmal nur ein Mädchen mit braunen Zöpfen zu heiraten. »War gut, nicht?« fragte ich. »Ja, gut!« antwortete sie und holte tief Luft: »Warum fährst du schon bald wieder? Kannst doch auch bleiben!«

Tante Ella hielt mein Kinn: »Schwöre!«

Ich schwor.

Im Anblick der Kastanien, die in vier Reihen zum Schloß der Markgrafen führten, hob ich die Hand. Entschlossen streckte ich zwei Finger in die Luft, und tat hinter dem Rücken mit der linken Hand das gleiche. Abwärts, zum Gegenschwur. Tante Ella merkte es nicht. Sie wußte wohl gar nicht, daß man das tun durfte; in größter Not, wenn es nicht anders ging.

»Ich verlasse mich auf dich!« sagte sie und begrüßte Kundinnen, die noch schnell ein paar Neunaugen holen wollten. Sie lachte, als wäre nichts gewesen, und verschwand mit ihnen im Tor.

Konnte mein Onkel sich wirklich mit ihr sehen lassen? Und sie mit ihm? Er war zu klein für sie und konnte auch nicht so aufrecht wie sie einen Fuß vor den anderen setzen. Er lief noch immer wie einst über die Planken der IQUITOS III, wie im Wellengang des Amazonas.

Begleitete er sie, gebückt und behende, so sah es aus, als wollte er ihr die Stadt zeigen, die Sehenswürdigkeiten und Besonderheiten, und dürfte mit einem Trinkgeld rechnen. Aber er liebte sie. »Ella ist eine gute Seele«, sagte er. »Sie kann es nur nicht zeigen.«

Seit Jahren litt er an der Gicht. Die Zugluft in der Fabrik schadete ihm, und auch die feuchte Kühle des Kellers, in dem die marinierten Neunaugen lagerten. Tante Ella allerdings meinte, er habe das Zipperlein. Es käme vom Bier und den Schnäpsen, von den langen Abenden, die er im »Markgrafen« verbringe.
Die Gicht lauerte in all seinen Gliedern. Sie stürzte sich mit Vorliebe auf einen seiner großen Zehen. Mal auf den linken und mal auf den rechten. Wie ein tollwütiger Hund verbiß sie sich in den Fuß. Er schwoll an, rötete sich und wurde steif. Onkel Eugen ließ sich die Schmerzen nicht anmerken. Er hielt sich am Gitter der Wendeltreppe, blickte zum Himmel und sagte: »Ella, das Wetter schlägt um! Es gibt Regen. Laß die Wäsche vom Rasen nehmen!«
Merkwürdig, er ging nicht immer gebückt. Und er wirkte auch nicht immer bedrückt. Es gab Augenblicke, in denen lebte er auf, reckte sich und wurde ein anderer. Augenblicke, in denen Tante Ella nicht in der Nähe war. Ich fuhr zusammen: Plötzlich stand nicht der Bootsmann vor mir, der abgekämpfte Hoflieferant für Neunaugen und Krebse, sondern leibhaftig der Kapitän! Die Gicht war verflogen, sein Blick hatte sich geweitet, die Mütze saß schief. Er blickte zum Himmel und tat so, als wolle die IQUITOS III in wenigen Minuten ablegen, sich in die lehmige Flut stemmen und stromaufwärts dampfen. Ich hatte in ihm nicht einen, ich hatte zwei Onkel.
Als die Holzkohlen unter den Rosten gelöscht waren, wurde es Zeit, in den Markgrafen zu gehen. Tante Ella ergriff die Waschschüssel mit dem Geld und stieg hinauf ins Comptoir. Onkel Eugen warf sich einen Schal um den Hals und rief: »Felix, höchste Zeit! Es geht an Bord!«
»Zur Stelle, Käpt'n!« Oben fiel die Tür ins Schloß, und ich ergriff das heiße Päckchen, unsern Proviant.
Onkel Eugen schien größer als noch am Morgen zu sein, um ein paar Zentimeter gewachsen. Seine Hand lag in meinem Nacken: »Und jetzt wird schnabuliert!« versprach er. Er schnalzte mit der Zunge. »Die ersten Neunaugen sind die besten! Im Sommer schmecken sie nur noch halb so gut. Dann kommen sie in Essig und Lorbeer und können bis Sylvester warten.«
Ich bewunderte ihn. Der Anker auf seiner Mütze blitzte, der Schal machte ihn plötzlich zum Seefahrer, der von weither, vielleicht vom Kap der Guten Hoffnung, kam; zum Abenteurer, der kaum

bemerkte, daß der Hausflur eng und Schwedt bloß eine kleine Stadt war. »Sag mal«, fragte ich, »du weißt doch 'ne Menge?«
»Das denke ich.« Wir bogen zum »Markgrafen« ein.
»Und du weißt mehr als Frauen?«
Er blieb stehen. »Könnte sein... Wird wohl sein... wenn du meinst?«
Ich war froh, ihn in Ruhe sprechen zu können. »Sag mal, ich habe Gusti was versprochen. Muß ich es halten?«
»Deiner kleinen Freundin? Was versprochen?«
»Ja doch. Der Gusti.«
»Dann mußt du dafür einstehen.« Er setzte sich wieder in Bewegung. »Versprochen ist versprochen.«
Und schon lief ich schneller als er. Mein Glück war vollkommen. Ich hatte Gusti versprochen, mit ihr nach Stettin zu rudern. Stettin war nicht weit. Die Raddampfer, die in Schwedt an der Brücke ablegten, waren in einem Rutsch in Nipperwiese. Und hatten sie erst Fiddichow und Gartz hinter sich, dann hatten sie es schon fast geschafft.
Gusti und ich, wir wollten Onkel Gustav besuchen.

Das Gedränge im »Hotel zum Markgrafen« war groß. Wir hatten Mühe, uns in den Saal zu zwängen und kamen zwischen den Tischen kaum voran. Wer keinen Platz bekommen hatte, belagerte den Ausschank oder saß in der Veranda auf einem Gartenstuhl. Zigarrenqualm quoll uns entgegen. Er umwölkte das Kaiserbild, die Gemälde, Urkunden und Wappen und ließ die Fliedersträuße in blauem Dunst verschwimmen.
Ich hatte bis dahin nicht gewußt, daß fröhliche Menschen lieber reden als zuhören. Es schien, als wolle ein jeder Bedeutendes an den Mann bringen, ohne Lust zu verspüren, ähnlich Bedeutendes von seinen Nachbarn zu erfahren. Viele Worte gingen ins Leere, verloren sich in Lärm und Gelächter, und alle vergnügten sich auf das Beste.
Ännchen und Käthe, die Serviererinnen, hatten es nicht leicht, ihre Arbeit zu tun. Sie kämpften sich von Tisch zu Tisch, beladen mit Bierkrügen und Schnapsgläsern. Ihre gestärkten Blusen waren durchgeschwitzt und ihre Stimmen heiser.
»Eugen, hier!« rief man uns entgegen. »Hierher, hier ist noch

Platz!« Freunde erhoben sich unter dem Bild des Markgrafen Friedrich Wilhelm, des Tollen Markgrafen. Es reichte in seinem verräucherten Rahmen fast bis zur Decke. Man rückte zusammen und trommelte zu unserer Begrüßung mit den Fäusten auf den Tisch.

Auch unsere Neunaugen wurden mit Beifall bedacht. Jeder langte noch einmal zu, noch immer mit bestem Appetit. »Vorzüglich, ganz vorzüglich!« rief Herr Stenzel, der Verwalter der Tabakspeicher. »So waren sie seit 1911 nicht mehr!« Und Herr Güldenstern, der Tierarzt, schwor, sie hätten noch das Salz der Ostsee im Leibe; das erlebe man nur alle Jubeljahre einmal. Er fuhr sich mit der Serviette über das fette Kinn: »Eugen, Respekt –! Respekt, altes Haus!«

Unversehens schoß ein langer, hagerer Mann in die Höhe, mit dunklen, brennenden Augen, die tief in den Höhlen lagen. Keiner wollte es mit ihm verderben, es war der Steuer-Revisor. »Ein Hoch auf den Käpt'n!« rief er. Er rief es weit in den Saal, mit schneidender, alles übertönender Stimme: »Er war wieder auf dem Posten! Der Käpt'n, er lebe hoch!« Ein donnerndes Echo antwortete ihm: »Hoch! Hoch! Hoch!« Stühle polterten und Gläser klirrten. Ein Schauer erfaßte mich, das Haus bebte. »Hoch! Hoch! Hoch!«

Onkel Eugen blieb gelassen. »Einer muß hier immer dran«, sagte er mir ins Ohr. »Heute bin ich's, morgen ist es ein anderer. Heute bin ich's – wegen der Neunaugen.«

Er wartete, bis sich der Sturm gelegt hatte, stand auf und dankte mit leichten Verbeugungen nach allen Seiten, die Augen im Tabakdunst, in unbestimmten Fernen, vielleicht in den Frühnebeln des Amazonas. Man streckte ihm die Gläser entgegen, winkte ihm zu und feierte ihn, als habe er den neuen Zeppelin über den Bodensee gebracht.

Ich drückte mich an seine Seite und wäre am liebsten unter dem Tisch verschwunden. Es war, als würde auch ich gefeiert, als wäre ich ein Held, Jung-Siegfried oder Frank Allan, der Rächer der Enterbten.

Ein Gast mit grauem Spitzbart, der einen Rubin auf der Krawatte trug, ließ mich nicht aus den Augen. Er lehnte sich weit über den Tisch und versuchte, mir die Hand zu geben. »Felix!« rief er. »Felix! Sehe ich dich auch mal wieder?« Ich rutschte ihm entgegen,

mit ausgestrecktem Arm. »Ein junger Mann bist du geworden!« rief er. »Fast schon erwachsen, das muß man dir lassen!«
Es war Felix Freyhoff, der Vetter meiner Mutter, der kurz nach Ausbruch des Ersten Weltkrieges seinen Sohn bei Monchy-aux-Bois verloren hatte. Seinen Sohn Felix. Jenen Felix, zu dessen Ehren ich neben meinen Vornamen »Christian Friedrich« auch den Namen »Felix« bekommen hatte.
Es war der Mann, der mich im Dezember 1914 nach meiner Taufe aus der Kirche getragen hatte. »Felix!« rief er. »Guter Junge –!« Und schob mir sein Schnapsglas hin. Es war noch halb voll. »Guter Junge, prost!«
Ich trank das Glas aus, in einem Zug. Mein Freund Otto hätte es auch getan. Ich spürte ein Brennen, das mir beinahe die Luft nahm. Es fiel auch über den Magen her und drehte ihn um und um. Ich mußte schlucken. Und meine Gedanken ordnen: »Felix Freyhoff« stand auf dem Kriegerdenkmal, nicht weit vom »Markgrafen«. Onkel Gustav hatte es mir erzählt.
Felix Freyhoff, der Mann mit dem Rubin, war Lokalredakteur der »Schwedter Zeitung«. Er hätte in jungen Jahren, noch vor seiner Heirat, nach Berlin gehen können. Man hatte im Ullstein-Haus seine Überschwemmungsberichte »Land unter« gelesen, seine Schilderungen der auf ausgehobenen Scheunentoren dahintreibenden Kinder und der in die Bäume gestiegenen Krebse. Man wollte ihn zur »Morgenpost« holen, aber er war geblieben. »Besuch mich mal!« sagte er. »Vergiß es nicht!«
Seine Frau lebte nicht mehr. Den Rubin hatte sie an der linken Hand getragen. Nun bewohnte er hinter der Neuen Brücke ein Gartenhaus, arbeitete und schlief zwischen seinen Büchern und hatte die Telefonnummer Elf. Viel war für ihn bei der »Schwedter Zeitung« nicht zu verdienen; er war jedoch ein angesehener Mann. Nebeneinnahmen halfen ihm weiter: Wasserzustandsberichte für auswärtige Zeitungen, zumal für Stettin, und Informationen über das Für und Wider geplanter Oder-Regulierungen, ein unerschöpfliches, alle Bewohner des Landes über Jahre bewegendes Thema. Gab es außerdem ein kräftiges Frühjahrshochwasser, so konnte er sich im Sommer eine Reise an die Ostsee leisten, an die weißen Strände von Usedom und Wollin. Blieb das Hochwasser aus, so blieb er zu Hause.
»Also, du besuchst mich!«

Onkel Eugen bekam Ännchen zu fassen. »Liebes Kind –!« rief er ihr entgegen und ließ sie nicht vorbei. »Schnaps, für alle!« Ännchen zählte und zuckte zusammen: »Aber Herr Freyhoff!« Sie rückte ihre Schürze zurecht und lachte. Ich glaube, er hatte sie gekniffen. Irgendwo, wo es ihr Spaß machte.
Mein Onkel war heiser geworden; seine Mütze war verrutscht. »Dein Vater müßte hier sein!« vertraute er mir an. »Wenn heute einer fehlt, ist es der Max!«
»Mein Vater –?«
»Donner und Doria, das waren noch Zeiten! Wenn dein Vater hier den Hut über den Haken stülpte und das erste Gläschen kippte... Du mußt wissen, Max war kein trauriger Mensch. Nein, wahrhaftig nicht!«
Meinem Magen ging es wieder besser. Aber ich hatte Mühe, meine Gedanken beieinander zu halten. »Mein Vater?«
»Er ist hier in Schwedt vom Himmel gefallen – als Bauleiter! Damals, als am Groß-Schiffahrtsweg gebuddelt wurde, an der Wasserstraße von Berlin nach Stettin! Als sie bei Criewen den Durchstich in die Oder machten, mit Bumbum und Trara!«
Davon hatte mein Vater einmal erzählt. Und uns die Medaille gezeigt, die ihm überreicht worden war, als die ersten Kähne von Berlin auf die Reise gingen.
»Er hat die Baggerarbeiten geleitet... Und hatte abends Durst! Durst wie wir alle.«
Ännchen verteilte die Schnäpse. Sie blitzten auf silbernem Tablett. »Wohl bekomm's, meine Herren!« rief sie und rannte weiter.
Es war ein Ehrenschluck, der Dank des Kapitäns an seine Mannschaft, die ihn wieder einmal unter dem Bilde des Tollen Markgrafen feierte.
Jeder Schwedter, der den »Markgrafen« betrat, war darauf aus, den Platz unter seinem Bild zu erwischen und heimlich entschlossen, es zumindest einmal im Leben so toll wie er, der Markgraf, zu treiben. Daher kam es, daß die Stadt voller Tollheiten steckte und daß jede Tollheit in Schwedt eine Entschuldigung fand.
Onkel Eugen beugte sich an mein Ohr: »Hier im ›Markgrafen‹ haben wir deinem Vater verraten, daß es Clärchen gibt. Du verstehst? Clärchen... deine Mutter.«
»Meine Mutter –?«
»Meine Schwester. Und wir haben ihm gesagt, wo er sonntags

promenieren sollte, so zwischen sechs und sieben ... um Clärchen in die Arme zu laufen, verstehst du?«

»Verstehe.«

»Der Max –!« Onkel Eugen flüsterte: »Dabei wollte er gar nicht bleiben. Er wollte nach Berlin, wo die Stadt mit jedem Tage größer wurde. Wo man Ingenieure wie ihn gebrauchen konnte, wo das Geld auf der Straße lag! Aber er blieb ... und heiratete Clärchen.«

»Meine Mutter!«

»So manches Mädchen hat ihm nachgeweint, als er zum Standesamt fuhr. Wie das so ist ...«

Stühle wurden gerückt, Fliedersträuße aus den Vasen gehoben. Der Aufbruch kündigte sich an. Onkel Eugen schob seine Mütze zurecht: »Und nun haben wir dich ... ein Schwedter Kind!«

Als wir aufstanden, gab ich Felix Freyhoff die Hand. Sein Rubin glühte, sein Kneifer hing auf der Brust. Nachdenklich blickte er auf mich herunter: »Wir sehen uns also! Und wenn du mal was auf dem Herzen hast ... Junge, dann sagst du es mir!«

Draußen wehte ein kühler Wind, frisch und aufmunternd. Er kam über die Oder und strich durch die Kronen der alten Bäume. Zwischen ihren Blättern tanzten tausend Sterne.

Ich hatte etwas auf dem Herzen. Es war mir wichtiger als alles andere auf der Welt. Ich fragte Felix Freyhoff: »Fließt die Oder schnell?«

»Schnell?« Fledermäuse umkreisten uns, vertraut, als hätten sie auf uns gewartet. »Mal fließt die Oder schnell, mal fließt sie langsamer.«

»Und morgen?« drängte ich. »Wie fließt sie morgen?«

Er drückte den Kneifer auf die Nase und musterte mich: »Morgen? Junge, du hast Fragen!«

Ich ließ nicht locker. »Und übermorgen? Und über-übermorgen? Wie fließt die Oder dann?«

»So wie heute und gestern.« Er schwenkte die weiten Flügel seiner Jacke, um sich Kühlung zu verschaffen. »Sie fließt immer so hin, schon seit Wochen. Da ist für mich nichts dran zu verdienen. Partout nichts.«

Es war ein heller, windiger Frühlingstag. Die Wolken hatten es eilig; wie so oft, wenn das Wetter von Osten kam.

Gusti schwenkte schon von weitem ihre Handtasche. Das Wachstuch leuchtete so rot wie die Schleifen ihrer Zöpfe. Sie folgten ihr flatternd wie Schmetterlinge. Ihr Sonntagskleid hatte sie zu Hause lassen müssen, aber der kurze Rock und die weiße Strickjacke paßten ebensogut für eine Reise nach Stettin.

Auf den »Kormoran« hatten wir verzichtet. Wir hatten seine Ruder nicht finden können. Aber hinter dem Deich lagen Kähne genug, deren Ruder unter den Sitzen auf uns warteten; auch Kähne, die nicht angekettet und abgeschlossen waren.

Gusti wußte den Weg. Es gab ja nicht nur die West- und die Ost-Oder, die Alte und die Strom-Oder: Es gab den Damm, der über Land und Strom, Wiesen und Wasserläufe, über mehr als sieben Brücken hinüber zur Königsberger Chaussee und in das Tal der Liebe führte. Sie kannte sich zu beiden Seiten des Dammes aus, im Labyrinth der versteckten Pfade und Wasserwege: wie alle Schwedter Kinder, denen es verboten war, dort Neunaugen zu greifen, Krebse zu fangen und Aale aufzuspießen. »Komm!« rief sie. »Wir müssen uns beeilen!«

Lerchen standen am Himmel, als wir das glitzernde Paradies erreichten. Schwalben jagten den Wolken nach. Und hätten wir nicht aufgepaßt, so wären wir im Morast versunken, den Resten des Oderbruchs, das sich einst ausgebreitet hatte, wo jetzt Tabak angepflanzt und Gemüse gezogen wurde.

Die Wiesen leuchteten. Bäche blitzten auf und versteckten sich wieder. Tümpel, in denen sich Wasserlilien spiegelten, versperrten den Weg. Störche standen auf einem Bein und sahen uns regungslos nach.

»Es ist nicht mehr weit!« Gusti schnallte ihre Sandalen fester. »Da drüben –!« rief sie. »Drüben liegen die Kähne!«

Wir sprangen über Bäche, in denen Neunaugen lauerten, und fielen in das feuchte Gras. Waren die Bäche zu breit, so mußten wir ihnen folgen, bis einer der Stege kam, die von den Fischern gelegt worden waren, bald hier, bald dort, wie es die Fänge erforderten. Jenseits der Oder, die sich noch nicht blicken ließ, lagen die Anhöhen von Kränig. Lag der Feldherrnhügel, von dem aus der Kaiser einst das Herbstmanöver des 1. Brandenburgischen Dragoner-Regiments beobachtet hatte, jenes Manöver, das mein Onkel Gustav nicht hatte miterleben können, weil er vorher vom Pferd gefallen war.

Die Bäche flossen ineinander. Sie wurden breiter und tiefer und vereinigten sich zu Flüßchen, an denen Fischerhütten standen. Ihre verblichenen Schindeln schimmerten in der Sonne, silbrig wie die Flocken des Wollgrases, das sie umlagerte.
»Ein Kahn!« jubelte Gusti und wirbelte ihre Handtasche durch die Luft. »Flix – ein Kahn!«
Der Kahn war uralt und seit Jahren nicht mehr gestrichen worden. Aber er war frisch geteert. Ein Geruch, der uns schwindlig machte. Schwindlig vor Glück.
»Mutti wird staunen!« Gusti tanzte am Ufer auf und ab. »Ganz schön staunen! Darauf kannst du dich verlassen!«
Ich hatte vergessen, daß uns ein Mensch vermissen könnte. In meinen Gedanken war ich schon in Stettin: Ich sah, wie Onkel Gustav den weißen Kittel auszog, die Praxis abschloß und mit uns zum Hafen ging, zu den Dampfschiffen aus Stockholm und Kopenhagen, aus Bombay und Dakar.
»Die werden gucken, wenn wir nicht zum Essen da sind!« Gusti zog die Schleifen ihrer Zöpfe zurecht und prüfte mit den Fingerspitzen, ob der Scheitel noch saß. »Flix! Die werden Augen machen!«
Gusti dachte noch zurück, an zu Hause. Ich dachte schon an das, was vor uns lag: Onkel Gustav würde den alten Strohhut aufsetzen. Unter der Krempe sah ich seine Augen. Sie konnten so nahe und doch so abwesend sein. Ob es ihm in Stettin am Ende gar nicht so gut gefiel, wie er erhofft hatte? Weil die Häuser zu eng beieinander standen? Und die neue Bohrmaschine nicht viel besser als die alte lief? Ich prüfte seine Augen und fühlte, daß er uns erwartete.
»Der Kahn ist richtig!« entschied Gusti. Sie kannte den Wasserlauf, den wir erreicht hatten. Sie wußte, welchen Weg er nahm.
Die Farbe des Kahns war abgeblättert. Aber man konnte seinen Namen noch lesen. Er stand in blasser roter Farbe auf einst weißem Grund: »Möwe«.
Wie eine Möwe im Wind, so schwebte er über dem Wasser. Jede Sekunde bereit davonzufliegen. Mit aller Kraft zog ich ihn an den Steg, und Gusti sprang ans Steuer. Sie warf ihr Täschchen unter den Sitz, streckte die Beine aus und rief: »Nun mach! Mach –! Ab nach Stettin!«
Ich hob die Kette über den Pfahl, ließ sie ins Boot fallen, und schon

trieben wir ab. Alles war einfach. Viel einfacher, als ich gedacht hatte. Es war die einfachste Sache der Welt.
Mit dem rechten Ruder zwang ich den Kahn in die Strömung, mit dem linken drückte ich ihn auf Kurs. Er folgte, als ginge es auf Neunaugenfang. »Gut gemacht!« lobte Gusti. Im nächsten Augenblick glitten wir durch Wiesen voller Vergißmeinnicht, so blau wie der Himmel. Und nicht abzusehen.
Es ging dem Strom entgegen.
Gusti brauchte das Steuer kaum zu bewegen. Sie drückte es an sich und überließ es der »Möwe«, ihren Weg zu finden. Sie wurde schneller und schneller, und ich ließ die Ruderblätter über die Wellen springen. In der Ferne verschwand das Markgrafenschloß, versteckten sich Balkone, Giebel und Dächer, Türme und Türmchen in den Kronen alter Linden und versanken mit ihnen hinter dem Deich.
Gusti freute sich auf Onkel Gustav. Freute sich auf die Kokosnüsse, die er uns kaufen würde; Nüsse, so groß wie ein Fußball. Nüsse, die man austrinken und dann essen konnte.
Sie kannte alle meine Abenteuer, die ich mit ihm in Joachimsthal erlebt hatte. Auch meine Begegnungen mit der Nixe Binsebill. Und wollte nicht glauben, daß ich mit ihr auf den Grund des Sees getaucht war, in ihr gläsernes Haus, in dem es ein Tischleindeckdich gab mit Bockwurst, Kartoffelsalat und Waldmeistersprudel. Und noch viel mehr: einen Papagei, der Koko hieß und sprechen konnte, und ein Telefon. Wie hätte die Nixe Binsebill sonst im Friedrichswerderschen Gymnasium anrufen und mich wegen Halsentzündung entschuldigen können?
Gusti konnte sich nicht vorstellen, daß Nixen telefonieren. Wer hätte denn, bitteschön, Binsebill das Telefon gelegt? Und wer hätte, bitteschön, die Bockwurst heiß gemacht? Und wer, bitteschön, dem Papagei das Sprechen beigebracht?
Ich winkte ab. Ich war es leid, mich mit ihr zu streiten. Legte Gusti den Kopf zur Seite, mit fragenden Augen, betroffen, als sei die Wahrheit auf Erden abhanden gekommen, so verlor ich jede Lust, ihr noch irgend etwas zu erzählen. Schließlich hatte Binsebill mir zugewinkt.
Aber wie sollte ich alle meine Geschichten auseinanderhalten? Die Geschichten, die Onkel Gustav mir erzählt hatte, und die Geschichten, die mir morgens, mittags und abends zuflogen?

Ich wußte ja nicht einmal, wer die Geschichten machte, die mir zuflogen! Wer schickte sie auf die Reise und setzte sie mir in den Kopf? Zum Glück wußte ich: Sie gehörten mir und waren wahr, denn ich konnte über sie lachen und weinen, mich sogar ab und zu vor ihnen fürchten.

»Treffen wir auch die Chinesen?« fragte Gusti. »Die Männer mit den gelben Gesichtern, die so spitze Hüte tragen?«

»Bestimmt!« versprach ich ihr. »Onkel Gustav weiß, wo sie mit Stäbchen gebratene Schlangen essen, gläserne Nudeln und faule Eier. Er weiß noch viel mehr. Er weiß, daß sie Opium schmuggeln. Sie flechten es in ihre Zöpfe.«

Was hatte ich Gusti nicht schon alles erzählt! Jeden Tag etwas Neues, weil sie keine Ruhe gab. Sie kannte meine Nordpolfahrt fast besser als ich: meine Abenteuer an Bord des Schiffes »Cecilie«, auf dem es kein Eisen gab, keinen Kochtopf und auch keine Bratpfanne. Und sie wußte: Eigentlich wäre ich viel lieber nach Afrika gereist, zu den Giraffen und den Warzenschweinen; aber Binsebill hatte es nicht gewollt. Plötzlich saß ich im Mastkorb der »Cecilie« und entdeckte, wie ein Sägefisch herangeschwommen kam... einer jener Halunken, die Schiffe zersägen... ritzeratze... daß sie untergehen mit Mann und Maus, auf Nimmerwiedersehen.

»Weiter –! Erzähl weiter!« bestürmte sie mich. Und so kam eben eine Geschichte zur andern, zur hundertsten die tausendste. Auch die Geschichte vom Schiffshund Lady, der den Kurs berechnete, Orangenlikör trank und den Salto rückwärts schlug. Sie wollte alles wissen, alles, was so ist und mal gewesen war.

»Die Oder –!« rief Gusti plötzlich und packte das Steuer mit beiden Händen. »Siehst du sie? Ganz hinten? Kannst du sie sehen?«

Wir waren, kaum daß wir es bemerkt hatten, von einem breiteren Wasserlauf aufgenommen worden, von einem der namenlosen Nebenarme der Oder, die sie begleiten, ihr näher kommen und sie wieder verlassen, um schießlich in sie einzumünden.

Kiebitze flogen auf. Sie umschwirrten uns und blieben in der Nähe, bis sie sicher waren, daß wir es nicht auf ihre Nester abgesehen hatten.

»Ein Schlepper!« Gusti war selig. »Er fährt nach Stettin! Wie wir beide –!« Der Schlepper zog nicht weit von uns hinter Büschen und Weiden vorüber. Eine schwarze Rauchfahne folgte ihm.

»Weißt du auch, wo dein Onkel wohnt?« erkundigte sich Gusti. »Hast du dir die Straße gemerkt? Und die Hausnummer?«
Ich zog die Ruder an und drückte die Ellenbogen nach außen. Es gab noch immer kaum zu tun. Die »Möwe« nahm ihren Weg, ohne sich weiter um uns zu kümmern. Aber ich spürte, es war an der Zeit, die Augen offen zu halten. »Wo er wohnt, steht im Telefonbuch«, antwortete ich. »Wenn wir festgemacht haben, sehen wir nach.«
Die Wiesen lichteten sich. Sie zeigten jetzt Geröll, kahle Stellen, auf denen Wasservögel rasteten, Disteln, in denen angeschwemmtes Stroh hing. Und plötzlich traten sie zurück.
Kies türmte sich auf. Er rückte zu beiden Seiten näher, und unsere Fahrt wurde noch schneller. Ich riß den Kopf herum: Wir glitten zwischen Sandbänken in den Strom. »Geschafft!« rief ich. »Wir haben es geschafft!« Lautlos nahm uns die Oder mit. Als hätte sie gewußt, daß wir kommen.
Gusti reckte sich und kniff die Augen im Wind zusammen: »Mehr nach links!« rief sie. »Flix, wir müssen links bleiben!«
Sie drückte das Steuer zur Seite, aber die »Möwe« flog über die flachen Wellen, ohne ihr zu gehorchen. Ich holte mit den Rudern aus, um ihr zu helfen. Aber kaum hatte ich die Blätter ins Wasser getaucht, so packte die Strömung sie und schlug sie zurück. Sie war viel zu schnell und zu stark, um unserem Willen zu folgen.
Die Sandbänke versanken im Strom. Er hatte uns aufgenommen; die Reise hatte begonnen.

Die Oder war breiter, als ich erwartet hatte. Und schneller als vermutet. In der Nähe des Ufers drehten sich Strudel, die nach uns greifen, uns in die Gegenrichtung ziehen wollten. Aber die »Möwe« trug uns an ihnen vorbei, hinaus in die helle, nicht abzusehende Flut.
Der Schleppzug hatte sich schon davongemacht. Wir konnten ihn nicht mehr sehen. Aber ein zweiter arbeitete sich in unserem Rücken heran. Der hohe Schornstein trug einen gelben Stern. Wäsche flatterte auf dem ersten seiner Kähne.
Gusti hatte ihn noch nicht bemerkt. Sie hatte die Augen vorn: »Ein Dampfer!« rief sie, sprang auf und fiel auf ihren Sitz zurück, »Flix, ein Raddampfer!«
Er kam uns in der Ferne aus einer Krümmung des Stromes

entgegen, von Pappeln noch halb verdeckt. Girlanden schmückten ihn, Fähnchen flatterten. Er hatte es nicht eilig. Er ließ sich Zeit. Aber der Schlepper in unserem Rücken kam schnell näher. »Nach links!« warnte Gusti. »Er muß rechts vorbei!« Ohne zu wissen, wie sie uns links halten sollte. Die »Möwe« dachte nicht daran, dem Schlepper Platz zu machen. Sie war viel zu leicht, um dem Steuer zu gehorchen. Sie zog hinaus in den Strom.
Schwalben begrüßten uns. Sie schossen aus den Wolken auf das Wasser herab, spritzten mit hellem Gezwitscher darüber hin, schienen zu tauchen, sich zu überschlagen, umkreisten das Boot.
Gusti warf sich über das Steuer. »Zurück!« rief sie. »Zurück nach links!« Sie sah nicht, daß der Schlepper im Begriff war, seinen Kurs zu ändern. Der Mann am Steuer hatte längst bemerkt, daß unsere »Möwe« Launen hatte und uns einen Streich spielen wollte. Wie leicht war es gewesen, mit Onkel Gustav Kahn zu fahren! Vor ihm zu sitzen und zu lernen, wie man das Ruder hält! Binsebills See hatte sich bändigen lassen. Aber die Oder war stark, sie war stolz und ungebunden. Sie hatte keine Zeit, sich um unsere »Möwe« zu kümmern. Sie drängte zum Haff. Und weiter, hinaus aufs Meer.
»Keine Angst!« rief ich zurück. »Alles in Ordnung! Wir bleiben rechts! Der Schlepper geht links vorbei!«
Sie ließ das Steuer los. Die Schleifen ihrer Zöpfe hatten sich gelöst und waren fortgeflogen. »Nicht schlimm!« Sie knüpfte die Zöpfe ineinander, zu einem dicken Knoten.
»Ein Glück!« rief ich. »Der Schlepper kennt die Regeln. Er weiß, was er zu tun hat!«
»Soll er vorbei, wo er will!« Sie streckte die Beine wieder aus und hielt das Steuer, ohne es bewegen zu können. Es stand fest in der Strömung, wie die »Möwe« selbst, und folgte ihrem Weg. »Hörst du die Musik?« fragte sie. »Hörst du, sie machen auf dem Dampfer Musik!«
Ich hatte das Tuckern des Schleppers im Ohr, das Klopfen seiner Maschine. Ich sah, daß eine Frau aus dem Steuerhaus trat. Sie hob den rechten Arm wie ein Stationsvorsteher. Senkte ihn wieder und kreuzte die Arme. Und zeigte zum Himmel. Was wollte sie? Was um alles in der Welt?
Trotzdem ging alles besser als vorausgesehen. Wir gerieten in die Wellen der Schraube, schaukelten durch schillernde Ölflecke und

sahen zu, wie die Schleppkähne links an uns vorüberzogen, tief im Strom versunken.

Auf dem letzten Kahn stand ein alter Mann. Er blickte zu uns herüber und rührte sich nicht. In seinem Mund hing eine Pfeife. Es sah aus, als sei er versteinert. Aber in seinem Spitz war Leben. Er bellte, fletschte die Zähne und wäre uns am liebsten an die Kehle gegangen.

Wir hielten uns gut, denn wir hatten inzwischen einiges dazugelernt. Hob sich der Bug der »Möwe« aus den Wellen, so griff das Steuer. Sekunden, die Gusti nutzte. Mußte ich sie unterstützen, so riß ich die Ruder, so gut es ging, in einem Schlag durch die Wellen. Es wirkte.

Aber das Ende unserer Reise lag näher, als wir ahnten.

Der Raddampfer schaufelte heran. Ein Riese in Weiß und Gold, der eben noch hinter den Pappeln auszuruhen schien. Ein Riese, auf dem Musik gemacht wurde. Trompeten schmetterten uns entgegen.

Er wühlte sich durch die Strömung wie ein wildes Tier. Er teilte die andrängende Flut, riß sie aus ihren Tiefen, schleuderte sie in die Höhe und versteckte sich hinter sprühenden Wasserfällen. Er holte mächtig aus. Zu beiden Seiten trug er Radkästen, in denen es rumorte und schäumte, donnerte und sprudelte, in denen die Hölle los war.

Der Kapitän, den wir nicht sehen konnten, drückte auf sein Horn. Wir fuhren zusammen, die Luft blieb uns weg. Ein tiefer, schauriger Ton dröhnte über Strom und Land und riß Schwärme von Quackenten und Bleßhühnern hoch, auch Rohrdommeln und ein paar Störche. Es genügte dem Kapitän noch nicht. Er drückte in seinem Versteck das Horn ein zweites und ein drittes Mal. Ein viertes und fünftes Mal. Ohne Rücksicht, kurz hintereinander.

Unsere »Möwe« störte ihn.

»Nach rechts!« befahl ich Gusti. »Ganz nach rechts!« Ich packte die Ruder fester. Tief gebückt, wie Onkel Gustav, wenn ein Wetter aufzog.

Der Riese kannte kein Erbarmen. Und ich war schuld an allem. Ich hatte behauptet, Stettin läge gleich hinter Fiddichow. Ich hatte Gusti überredet, sich die Neger mit den weißen Zähnen anzusehen, ihr geraten, die Handtasche mitzunehmen. Tarramta, Tatarramta... Und nun war es zu spät.

Die Passagiere sprangen von ihren Sitzen. Sie drängten sich unter dem Sonnendach, hingen Kopf an Kopf über die Reling. Etwas tiefer, im Zwischendeck, klebten sie hinter den Scheiben, Nase an Nase. Gesichter, die alle gleich aussahen, Monde mit runden Augen, erstaunt und fassungslos.

Gusti umklammerte das Steuer, zusammengerollt wie eine Katze. Ich zog die Ruder ins Boot. Wir wurden hochgerissen, auf eine Welle gehoben, und drehten uns in der nächsten Sekunde am Radkasten vorbei. Wir hätten die Gitterstäbe greifen, in ihnen hängenbleiben können. Goldene Buchstaben tanzten über uns, neben uns und unter uns: VICTORIA.

Die Musik brach ab. Der Maschinentelegraph läutete, Befehle gingen hin und her. Und plötzlich blieb das Schaufelrad stehen. Ein Sturzbach warf uns weiter, an die Bordwand. Der Riese zitterte, er bebte in allen Fugen, schüttelte sich, schnaubte und holte tief Luft.

Es gab kein Halten: Die Vorstellung, die wir gaben, war noch nicht zu Ende. Bevor wir wußten, wie uns geschah, schaukelten wir an Menschen vorüber, die den hinteren, offenen Teil des Schiffes bevölkerten. Sie waren aufgeschreckt, aber nicht weiter beunruhigt. Sie freuten sich schon auf die nächste Station, auf Schwedt, das lustige Städtchen, auf frische Neunaugen und Bier vom Faß. Und staunten, wie nahe wir ihnen in unserer Nußschale gekommen waren: Kinder des Oderlandes, auf den Wellen des Stroms zu Hause. »Ahoi!« riefen sie. »Kinder, macht's gut!« Sie schwenkten Hüte und Fähnchen, Tücher und Schnapsflaschen. »Ahoi! Kinder, ahoi!«

Die »Möwe« ging auf und nieder, unschlüssig, welchen Kurs sie einschlagen sollte. Und schoß plötzlich, bevor wir eingreifen konnten, in den Heckwellen davon.

»Ganz schön –!« Gusti holte tief Luft. Sie griff in ihr Haar, das sich gelöst hatte, schob es aus dem Gesicht und ließ es wehen. »Ich hab' mein Kopftuch vergessen ...«

Die VICTORIA setzte ihre Reise mit Volldampf fort. Sie entschwand viel schneller, als sie gekommen war. Die Trompeten schmetterten von neuem.

»Ich konnte ja nicht steuern!« schimpfte Gusti. »Das Steuer ging nicht ... kein bißchen ... überhaupt nicht mehr!«

Der Qualm der VICTORIA schlug auf das Wasser nieder und mir ins

Gesicht. Meine Augen tränten. »Ich weiß ... Ich weiß doch alles! Ich hätte dich nicht mitnehmen dürfen.«
»Wie kommst du darauf?« Sie war entrüstet. »Bist du dumm? Es geht doch jetzt erst richtig los!«
»Wirklich?« Ich mußte beide Hände vor die Augen halten; ich wußte nicht mehr ein noch aus. »Du willst weiter?«
»Was denkst du? Nach Stettin!«

Onkel Eugen blieb gelassen. Er legte noch fünf Mark dazu, aus freien Stücken, und Fischer Schmiedeskamp ließ das Geld in seiner Brieftasche verschwinden. »Man hat ja selber Kinder«, sagte er. »Man weiß, wie Kinder so sind.«
Der Deckel der Kassette fiel zu. »Sein Vater wird mir den Betrag erstatten«, sagte Onkel Eugen. »Ich werde ihm alles spezifizieren.«
»Und Gusti halten wir raus!« forderte Tante Ella. »Gusti ist bloß mitgefahren. Sie wußte ja nicht einmal, wohin es gehen sollte.«
Herr Schmiedeskamp verbeugte sich nach allen Seiten, auch vor Felix Freyhoff, dem Lokalredakteur der »Schwedter Zeitung«: »Man sollte nicht glauben, daß die Sache schon 'rum ist«, sagte er. »Und was die Leute so reden.«
»Schon gut, lieber Freund!« Mein Onkel brachte ihn zur Wendeltreppe. »Der Kahn war manövrierunfähig. Sie haben ihre Pflicht getan.«
Die Signale der VICTORIA hatten Fischer Schmiedeskamp aufgeschreckt und ihn auf die Gefahr, in der wir uns befanden, hingewiesen. Er war stromab, nicht weit von Nipperwiese, mit seinem Motorkutter längsseit gekommen und hatte uns heimgeschleppt.
»Habt ihr die Signale denn verstanden?« wollte Felix Freyhoff wissen.
»Der Dampfer hat getutet«, berichtete Gusti. Sie saß mit hochgezogenen Beinen in einem alten ledernen Lehnstuhl. Großvater Ludwig war in ihm vor mehr als zehn Jahren gestorben. »Getutet hat er. Tut, tut, tut ...«
»Hat er den Passierabstand erweitert?« Felix Freyhoff putzte den Kneifer. »Ist er auf Gegenkurs gegangen?«
Gusti zuckte die Achseln. »Er hat Musik gemacht.«
»Du siehst, Felix, so kommst du nicht weiter«, warf meine Tante ein. »Das Wichtigste ist jedenfalls erledigt. Ich habe in Berlin

angerufen und mit Clara gesprochen. Und inzwischen weiß bestimmt auch Max Bescheid.«

Ich stand vor dem offenen Fenster. Meine Tante blickte an mir vorbei in den Nußbaum. »Morgen früh geht sein Zug. Acht Uhr zehn. Angermünde umsteigen.« Sie rückte ihr Haarnetz zurecht und tat so, als säße ich draußen in den Zweigen.

Onkel Eugen trug die blaue Mütze mit dem goldenen Anker. Aber er wirkte kleiner als noch vor Tagen im »Hotel zum Markgrafen«. Und war auch weniger gesprächig. Er schloß die Kassette ab und steckte den Schlüssel ein. »Die Sache ist erledigt«, sagte er. »Und damit basta.«

»Schön wär's!« klagte Tante Ella. »Aber du hast gehört, die ganze Stadt spricht schon von dem Malheur. Und alles fällt auf mich zurück ... Ich hätte den Rüpel nicht aus den Augen lassen dürfen.«

Onkel Eugen hinkte zum Ofen. »Wie das so ist, Ella. Heute zerreißen die Leute sich das Maul, und morgen haben sie schon wieder alles vergessen.«

»Wenn es nicht in die Zeitung käme!« Das Blut stieg meiner Tante zu Kopfe: »Wenn es nicht aufgebauscht, nicht breitgetreten würde!« Sie wandte sich an Felix Freyhoff, den Vetter ihres Mannes: »Warum muß es in die Zeitung? Sag, warum?«

Felix Freyhoff musterte seine Schuhspitzen. »Was passiert, muß rein«, antwortete er. »Die Leser wollen das so. Was gemunkelt wird, wollen sie schwarz auf weiß in der Zeitung lesen.«

Onkel Eugen kam ihm zu Hilfe: »Zeitungsleute leben davon. Es ist ihr täglich Brot.«

»Ein schöner Broterwerb!« Meine Tante ergriff ein Löschblatt und fächelte sich Kühlung zu. »Auf Kosten anderer! Nicht schlecht, gar nicht schlecht.«

»Ich gebe nur sieben Zeilen«, beruhigte Felix Freyhoff sie. »Es liegt ja ganz in meiner Hand.«

»Um so besser! Dann kannst du es ja auch lassen.«

Felix Freyhoff zog seine Jacke aus und breitete sie über eine Stuhllehne. »Viel zu gern, liebe Ella. Aber du übersiehst, daß ich Lokalredakteur bin. Es ist meine Pflicht, mich zu rühren. Die Sache ist bereits publik ... Die hiesige Öffentlichkeit hat Anspruch auf hinreichende Unterrichtung.«

»Anspruch? Ich bitte dich!« Tante Ella rang nach Luft: »Sie hat Anspruch darauf, zu erfahren, daß die Schweinefleischpreise regle-

mentiert werden, daß die Kirchensteuer endlich gesenkt wird!« Sie warf das Löschblatt auf den Schreibtisch. »Sie hat Anspruch darauf, zu wissen, daß der Kaiser aus Doorn zurückkommen darf! Darauf hat die hiesige Öffentlichkeit Anspruch!«
Felix Freyhoff verlor nicht das leise Lächeln, das in seinen Mundwinkeln saß. Er war es gewöhnt, sich mit Widersprüchen auseinandersetzen zu müssen. »Die Strompolizei hat ein Protokoll aufgenommen«, teilte er mit. »Der Kapitän der VICTORIA hat zur Frage seiner Ausweichpflicht eine Aussage gemacht. Und über die etwaige Schuld der Kinder ist inzwischen auch befunden worden... Du siehst, aus der Sache ist eine Nachricht geworden.«
Meine Tante blickte erneut in den Nußbaum. »Dieser Flegel! Mir das anzutun! Seiner um ihn besorgten Tante, die ihn aufpäppeln, die etwas gegen seine Blutarmut tun wollte!« Und schon fuhr sie Felix Freyhoff von neuem an: »Eine schöne Nachricht, das muß ich sagen! Du könntest auf sie verzichten!«
»Eine Nachricht gehört in die Zeitung, woher sie auch kommt. Und zwar sofort, meine Liebe. Sonst wird sie ranzig, wie ein Stück Butter und ist am Tage darauf keinen Sechser mehr wert.«
»Was ich sage!« rief Tante Ella. »Warte also bis morgen!«
Er betrachtete sie, als lebe sie auf einem andern Stern. »Liebste Ella, eine Nachricht gehört allen. Nicht einem allein, weder dir noch mir. Und was sie wert ist, bestimmen die Zeitungsleser.«
Meine Tante war verbittert. Sie rückte ihre Bluse zurecht und brachte sich in Fasson. »Wie du meinst! Tu, was du willst. Der Lümmel kommt mir so oder so aus den Augen.«
Felix Freyhoff zog unbeeindruckt eine Hand voller Bleistiftstummel aus der Tasche und prüfte, welcher am handlichsten wäre. »Ich habe nicht zu richten, nur zu fragen.« Er trat zu mir ans Fenster: »Wie war das, mein Junge, als plötzlich der Dampfer auftauchte? Hattet ihr Angst?«
»Überhaupt nicht! Nicht die Bohne!« rief Gusti aus dem Hintergrund. Sie wollte nicht übergangen werden. »Ich habe den Dampfer zuerst gesehen! Ich saß doch am Steuer! Er kam ganz gemütlich um die Ecke.«
»Du meinst, aus der Krümmung?« Er wandte sich an mich: »Felix, du hattest das Boot unter dem Ruder. Sag mal, hattest du verminderte Sicht?«
»Vorne ja. In der Krümmung standen Pappeln.«

»Und hinten? Was war da? Wo dein Blickfeld lag?«
»Von hinten kam der Schlepper.«
»Ein Schlepper? Dunnerlittchen! Hat bisher noch keiner erwähnt.« Er tastete die Taschen seiner Weste ab. Sie wölbte sich über seinem Bauch und steckte voller Zettel, alten und neuen. Zetteln mit und ohne Eselsohren. Er zog ein winziges Bündel hervor: »Ein Schlepper, sagtest du?«
»Ein Schleppzug, schneller als die Straßenbahn«, entrüstete ich mich. »Und er wußte nicht mal, ob er sich rechts oder links an uns vorbeiquetschen sollte.«
»Du meinst, backbord oder steuerbord?«
»Die Kähne guckten kaum aus dem Wasser«, erklärte Gusti. »Sie wären fast untergegangen. Sie waren alle voller Kohlen.«
Onkel Eugen hatte sich in die Ofenecke zurückgezogen. »Sieht nur so aus!« warf er dazwischen. »Schleppkähne gehen nicht unter. So gut wie nie.« Sein linker, ausgestreckter Fuß steckte in einem Filzpantoffel. Der große Zeh war angeschwollen, wie so oft, wenn im Frühjahr die Neunaugen kamen und im »Markgrafen« gefeiert wurde.
»Hat der Schlepper ein Zeichen gegeben?« wollte Felix Freyhoff wissen. Wir wußten es nicht. »Ein Spitz hat gebellt«, teilte Gusti mit. »Der hatte eine Wut auf uns.«
Tante Ella wurde ungeduldig. Es ging schon auf den Abend zu, und sie wollte in der Nachbarschaft ein Gartenfest besuchen. »Was gibt es noch zu besprechen?« fragte sie. »Die Kinder sind wieder auf dem Trockenen, und wir haben alles bezahlt, auf Heller und Pfennig.«
Felix Freyhoff überhörte sie. Er stand neben mir, leicht gebückt, tief atmend, und schrieb mit der einen in die andere Hand. Er schrieb auf winzige Zettel, den Kneifer fest auf der Nase. Es schien, als halte er einen Vogel in Händen, der ihm davonfliegen könnte. Und sah plötzlich auf: »Eugen – ich bin sicher, der Fall hat Tiefgang.«
Onkel Eugen rückte die Mütze zurecht und hinkte zu uns ans Fenster. »Wie meist, wenn es um Kollisionen geht. Du hörst ja, Zeugen fehlen ... Aber wer wird Lust haben, den Fall an die große Glocke zu hängen?«
»Die Stettiner bestimmt nicht.« Felix Freyhoff ließ seine Notizen in der Weste verschwinden. »Ich ginge der Sache trotzdem nach,

du kennst mich … aber wie soll ich auf zwei Hochzeiten tanzen? Die Tabakzüchter tagen. Du weißt ja, seit zwei Tagen. Ich muß zu ihrem Abschiedsessen.«

Er winkte meiner Tante zu: »Sieben Zeilen, Beste! Nicht eine mehr.«

In der Tür wurde er fast umgerissen. Frau Marwitz, die Mutter meiner Freundin, stürmte ins Comptoir. »Kinder, da seid ihr! Ich wußte, der liebe Gott würde euch beschützen!« Sie riß Gusti aus dem Lehnstuhl, schüttelte sie, als wolle sie prüfen, ob noch alle ihre Gliedmaßen beieinander wären, und zog sie an sich.

»Mein Neffe hat sie heil nach Hause gebracht!« Onkel Eugen hob den Krückstock. »Trotz verminderter Sicht, trotz Verständigungsschwierigkeiten! Alles, was recht ist: eine famose Leistung.«

Frau Marwitz schloß nun auch mich, noch bevor ich mich wehren konnte, in die Arme. »Gott läßt die Seinen nicht untergehen!« rief sie. Ihr Herz klopfte an meinem Ohr. »Felix, ich wußte … ich wußte, auf dich ist Verlaß!«

Meine Tante warf einen letzten Blick in den Nußbaum, in die noch zarten, durchsichtigen Blätter. »Der Junge bekommt morgen früh die ›Schwedter Zeitung‹ unter den Arm«, sagte sie, ohne die Stimme noch einmal zu heben. »Ich bin mit meiner Kraft am Ende. Um acht Uhr zehn geht sein Zug.«

Die Tabakzüchter tagten im »Hotel zum Markgrafen«. Sie warteten, wie in jedem Jahr, auf den Höhepunkt ihrer Begegnung: das Auftragen der Krebssuppe nach des Markgrafen Philipp Art.

Krebssuppenrezepte gab es viele. Sie waren im Norden der Stadt, wo die Fischer auf Vierraden zu wohnten, anders als im Süden, wo sich Kiefern und Brombeerbüsche in die Gärten der pensionierten Beamten drängten. Sie wechselten von Straße zu Straße und nicht selten von Haus zu Haus. Doch keines von ihnen erreichte die Vollkommenheit des Rezepts von anno 1703.

Man ahnte zwar gewisse Geheimnisse seiner Komposition, aber nur die Köche in den Küchengewölben des »Markgrafen« wußten, wie es sich in rechter Geduld und in rechtem Geschick verwirklichen ließ. Sie besaßen die Fertigkeit, zerstoßene Krebsschalen in Butter, Muskatblüte und ein wenig Kognak zu rösten, verfügten über die Erfahrung, schon am Tage zuvor eine Brühe zu bereiten, die der Suppe in der Fülle ihrer Zutaten Kraft und Feuer verlieh, und wußten vor allem, in welchen Gewässern die besten Krebse hausten. Krebse, die feiner schmeckten als die Hummer von Helgoland und zarter waren als alles Schalengetier von Frankreichs Küsten.

Die Tabakzüchter saßen an rot gedeckten Tischen und tranken, wie es so ihre Art war, schlesischen Wein. Einen herben, beißenden Grünberger, einen Schluck, der nicht allzusehr zu Kopfe stieg, sich mit Krebsen gut vertrug und schon vom Tollen Markgrafen, dem Sohn des friedfertigen Philipp, bevorzugt worden war. Sie hoben ihre Gläser, taten lange Züge aus ihren Zigarren und studierten gegenseitig den Zustand der Asche. Eine erwartungsfrohe, hochgestimmte Familie.

Vergessen waren die Winkelzüge der Gutsbesitzer, ihnen mehr Pacht abzuverlangen, vergessen die Auseinandersetzungen mit dem Tabakarbeiter-Verband um höhere Löhne, vergessen die Versuche der Zigarrenfabrikanten, die Rohtabakpreise zu drücken. Letzte Bedenken, in den zurückliegenden Tagen allzu nachsichtig taktiert zu haben, verscheuchte der Grünberger. Immerhin: Der Wuchs auf den Feldern ließ sich nicht übel an, und der Gedanke an Paul von Hindenburg, den neuen Reichspräsidenten, ließ die Herzen höher schlagen.

Man stand rechts; und man war sicher, der »Held von Tannenberg«, der unbeugsame Feldmarschall, werde das Reich beieinander halten, der Linken einen Stoß versetzen und Handel und Wandel Auftrieb geben. Bis hin zum Griff in die Zigarrenkiste, zur Belebung der Schwedter Tabakindustrie.

Eine Fotografie des alten Herrn in Zivil hing seit ein paar Tagen unter dem Kupferstich: »Der Alte Fritz nach der Schlacht bei Leuthen«. Hindenburg hatte sie den Bürgern von Schwedt gewidmet in dicken Füllfederhalterstrichen: »Die Treue ist das Mark der Ehre«.

Man war guter Dinge. Der Streik, den die Tabakarbeiter für den Sommer angekündigt hatten, war in zähem Hin und Her abgewendet worden. Fünf streiklose Jahre lagen nun schon hinter Planteuren und Fabrikanten. Ein Erfolg, der eine Würdigung in der »Schwedter Zeitung« verdiente: einen ausführlichen Bericht über die Umsicht der Züchter und das Verhandlungsgeschick ihres Vorsitzenden.

Felix Freyhoff hatte beschlossen, sich diese Arbeit für den Sonntag aufzuheben, um in der gebotenen Ruhe und Sorgfalt zu Werke gehen zu können. Im Augenblick war er noch mit Gusti und mir beschäftigt, unserer Begegnung mit dem Raddampfer VICTORIA. Ein Thema, das allgemein mehr Interesse fand, als er noch am Nachmittag im Comptoir meines Onkels vermutet hatte.
Als ich mit Onkel Eugen den Saal betrat und unversehens viele festlich gekleidete Herren erblickte, machte ich einen Diener. Einen tiefen Diener: Meine nach hinten gestreckten Arme zeigten beinahe hinauf zum Kronleuchter.
Felix Freyhoff eilte uns entgegen: »Dank, lieber Eugen, daß du gekommen bist!« Er zog uns an einen der hinteren, unbesetzten Tische. »Und Dank, daß du den Jungen mitgebracht hast!« Er blickte betroffen auf den geschwollenen Fuß meines Onkels: »Trotz deiner Beschwerden!« Onkel Eugen hatte den Fuß mit Tüchern umwickelt und in einen riesigen Wasserstiefel gesteckt.
»Hast du Salizylpulver genommen?« erkundigte sich Felix Freyhoff. »Und Weidenrindentee getrunken?«
Onkel Eugen ließ sich auf einen Stuhl fallen und schlug behutsam das gesunde über das kranke Bein. »Die Sache ist nicht der Rede wert«, antwortete er. »Ich habe essigsaure Tonerde in den Stiefel gekippt. Bis ich schlafen gehe, ist das Schlimmste vorbei.«
»An Wacholder solltest du denken«, empfahl Felix Freyhoff. »Wacholder entkrampft ... und reinigt das Blut!«
»Danke!« Mein Onkel hob den Stock, und Ännchen, die mit vollem Tablett zum Tisch des Vorsitzenden eilen wollte, stellte ihm ein Glas Grünberger hin. »Und einen doppelten Wacholder, Ännchen, wenn ich bitten darf! Für die Gesundheit!«
Ohne ein weiteres Wort schlug Felix Freyhoff die Jacke auseinander und sammelte aus den Westentaschen ein Bündel kleiner Zettel ein. »Junge, wer hätte gedacht, daß wir uns heute noch einmal wiedersehen!« Sein Rubin glühte auf grauseidener Krawatte. »Aber wie das so ist ... Die Leute sind gelegentlich neugieriger, als unsereiner denkt.« Er breitete die Zettel aus und ordnete sie wie ein Kartenspiel. »Stettin will einsteigen«, sagte er. »Drei Blatt wollen die Kollegen haben. Mit Zitaten, frisch von der Leber weg. Woher du kommst, wie alt du bist ... Wie ihr die Sache ausgeheckt habt ... Und warum gleich bis Stettin?« Er holte Luft: »Drei Blatt oder auch etwas mehr ... Das ist kein Pappenstiel!«

Onkel Eugen leerte sein Glas in einem einzigen, ruhigen Zug. »Sapperlot... Mein Neffe kommt in die Zeitung!« Er klopfte mir auf die Schulter: »Und die Gusti auch! Wundert mich nicht, kein bißchen. Ihr habt der VICTORIA ganz schön Dampf gemacht.«
»Kapitän Brinkmann hat schon Stellung genommen.« Felix Freyhoff zog den Kneifer von der Nase und sah mir in die Augen: »Er kann euren Leichtsinn nicht billigen... kann jedoch auch nicht umhin, eure Geistesgegenwart zu loben. Er gab zu Protokoll, ihr hättet mit Umsicht gehandelt, trotz ernster Behinderung in der Führung eures Fahrzeugs.«
Onkel Eugen griff nach dem Wacholder und goß ihn in den Wasserstiefel. »Famos! Mein Neffe –! Ganz famos!« Er rief es so laut, daß einige der Tabakzüchter aufmerksam wurden. »Käpt'n!« riefen sie. »Käpt'n, die Suppe kommt gleich! Sie sind doch mit von der Partie?«
Die Züchter kannten ihn alle, den Hoflieferanten, der viel lieber am Amazonas gelebt hätte, den Neunaugenröster, der seine Söhne nach Zobten am Berge ins Internat hatte schicken müssen; den Älteren, weil er fast vom Kirchturm gefallen wäre, als er das Gebälk inspizieren und durch eine Luke das Meer sehen wollte, den Jüngeren, weil er mit dreizehn in den Staatsforsten einen Rehbock geschossen und auf der Schulter fortgeschleppt hatte.
Es gab in Schwedt so manchen Vater, dessen Sohn in der Stadt nicht mehr zu sehen war. Und so manchen jungen Mann, den man in aller Stille nach Amerika abgeschoben hatte, damit er sich fernab bewähren oder mit Anstand untergehen könne.
Es lag am Tollen Markgrafen. Sein Blut ging in der Stadt noch immer um und verdrehte die Köpfe. Das Blut Markgraf Friedrich Wilhelms, dem Friedrich Wilhelm I., der preußische »Soldatenkönig«, seine Lieblingstochter, die fünfzehnjährige Sophie Dorothea, zur Frau gegeben hatte.
Felix Freyhoff ließ nicht mehr locker: »Mal raus mit der Sprache! Warum gleich bis Stettin?«
Ich überlegte. Onkel Gustav durfte keinen Ärger bekommen. »Wir wollten die großen Schiffe sehen«, antwortete ich, »Dampfschiffe aus Kopenhagen und Stockholm, aus Bombay und Dakar.«
»Vorzüglich!« Felix Freyhoff war zufrieden. »Ihr habt eben gewußt, daß Stettin einen wichtigen Hafen hat, eine Stadt ist, die man gesehen haben muß! Nicht schlecht, gar nicht so schlecht.«

»Wir wollten mal sehen, wie Baumwolle ausgeladen wird. Und Kakao und lauter so Sachen.«
»Verstehe!« Felix Freyhoff suchte nach einem Bleistiftstummel. »Verstehe! Kautschuk und Jute, Zucker und Sojabohnen –«
»Und Kokosnüsse!«
»Verstehe! Der berühmte Handelsplatz hatte es euch angetan! Ihr wolltet ihn kennenlernen! Wolltet zum Freihafen, hinauf zur Hakenterrasse ... Vernünftig, sehr vernünftig!« Er sammelte die Zettel ein. »Und so habt ihr euch auf die Reise gemacht. Koste es, was es wolle, auf nach Stettin!«
Ännchen brachte meinem Onkel einen zweiten Pokal Grünberger. Nun griff auch Felix Freyhoff zu. »Das diktiere ich aus dem Handgelenk«, kündigte er an. »Das läuft von selbst ... Die Wasserstraßenordnung lasse ich zunächst mal ganz beiseite ... Worum geht es denn hier? Um Kinder, die die Welt kennenlernen, die mehr sehen wollten, als ihnen auf der Landkarte vor die Nase gehalten wird.«
Onkel Eugen schlug den Kragen hoch. Seine Backenknochen waren gerötet und seine Hände heiß. »Es geht um Kinder, die Fernweh haben.« Er blickte über die Tische weg, hinaus in die Veranda, in den Abendhimmel. »Um Kinder, die nicht im Käfig hocken und Körner picken wollen.« Fieber saß ihm im Nacken, er fröstelte: »Schreib das, Felix! Schreib, daß es Menschen gibt, die im Käfig hundert Jahre alt werden. Und das an einem Tag.«
Die Flügeltür zur Küche wurde aufgerissen, und Ännchen und Käthe trugen die Krebssuppe auf, gefolgt von Emil, dem Piccolo. Sie hielten die ersten Schüsseln an ihren kräftigen Steingutgriffen und setzten sie auf den vorderen Tischen ab. Um auf dem Absatz kehrt zu machen und die weiteren heranzuschaffen.
Die Gäste drückten ihre Zigarren aus, lockerten die Kragenknöpfe und verknoteten die roten Servietten im Genick. Der Fang mit den Schöpfkellen konnte beginnen: das behutsame Umrühren des dampfenden Terrineninhalts, die gefühlvolle Erkundung der Krebsschwanzschwärme, der Gegenstoß, das Hochreißen der gefüllten Kelle. Ein langgeübtes Spiel, das Erfahrung und Takt erforderte. Zudem eine gewisse Unverfrorenheit, die Fülle der Beute als ein Geschenk des Zufalls zu preisen.
»Mitmachen!« rief man uns zu. »Wir dürfen bitten! Meine Herren, Sie sind unsere Gäste!« Noch ehe wir uns recht bedanken konnten,

war ein weiterer Tisch gerichtet und eine Terrine aufgetragen. »Ein paar Löffel können mir nicht schaden«, versicherte Onkel Eugen und fing sich eine Ladung.
»Das hilft aufs Pferd!« frohlockte Felix Freyhoff. Er ließ die Kelle kreisen und versorgte zunächst mich: »Laß es dir schmecken! Und iß mit Verstand!« Sodann füllte er seinen Teller.
Die Welt um ihn ging unter. Seine Augen schlossen sich, sein Gesicht sank über den Suppenteller, er nahm zunächst nur die würzigen Dämpfe schnaufend in sich auf. »Ich muß zwar noch ... muß noch telefonieren ...« ließ er aus der Tiefe des Tellers vernehmen, langte jedoch, ohne noch einmal aufzusehen, nach dem Löffel.
Ännchen lächelte. Ohne zu fragen stellte sie auch mir ein Glas Grünberger neben den Teller: »Trink ihn! Sonst wirst du die Suppe nicht vertragen.« Sie meinte es gut mit mir, ihre Hand glitt im Fortgehen über meine Haare.
Krebssuppe wurde nicht gegessen, sie wurde geschlürft: behutsam um die Zunge geleitet, in ihren Feinheiten ergründet, durch die Zähne gezogen, genießerisch in Bewegung gehalten und erst nach einem kurzen, andächtigen Verharren hinuntergeschluckt. Kehrten ein paar Tropfen durch die Nase zurück, so wurden sie in feiner Manier mit dem Zeigefinger abgefangen. Und trieb die Würze des markgräflichen Rezepts Schweiß auf die Stirnen, so wurde er mit der Serviette abgetupft.
Felix Freyhoff benutzte die Serviette wie ein Handtuch: Er legte sie, als er seinen Teller geleert hatte, über den Kopf, wischte die Augen aus und die Ohren trocken, fuhr sich damit um den Hals und warf sie erleichtert beiseite. »Es wird Zeit!« sagte er. »Die Stettiner warten schon!«
Onkel Eugen hob den Wasserstiefel, um ihm Platz zu machen, und rückte an meine Seite: »Es geht um dich, Felix! Hätte ich nicht gedacht, daß du hier alles auf den Kopf stellen würdest.« Er musterte mich aus schmalen Augen: »Mach weiter so!«
Ich sah, daß er Schmerzen hatte. Aber er wollte es nicht wahrhaben. »Als ich so alt war wie du ... Ich hätte Bäume ausreißen können. Und wäre später am liebsten in Südamerika geblieben.« Seine Augen hielten mich fest: »Wenn ich an Bord ging ... In der blauen Uniform mit den blanken Knöpfen ... Die Leute winkten mir zu und riefen ›Hallo, Captan!‹ Jeder, der eine Uniform trug,

war am Amazonas ein Captan. Aber ich war der Jüngste!« Er hielt mein Handgelenk: »Die IQUITOS III konnte sich sehen lassen, mußt du wissen. Sie beförderte nicht nur arme Teufel, die auf ihrem Rohgummi schliefen. Nicht nur alte Weiber, die stromabwärts ein paar Kaninchen verkaufen wollten – was denkst du? Feine Damen waren an Bord. Feine Herren, die Tarock spielten. Und süße Mädchen ... Kolibris, die den ganzen Tag über zwitscherten. Nur an Land schwirrten, wenn einer sie mitnahm.« Seine Augen brannten. »Was glaubst du, wir hatten auch Silber geladen. Und Gold, in versiegelten Fässern. Und Edelsteine, die von Giftschlangen bewacht wurden.«

Ich liebte seine Erzählungen, denn sie fingen nie richtig an und hörten nie richtig auf. Und lebten in meinen Phantasien weiter. Wie Schlingpflanzen, wie Gewächse, die vor dem Einschlafen ihre Blüten öffneten und sich in meinen Träumen festsetzten. Konnte ja sein, das Gold wurde an Bord der IQUITOS gestohlen, konnte sein, einer der feinen Herren wurde von einer der feinen Damen erschossen, konnte auch sein, eine der feinen Damen wurde von einem der feinen Herren über Bord geworfen.

Felix Freyhoff legte, als er vom Telefon zurückkam, alle seine Zettel auf den Tisch. »Die Sache ist so gut wie unter Dach!« rief er. »Aber die Redakteure sind noch nicht zufrieden. Sie wollen mehr von dir wissen, Junge! Es sind nun mal neugierige Leute. Sie wollen wissen, wes Geistes Kind du bist.«

»Ich bin ein guter Ruderer!« behauptete ich. »Ich rudere so gut wie Onkel Gustav.« Ich bemerkte plötzlich, daß mir vom Grünberger Wein Flügel gewachsen waren. Wenn ich gewollt hätte, hätte ich hinauf zum Kronleuchter fliegen können. Und noch höher hinauf, bis zu den Sternen. Tarramta, Tatarramta! »Wir wären mit der ›Möwe‹ leicht bis Stettin gekommen, wenn die Oder nicht so langsam wäre!« rief ich. »Und wenn das Steuer besser funktioniert hätte! Gusti und ich, wir hätten es geschafft!«

»Ist ja toll!« Ein Herr am Nebentisch drehte sich um. »Das nenne ich Courage!« Sein Nachbar nahm die Zigarre aus dem Mund: »Bist du am Ende der Junge, der schnell mal nach Stettin wollte? Der die VICTORIA das Fürchten gelehrt hat?«

»Bin ich!« triumphierte ich. »Ich wäre auch hingekommen! Ich wußte ja, wie ich das Fahrzeug zu führen hatte!« Ich sagte »Fahrzeug«, weil Felix Freyhoff nur von »Fahrzeug« sprach, wenn es um unsere »Möwe« ging. Es klang fachmännischer und machte mehr her. »Ich hab' das Fahrzeug auf Kurs gehalten!« rief ich. »Nur mit den Rudern, steuern ging ja nicht! Rechts weg und backbord vorbei!«

Einige der Herren riefen Bravo. Einer fragte: »In welche Klasse gehst du denn? In die Quinta?«

»In die Sexta«, teilte ich mit. »Schon zum zweiten Mal.«

Die Freude, mich kennenzulernen, wuchs. Auch an den vorderen Tischen. »Doppelt genäht hält besser!« rief man. Von vielen Seiten folgten Zurufe: »So ist es recht! Blinder Eifer schadet nur! Gut Ding will Weile haben!«

Mein Onkel hob sich halb vom Stuhl: »Freunde, man kann es verstehen!« rief er in den Saal. »Der Junge will sich den Kopf nicht mit Latein verkleistern lassen! Man weiß doch, den wenigsten bekommt's. Die meisten verlernen darüber, wie man sich die Schuhe zubindet!«

Er erntete Beifall: »So ist es! So und nicht anders!« Und auch Felix Freyhoff stand mir bei: »Der Junge ist nicht ohne – meine Herren, das sagt der Kapitän der VICTORIA, sagt Kapitän Brinkmann. Er sagt, der Junge hat nach Regel und Gesetz gehandelt, schon nach dem ersten Signal!«

»Und hat aufgepaßt, daß sein Fräulein Braut nicht ins Wasser fiel!« rief ein Herr aus dem Hintergrund. Er rief es so, daß ich auf einen Stuhl steigen mußte, um ihm zu antworten.

»Gusti hat gesteuert!« rief ich zurück. »So gut es ging – und hatte keine Angst! Auch keine Angst, als der Dampfer kam!« Ich riß die Arme hoch: »Der Dampfer war so groß wie ein Haus! Und Gusti ... Gusti war so klein, wie sie ist. Und mußte immer auf die Handtasche aufpassen!«

Es wurde plötzlich still im Saal. Die letzten, die noch nicht ganz satt waren, ließen die Löffel sinken. Käthe stellte das Tablett ab, und Felix Freyhoff machte sich von neuem Notizen.

»Gusti hat das Steuer gehalten!« berichtete ich. »Das Boot ging rauf und runter, runter und wieder rauf ... und wir kopfüber in die Heckwellen! Und in einen Strudel, wie ein Karussell! Und schwupp, war die Handtasche weg!«

Die Stille machte mich unsicher. Ich wußte nicht mehr weiter und mußte mich auf die Schulter meines Onkels stützen. »Gusti hat gesteuert!« rief ich noch einmal. »Gusti!«

Man war sich einig: eine tolle Geschichte. Eine Schwedter Geschichte.

Felix Freyhoff wartete, bis Anteilnahme und Erstaunen sich gelegt hatten. Er rückte die Krawatte zurecht, tastete nach seinem Rubin und trat neben den Stuhl: »Ihr Wohlwollen, meine Herren, ermutigt mich, diesen Bericht zu ergänzen. In der Tat, es geht um eine Schwedter Geschichte. Eine Geschichte, der man nicht nur hier in unserer Zeitungsredaktion, sondern auch im Stettiner Rathaus einige Aufmerksamkeit widmet.« Seine Hände ruhten auf der Weste, über Notizen und Hinweisen. »Wir wissen doch alle, es gibt die Eisenbahn... Sie führt auf Umwegen, die uns seit Menschengedenken ein Ärgernis sind, von hier nach Stettin. Und es gibt den Wasserweg! Die Kinder haben ihn gewählt, den Weg der Väter und Vorväter!« Er zog einen Zettel hervor: »Meine Herren! Die Kinder haben getan, was die Stettiner Verkehrswerbung von neuem anstrebt. Sie will den Oderweg zum Haff in Erinnerung rufen, den Weg zu den Seebädern Bansin und Heringsdorf, Ahlbeck und Swinemünde. Nichts konnte unseren Freunden in Stettin gelegener kommen als dieses Beispiel phantasievoller Touristik!«

Man schmunzelte. Die Geschichte verkehrte sich plötzlich in ihr Gegenteil: Aus Leichtsinn wurde Weitblick, aus Abenteuerlust der Versuch, die Oder-Dampfschiffahrt zu fördern.

Felix Freyhoff drückte den Kneifer fester: »Die Stettiner sind zudem erfreut darüber, daß ein höherer Schüler aus Berlin, der Sexta noch nicht recht entwachsen, sehr wohl weiß, welche Bedeutung ihrem Hafen zukommt... Dem wichtigsten Seehandelsplatz Preußens! Und viel gewagt hat, um sich durch persönliches Erscheinen von dessen Leistungsfähigkeit zu überzeugen!«

Man lachte und applaudierte, denn wieder einmal machte eine tolle Schwedter Geschichte ihrem Namen Ehre. Sie schoß Kobolz. Niemand wußte so recht, wie es dazu gekommen war.

Der Vorsitzende des Vereins der Tabakzüchter hob seinen Pokal: »Wir sind für diese Hinweise aufrichtig dankbar! Nehmen wir sie zum Anlaß, als allzeit gute Schwedter einen Schluck auf den Urheber aller hiesigen Tollheit zu tun, den Tollen Markgrafen!«

Der Tolle Markgraf blickte gelangweilt aus seinem Rahmen. Fliegenschmutz und Firnis hatten ihn längst um sein Feuer gebracht, und nichts erinnerte mehr an seine Taten: An seinen Sprung hoch zu Pferde über den Teetisch seiner Sophie Dorothea,

nichts an seinen Einfall, einen mißgelaunten Tanzbären in seidenem Frack und gepuderter Perücke auf den Hofball zu schicken, nichts an die »Liebesbrücke«, die er bauen ließ, um den Hofdamen in ihrem entlegenen Flügel des Schlosses ungestört einen Gute-Nacht-Kuß geben zu können. Und nichts an die zärtlichen Stunden, die ihm die Bürgertöchter der Stadt gewährten: die reizenden Stammütter aller überkommenen Tollheit.
»Es gibt neunhundertneunundneunzig Geschichten über den Tollen Markgrafen«, sagte Felix Freyhoff. »Aber Gottlob, nur drei sind zu Papier gebracht.«

Gegen Mitternacht machten wir uns auf den Heimweg. Vorsichtig setzte mein Onkel einen Fuß vor den anderen. In der linken Faust hielt er den Griff seines Stockes, mit der rechten fuchtelte er durch die Luft, um im Gleichgewicht zu bleiben. Mit jedem der kurzen Schritte drohte er zu fallen. Aber er fiel nicht. »Was denkst du!« sagte er zu Felix Freyhoff, der ihn halten wollte. »Glaubst du, ich wäre schlecht zu Fuß?«
Ich trug den Wasserstiefel. Er hatte ihn ausgezogen, um der Entzündung Kühlung zu verschaffen. Und hatte um den Verband eine rote Serviette geknüpft. »Es ist nicht der Rede wert«, sagte er. »Nicht schlimmer als sonst.« Sein Gesicht war eingefallen, aber seine Augen funkelten. »Wir sind großartig gewesen! Alle drei! Einer wie der andere!«
Es war später geworden, als Felix Freyhoff vorausgesehen hatte. Wie hätte er auch ahnen sollen, daß sein Bericht so lang werden würde? Und nicht nur in Stettin, sondern auch in Glogau und Breslau, die Oder hinauf bis Oppeln und Ratibor, in Druck gehen würde? Das war bei seinen Hochwasser-Reportagen noch nie der Fall gewesen. »Dabei hätte ich es mir denken können«, sagte er. »Kinder interessieren die Leser immer. Wie schöne Leichen. Sie beleben das Blatt.«
Wir schleppten uns zur nächsten Bank, um auszuruhen. Ich hätte mich in den Sand legen und einschlafen können.
Durch die Kastanien zog ein kühler Wind. Er trug die Stimmen der Tabakzüchter ein letztes Mal an unser Ohr. Sie sangen: »Ich schieß den Hirsch im wilden Forst...«, und waren damit zum gemütlichen Teil ihres Treffens übergegangen. Sie sangen aus

vollen Kehlen, um die Leiber zu lockern und die Köpfe zu lüften.
»Das Beste wäre, lieber Eugen, du übernimmst das Weitere«, sagte Felix Freyhoff. »Du sprichst mit Ella. Sie ist wahrscheinlich noch auf.«
»Wird nicht leicht sein.« Onkel Eugen packte die Lehne der Bank und versuchte, über das gesunde Bein wieder hochzukommen.
»Das Ärgerliche ist, du hast ihr versprochen, nur sieben Zeilen zu schreiben.«
»Ich wollte es. Aber du hast es ja selbst erlebt ... Die Interessen der Zeitungsleser gehen vor.«
Onkel Eugen bekam den Stock zu fassen und reckte sich. Er wuchs über sein Elend hinaus. »Ich spreche mit ihr. Verdammt, das werde ich tun.« Er musterte Felix Freyhoff wie seinen Zweiten Offizier: »Immerhin, du hast etwas geleistet! Ich bin mit dir zufrieden.«
Sein nächster Blick traf mich. »Schlaf nicht ein, Felix! Und vergiß den Stiefel nicht! Er stammt noch von deinem Großvater! Vom Neunaugenfang!«
Ich sprang auf, riß die Hacken zusammen und meldete: »Acht Uhr zehn geht mein Zug, Käpt'n!« Unsere Augen trafen sich. Ich glaube, am liebsten hätte er mich mit auf die IQUITOS III genommen, zu den feinen Herren, den Schlangen und den Kolibris.
Ich drückte den Stiefel an mich und wartete auf weitere Befehle.
»Du grüßt deine Mutter! Und grüßt mir den Max ... Sag ihm, daß wir im ›Markgrafen‹ gewesen sind. Das genügt.«
Er wollte mir noch viel mehr und ganz anderes sagen. Er wollte mir sagen, daß er inzwischen zu alt geworden sei, um an den Amazonas, den weißen Strom, den mächtigsten Strom auf Erden, zurückzukehren. Mir erzählen, daß er ihn nachts manchmal rauschen höre, wenn das Fenster zum Nußbaum offen stünde. Mir raten, mich in meinem Leben nicht einfangen, nicht anbinden, nicht halten zu lassen.
Felix Freyhoff zog mich an seinen Bauch: »Komm bald mal wieder! Hier in Schwedt bist du zu Hause. Guter Junge ... Vergiß es nicht!«
Mein Onkel lehnte sich über den Stock: »Dann gehen wir an Bord der VICTORIA und dampfen mit Gusti nach Stettin!«

4 Sorgen in Sanssouci

Es gab nicht nur die brandenburgische, es gab auch die polnische Verwandtschaft. Sie lebte in Posen und Ostrowo, weitab von Berlin; es wurde nur selten von ihr gesprochen. Sie gehörte nicht recht zur Familie, zählte nicht ganz dazu; ein Umstand, über den wir Kinder uns keine Gedanken machten.

Wir wußten zwar, daß der Vater unseres Vaters Wladyslaw hieß und zu Kaisers Zeiten preußischer Beamter gewesen war; wußten auch, daß der ältere Bruder unseres Vaters Kazimierz und der jüngere Zygmunt hieß. Aber niemand hatte uns gesagt, daß diese so fremd klingenden Namen einst Namen polnischer Könige waren und von den Polen in Ehren gehalten wurden. Wie auch der Name unseres Vaters: Mieczyslaw.

Erst in Schwedt an der Oder, in den Jahren, in denen unser Vater im »Markgrafen« einkehrte und seinen Dämmerschoppen trank, war ihm der kürzere Name »Max« zugefallen. »Es macht sich besser«, hatte Onkel Eugen ihm geraten. »Mit deinem Mieczyslaw wirst du auf die Dauer nicht weit kommen! Mieczyslaw ... Jeder vernünftige Mensch bricht sich die Zunge. Und außerdem ... wer will von den Polen schon was wissen?«

Man hatte in Deutschland für die Polen nicht viel übrig. Die Provinzen Posen und Westpreußen waren ihnen im Vertrag von Versailles zugesprochen worden. Der Polnische Korridor trennte Ostpreußen vom Reich. Die polnische Grenze lag damit, wie die Leute in Schwedt so sagten, vor den Toren der Stadt. Sie waren sicher, die Polen würden nicht ruhen, bis sie an der Oder stünden. Man fürchtete sie.

Mein Vater war nicht in Polen geboren. Er war Kind eines in

seiner Geschichte umstrittenen Landes, einer der in Europa über die Jahrhunderte geschundenen Zonen. In Glogau war er 1877 zur Welt gekommen, einer schlesischen Stadt, in der Großvater Wladyslaw zunächst als Steuereinnehmer tätig gewesen war: Wladyslaw, ein verarmter polnischer Edelmann. Mein Vater war also ein Preuße, und er konnte, wenn er wollte, an seinen Urgroßvater Markus Vinzenz erinnern, der einst bei Bromberg Gutsherr von Woynowo, Mocheln und Sittnow gewesen war. Aber was half das meinem Vater? Sein Vorname »Mieczyslaw« stand ihm im Wege. Er weckte Mißtrauen. »Max« machte sich besser. »Max« klang rund und schön und deutsch. So nahm er es hin, daß die Freunde ihn so nannten; und ein wenig später auch sein geliebtes Clärchen.
Bewegte Jahre lagen hinter ihm. Schon mit siebzehn hatte er sich in Glogau davongemacht. In einer Novembernacht. Auf und davon, ohne eine Spur zu hinterlassen. Er war nach Berlin gegangen, in die Reichshauptstadt, von der man so viel sprach, um dort sein Glück zu machen; befreit von der Strenge des Vaters, von häuslichen Befehlen, Zurechtweisungen und Strafen.
Wie Kazimierz, sein älterer Bruder. Auch er war, ein Jahr zuvor, als Achtzehnjähriger durchgebrannt. Ohne sein Ziel preiszugeben: Bukarest.
Es war ein Unglück für den kleinen Zygmunt, der schlafend in seinem Bettchen lag, hinter grünen Vorhängen, bestickt mit dem Wappen der Familie, mit Krone, Halbmond und Stern. Er sollte Kazimierz erst kennenlernen, als er erwachsen war, und sollte meinem Vater, an den er als Zweijähriger kaum Erinnerungen haben konnte, nie wieder begegnen.
Onkel Zygmunt war ein Pole. »Ich habe die Brüder nie vermißt«, erzählte er mir im Februar des Jahres 1940, wenige Monate, nachdem Polen von deutschen und sowjetrussischen Divisionen überrannt und besetzt worden war. »Wie sollte ich sie vermissen? Ich habe sie ja nicht gekannt.«
Onkel Kazimierz nannte sich schon bald »Casimir« und kam gut voran. Er heiratete in Bukarest die Tochter eines Hofbeamten, Melania, erhielt ein Amt im Ministerium für Land- und Forstwirtschaft und wurde wohlhabend. Man wußte nicht wie. Aber man reimte es sich zusammen, denn arme Ministerialbeamte gab es in Rumänien nicht. Blieb ein Pechvogel hintenan, in ärmlichen Verhältnissen und finanziell unbeweglich, so mußte er seine Entlas-

sung befürchten; wegen mangelnder Umsicht und Trägheit im Amt. Alles hatte seine Ordnung. Eine Ordnung eigener, über die Jahre bewährter Art.

Onkel Casimir besaß Umsicht und ein sicheres Gefühl für das Wohl des Königreichs. Seine Gönner wußten es zu schätzen. Und je höher er stieg, desto nützlicher wurden ihm beiläufig auch seine Kenntnisse der deutschen Sprache und deutscher Lebensart. Deutschsprachige Schriftstücke flatterten auf seinen Tisch, deutschsprachige Nachschlagewerke wurden in sein Büro gestellt, und eines schönen Tages wurde er nach Berlin geschickt, um festgefahrene Gespräche über den Export rumänischer Ölfrüchte von neuem in Gang zu setzen.

Ein Boy des Hotels Esplanade, ein Jüngling in Livree, klingelte am Vormittag des 3. Oktober 1925 an unserer Korridortür und überbrachte in seinem Auftrag ein Bukett gelber Rosen. Es war so ausladend, so anspruchsvoll und üppig, daß meine Mutter Mühe hatte, es auf unsere Vasen zu verteilen. Frau Bamberg bekam zehn oder zwölf Stück ab, ebenso viele mußte ich hinauf zu Frau Löwenthal tragen, und auch der Portierfrau, die dem Boy den Weg gewiesen hatte, wurden ein paar verehrt.

Glück im Vorder- und im Hinterhaus. Duft nach Maréchal Niel.

Bis zu meiner Begegnung mit Onkel Casimir hatte ich nicht geahnt, daß es Menschen geben könnte, die eine Birne mit Messer und Gabel essen. Geriet uns eine Birne in die Hand, so drückten wir den Daumen hinein, um festzustellen, ob sie reif war, und ließen sie sodann in wenigen Bissen im Mund verschwinden, mit Stumpf und Stiel.

Onkel Casimir verhielt sich anders. Er verspeiste seine Birne im »Weinhaus Rheingold«, in das er uns schon am folgenden Sonntag zum Mittagessen eingeladen hatte, ohne sie auch nur mit den Fingerspitzen zu berühren; tat es in so unbegreiflicher Gleichgültigkeit, so bestürzender Lässigkeit, daß ich vor Staunen fast vergaß, ihm zuzuhören. Er erzählte von Ferdinand I. von Rumänien, glaube ich, und erwähnte, daß der König es seit der letzten Staatsjagd auf der Brust hatte, den Bordeaux nur noch verdünnt trinken und sich zum Kaffee höchstens vier oder fünf Züge aus der Havanna gönnen durfte. So war es wohl: Das schlechte Befinden des Königs bedrückte den Onkel. Er hätte ihn viel lieber noch lange lebendig als schon bald auf dem Sterbebett gesehen; nicht zuletzt aus geschäftlichen Gründen. Es ließ mich kalt. Ich konnte den Blick nicht von der Birne wenden, die – ich wußte nicht wie – in acht Teile zerfiel, die er mit Messer und Gabel schälte, ohne genauer hinzusehen, während er den Audienzsaal des Königs schilderte, die edlen Teppiche, in denen die Besucher meist hängen blieben. »Ein Spaß, den man Ferdinand gönnen muß!« sagte Onkel Casimir. »Was hat er schon noch vom Leben?«

Die rumänische Verwandtschaft nannte den Onkel »Cajou«. Wir sollten ihn auch so nennen, schlug er vor und hob sein Glas. Melania, seine Frau, habe ihn zur Verlobung so getauft, »Cajou« gefiele den Rumänen, die nicht nur rumänisch, sondern auch französisch sprächen.

Auch meinem Bruder und mir war »Cajou« lieber, weil einer der Elefanten des Zoologischen Gartens »Casimir« hieß und eigentlich nur Elefanten so genannt wurden – wie Kanarienvögel »Hansi« und Katzen »Mausi«. »Cajou« machte sich auch meinen Freunden gegenüber besser. Dieser Name hüllte ihn in die Geheimnisse unbekannter Fernen. Er machte ihn interessant.

Onkel Cajou ließ die Hälfte seiner Birne auf dem Teller liegen. Und fragte uns nicht einmal, ob wir sie haben wollten. Er hob den kleinen Finger der linken Hand, und schon nahm ein Herr im Frack den Teller vom Tisch... Ich sah mich im Birnbaum von Onkel Gustav sitzen, in den höchsten Ästen, umgeben von Birnen, die in der Herbstsonne leuchteten... Mein Gott, Messer und Gabel! Onkel Cajou war ein merkwürdiger Onkel.

Ein Onkel, von dem die Leute bei uns im Hause sagten, er sei ein schöner Mann. Einer von der Sorte, die man nur selten treffe. Onkel Cajou war schlank und groß, größer noch als mein Vater, und trug gestärkte Kragen mit schmalen, längsgestreiften Krawatten. Seine Augen waren dunkel. Sie lagen unter schweren Lidern, die er auf die verschiedenste Weise hob: erstaunt, gelangweilt, bewundernd – wie es ihm gerade von Nutzen schien.

»Wie lange wird unser Filmstar denn noch bleiben?« wollte Frau Bamberg wissen, als ich kam, um Lady abzuholen. Und die Portierfrau kam über die Hintertreppe, um meine Mutter zu fragen, ob die Briketts für den Badeofen noch über das Wochenende reichen würden. Sie wollte herausbekommen, ob es stimme,

daß Onkel Cajou unlängst im Kintopp zu sehen war, im B. U. K., dem Bundesrat-Ufer-Kino, auf der Leinwand.
Nur meine Mutter mäkelte an ihm herum. Trotz der Rosen. »Wenn er nur etwas mehr von unserem Vater hätte«, sagte sie. Achim fragte: »Von Papa? Was denn?« Sie zögerte: »Das Gediegene!« Dabei kannte sie ihn kaum.

Onkel Cajou hatte Lucia und Nelly, seine Töchter, mitgebracht. Die weite Reise über Budapest und Wien war ihnen nicht bekommen; das Rütteln der Eisenbahnwagen, das Klopfen der Schienen, die hunderttausend Telegraphenstangen, die an ihren Augen vorübergeflogen waren. Lucia klagte über Migräne, Nelly litt unter Schwindelanfällen, die zunahmen, sobald sie sich aus dem Bett erhob und ein paar Schritte tat. Doch nach den ersten beiden Tagen, die sie in ihrem Hotelzimmer bei Pulvern und Mixturen, schwarzem Tee, Zwieback und französischen Romanen verbracht hatten, zog es sie an den Kurfürstendamm. Berlin war, wie sie wußten, neben Paris in Modefragen führend. Sie benötigten ein paar Nachmittags- und Abendkleider, Mäntel und Hüte. Und nicht zuletzt Schuhe für die bevorstehende Wintersaison.
»Du kommst mit!« bestimmte Onkel Cajou und kündigte an, mich an meinem letzten Herbstferientag mit einer Kraftdroschke abholen zu lassen. »So lernen wir uns etwas besser kennen.« »Jemacht!« antwortete ich, ohne zu ahnen, was auf mich zukommen sollte.
Lucia war achtzehn, Nelly hatte kurz vor der Reise ihren siebzehnten Geburtstag gefeiert. Es war für beide der Anlaß gewesen, sich in Bukarest noch schnell die Zöpfe abschneiden und Bubiköpfe frisieren zu lassen; trotz quälender Zweifel, tief sitzender Ängste und Auseinandersetzungen mit der bestürzten Mutter, den Tanten und einem dem Hause nahestehenden Prälaten. Ihr Haarschmuck war dahin, und sie spürten noch immer ein leises Frösteln im Nacken.
Man hätte die beiden miteinander verwechseln können, wäre Nelly nicht ein wenig größer und Lucia nicht ein wenig fülliger als ihre Schwester gewesen. Beide hatten die dunklen, undurchdringlichen Augen des Vaters, schmale Gesichter und volle Lippen, geschminkt nach letztem Pariser Schick.

Vor dem »Capitol« kletterte ich aus der Droschke. »Du wärst besser zu Hause geblieben!« rief Nelly mir entgegen und musterte meine bunten Wadenstrümpfe. »Wir hätten dich nicht vermißt!« Lucia war freundlicher. »Felix, du bist ein Spaßvogel!« sagte sie und gab mir die Hand. »Du wirst dich ganz schön mit uns langweilen.«

»Schad't nischt«, antwortete ich und stellte mich an die Seite des Onkels. »Is mir piepe.«

Das erboste Nelly noch mehr: »Was versteht der Junge eigentlich von Damenschuhen?« schimpfte sie und zupfte ihr rotes Tuch zurecht. »Nichts versteht er davon, überhaupt nichts! Er steht uns bloß im Wege!«

Als wir den Schuhsalon »Elite« betraten, verstand ich in der Tat von feinem Damenschuhwerk so gut wie nichts. Als wir ihn gegen Mittag wieder verließen, zerstritten und abgekämpft, an der Seite des liebenswürdigen, völlig im Gleichgewicht gebliebenen Onkels, wußte ich, daß die Dame von Welt zur Zeit den Louis-Quinze-Absatz bevorzugte, auch hohe Spangenschuhe mit Glacéfutter, in die sie ihre Füße kaum hinein- und nur mit Gewalt wieder herausbekam. Der Einkauf wäre dennoch zwanglos und ohne Tränen vonstatten gegangen, hätten Lucia und Nelly nicht die gleiche Schuhgröße und die Verkäuferinnen von den kostbarsten Modellen nicht jeweils nur ein Exemplar zur Hand gehabt. So gerieten meine Cousinen – temperamentvoll wie sie waren – schon nach wenigen Minuten in Streit und verlangten, jeweils Gleiches anzuprobieren: die eine den rechten, die andere den linken Schuh.

Die Verkäuferinnen, gut aufgelegte Mädchen in kurzen schwarzen Satinkleidern, ließen sich nicht beirren. Sie breiteten lächelnd die Schätze des Lagers aus, Schuhe in Chevreau und Lack, in Boxcalf und Reptil, Schuhe in Rosa und Bronce, in Violett und Türkis, in Silber und Gold. Und warfen dann und wann einen freundlichen Blick auf meinen Onkel. Die leeren Kartons stapelten sich bis zur Decke, luftige Gebilde, die jeden Augenblick einzustürzen drohten.

»Komm, Felix«, sagte Onkel Cajou und zog mich an ein winziges Tischchen, »wir können kaum helfen. Hast du Durst? Willst du eine Limonade?«

Es entging uns nicht, daß die Anmerkungen der Cousinen plötzlich knapper wurden, kürzer angebunden, und daß sich Getuschel von Schwester zu Schwester in die Verkaufsgespräche mischte. Aber wir taten so, als hätten wir es nicht bemerkt. »Hier haben wir Ruhe«, sagte mein Onkel. »Hier können wir ein Wort unter Männern sprechen.«

Lucia und Nelly, die Unglücklichen, hatten entdeckt, daß die Ponyfrisuren der Verkäuferinnen, einer wie der anderen, um mindestens einen Zentimeter tiefer in der Stirn saßen als die ihren. Sie reichten bis an die Augenbrauen, wie es Meister Antoine, der Erfinder des Bubikopfes, in Paris vorgeschrieben hatte. Die Cousinen saßen also entblößt auf ihren Stühlen, mit nicht hinreichend bedeckten Stirnen. Sie hinkten mit ihrem Balkanschnitt der westlichen Mode nach. Eine Erkenntnis, die sie fast um den Verstand brachte; denn Haar, das zu lang ist, läßt sich kürzen, aber zu kurzes Haar... Bei allen Heiligen... Die Cousinen seufzten: Selbst inbrünstige Gebete können es nicht in der ersehnten Geschwindigkeit zum Sprießen bringen. Sie strichen in Zorn und Verzweiflung über ihr Haar, kühlten die erhitzten Schläfen und gaben den nichtsahnenden Verkäuferinnen unfreundliche, zerstreute Antworten... Bis sich im Anblick des Modells »Caprice« von neuem ihr Wille durchsetzte, zu schönen Schuhen zu kommen, und ihre Bereitschaft wiederkehrte, sich um die allerschönsten zu streiten.

Mein Onkel drückte eine türkische Zigarette in die Bernsteinspitze: »Um es rund heraus zu sagen, lieber Felix... Ich finde, du bist ein kluger Junge, hältst die Augen offen... Du wirst es in deinem Leben zu etwas bringen.« Eine der Verkäuferinnen stellte ihm aus der Konditorei nebenan eine Tasse Kaffee und einen Kirsch auf den Tisch, und mir eine Zitrone naturell mit Strohhalm. »Du hast deine fünf Sinne beisammen«, fuhr er fort. »Bist gesund... bist so, wie man sich einen Jungen wünscht.«

Er überzeugte mich. Ich war bereit, ihm noch ein Weilchen zuzuhören, aber Nelly lenkte mich ab. Sie trippelte uns auf den höchsten Louis-Quinze-Absätzen der Saison entgegen, kämpfte um ihr Gleichgewicht und setzte in leichter Kniebeuge zu einer Kehrtwendung an. Ein Anblick, der mir ungewohnt war. »Da staunste Bauklötzer –!« rief ich und ließ den Strohhalm sinken. »Wie 'n Storch im Salat!«

Was ich sagte, kam von Herzen und war nicht böse gemeint. Mein Freund Otto hätte ihr in der ersten Überraschung weniger Feines entgegengeschleudert. Aber Nelly kannte sich in unserer Umgangssprache nicht aus. Sie riß den linken Schuh vom Fuß und versuchte, ihn mir an den Kopf zu werfen; wie Mädchen das so tun, die nicht zielen können. Und hinkte beleidigt auf ihren Stuhl zurück.

»Pardon!« sagte mein Onkel. Er versuchte, einer der Verkäuferinnen in den hübschen Strümpfen mit den schnurgeraden Nähten zu helfen, den Schuh unter unserem Tisch hervorzuholen. »Pardon, mein kleines Fräulein!«

Auch Lucia war über meine Anmerkung entrüstet: »Du bist ein dummer Kerl!« rief sie durch den Laden, obwohl längst weitere Kunden gekommen waren. »Du bist dümmer, als es erlaubt sein dürfte!« Und langte, noch bevor Nelly wieder zur Besinnung gekommen war, nach dem Modell »Griserie«, einem fliederfarbenen Abendschuh.

»Sieh sie dir an! Das sind meine Töchter!« sagte Onkel Cajou. »Ich liebe sie mehr als alles auf der Welt. Aber du wirst verstehen, ich brauche einen Sohn.« Seine Augenlider hoben sich. Es war nicht möglich, diesem Blick zu entgehen: »Felix, ihr seid hier in Deutschland zwei, dein Bruder Achim und du. Hättest du nicht Lust, zu uns nach Rumänien zu kommen? In das schöne, fröhliche Bukarest?« Alle Schönheiten der Stadt leuchteten in seinen Augen auf: »Wo die Leute kaum Sorgen haben ... Ganz anders, als hier in Berlin! Wo sie abends Musik machen, unter den Bäumen fiedeln ... lachen und tanzen!« Ich sah ihre Fiedeln, ich sah sie tanzen. »Wo es Wildschweinbraten vom Spieß und gebackenen Schafskäse gibt! Und arabisches Konfekt, soviel du willst!« Er blies Ringe zur Decke. »Melania und ich, wir haben vor, dich zu adoptieren. Und alles, was wir besitzen, wird auch dir gehören. Es ist nicht wenig ... Deinen Namen wirst du natürlich behalten. Da ändert sich ja nichts.«

Das Modell »Griserie« entzückte die Cousinen. Es schmückte Lucias rechten und Nellys linken Fuß. Die geflochtenen Bordüren und die Perlstickereien gefielen beiden. »Einfach süß!« schwärmte die Verkäuferin. Eine andere rief im Vorübergehen: »Schuhe für die Dame, die gefallen will!«

Gefallen wollten beide. Lucia nicht weniger als Nelly. Und Nelly nicht weniger als Lucia. Jede von ihnen drehte traumverloren einen der Schuhe in Händen.

»Bukarest ist schöner als Paris«, sagte Onkel Cajou. »Aber die wenigsten wissen es. Das königliche Schloß, die Paläste der Fürsten! Die prächtigen Plätze, die Denkmäler und Springbrunnen! Die goldenen Kandelaber... Du wirst staunen! Du wirst nicht wieder fortwollen, das verspreche ich dir!« Er drückte die Zigarette aus. »Warte ab! Du fängst bei uns ein neues Leben an.«
Ein neues Leben? Mir schwirrte der Kopf. Ich kannte ja nur Berlin, Joachimsthal und Schwedt. Fürstliche Paläste, goldene Kandelaber. Ich fragte: »Kann man da auch Drachen steigen lassen?«
»Drachen –?« Darüber hatte mein Onkel noch nicht nachgedacht. »Drachen, meinst du?« Er lachte: »Man kann es! Wahrhaftig! Der Himmel ist bei uns so hoch wie hier in Berlin... Wir kaufen den schönsten Drachen, den es gibt. Und lassen ihn steigen... Wir beide, du und ich.«
Ob er es so gut können würde wie Egon, der Erdnußverkäufer? Oder wenigstens so gut wie der Professor? Ich zweifelte. »Gibt's in Bukarest denn Freunde?« fragte ich. »Freunde wie den Otto?« Onkel Cajou war ganz sicher: »Das will ich meinen! Freunde wirst du finden.« Er schien überrascht zu sein, daß ich glaubte, Otto gäbe es nur ein einziges Mal auf der Welt. »Und außerdem... ich kaufe dir ein Fahrrad.«
Ich glaubte nicht recht gehört zu haben. Ich fuhr zusammen: »Ein Rad? Ein Rennrad? Von Engelmann in der Agricolastraße?«
Der Onkel blies durch die Bernsteinspitze. »Ein Rennrad von Engelmann.«
»Einen Renner? Mit Freilauf und Rücktrittbremse?«
»Mit allem, was du brauchst. Wir kaufen das Rad und nehmen es mit. Den Zoll zahlen wir schon an der ungarischen Grenze. Das kommt uns billiger.«
Einen Renner! Ich sah mich um die Springbrunnen rasen, über die Plätze, an den Denkmälern vorbei; arabisches Konfekt in den Taschen, Wildschweinbraten im Bauch... Und kam erst allmählich dahinter, daß nicht jeder Tag so sein würde. »Sag mal«, fragte ich, »was mach' ich, wenn ich nicht Rad fahre?«
Er klopfte mir vergnügt auf die Schulter: »Es wird dir schon was einfallen... Wie ich dich kenne ...«
»Ich muß da doch sonst noch was machen?« drängte ich. »Sag doch! Was machen muß ich doch?«
»Mußt du, natürlich. Wie das so ist.« Er schloß die Augen und

schwieg. Aber er schlief nicht. Ich wußte, er dachte nach. »Onkel Cajou!« rief ich, »Was ist mit Latein? Braucht man in Bukarest Latein? In Schwedt sagen sie, es wäre Blödsinn!«
»Man braucht es, ein bißchen.« Er schlug die Augen wieder auf. »Ein bißchen schon. Aber mach dir keine Sorgen. Nelly wird dir bei den Schularbeiten helfen. Das hat sie mir versprochen.«
»Und sonst?« Ich hatte noch keinen Überblick. »Was mache ich sonst noch so? Wenn ich mich mal langweile? Wenn ich alleine bin?«
Er legte die Bernsteinspitze in ein Etui. »Dies und das, lieber Felix. Wir sprechen noch darüber, in allen Einzelheiten.«
Er rückte die Krawatte zurecht und sah nach den Töchtern. Alles schien bei ihnen in der besten Ordnung: Schuhe wurden in Seidenpapier eingeschlagen, Kartons geschlossen und zur Kasse getragen. Kein Zweifel, Lucia und Nelly waren sich einig geworden.
Onkel Cajou reichte der Kassiererin seine Visitenkarte. »Hotel Esplanade, mit der Rechnung«, sagte er. Nicht mehr. Und lächelte im Gehen den Verkäuferinnen zu, einer nach der anderen.
Die Cousinen waren abgekämpft und hungrig, und weiterer Auseinandersetzungen überdrüssig. Sie hatten beschlossen, den Streit um das Modell »Griserie« in Bukarest, in Gegenwart der Mutter, fortzusetzen. Sie sollte ein Machtwort sprechen, zumal auch der Besitz der Modelle »Pompadour« und »L'heure bleue« noch ungeklärt geblieben war. Zehn Paare hatten sie gemeinsam kaufen dürfen; zwei mehr, als ursprünglich von meinem Onkel bewilligt.
Erlöst stürmten sie auf die Straße. Sie wischten sich die Reste ihrer Tränen gegenseitig fort und drückten ihre Puderquasten auch auf meine Stirn und meine Backen. »Felix, was hast du?« fragte Lucia. »Bist ja rot wie eine Tomate? Du hast doch bloß zugesehen!«
Sie fuhren mir durch die Haare, zupften meinen Schillerkragen zurecht, zerrten an meiner Jacke und machten alle Knöpfe zu. »Ein hübscher Junge bist du!« rief Lucia. »Das muß man dir lassen!«
»Zieh dir die Strümpfe hoch!« ermahnte mich Nelly. Und gab mir zu meiner Überraschung einen Kuß.

Der Herbstwind nahm zu. Aber er riß den Leuten noch nicht die Hüte vom Kopf. Drachenwetter sah anders aus: hoch ziehende, schnelle Wolken an klarem Himmel.

Trotzdem hatten wir uns schon auf der Wullenweberwiese verabredet, im großen Spreebogen, wo der beste Wind wehte. Wir wollten »Firlefanz« ausprobieren, unseren neuen Drachen. Wir wollten prüfen, wie er sich machen würde.
Otto hatte ihm den Namen gegeben. »Falke« war uns zu langweilig und »Seeadler« zu anspruchsvoll gewesen. »Firlefanz« machte sich auch besser, weil keiner unserer Konkurrenten auf den Gedanken kommen konnte, ein »Firlefanz« könnte aus echten Bambusstäben gebaut worden sein und den besten Zugpunkt haben, den es in Moabit weit und breit gab.
Der Professor hatte ihn berechnet, mit Lineal und Winkelmaß: den Punkt, in dem die vier Leitschnüre, die Firlefanz am Himmel halten sollten, verknotet und mit der Hauptschnur verbunden werden mußten. Er wußte ihre Längen schon, als ich noch auf unserem Balkon dabei war, die Bambusstäbe mit Sandpapier glatt zu reiben und Otto noch Ausschau hielt, wo das beste Papier aufzutreiben war; leichtes, festes Drachenpapier für wenig Geld. Er mußte bis in die Innenstadt laufen, bis hinter den Dönhoffplatz, um bei den Schaufensterdekorateuren zu fragen, ob sie Reste hätten. Anständige Stücke natürlich, die im Schreibwarengeschäft drei, vielleicht sogar vier Mark gekostet hätten. Otto konnte gut einkaufen, denn sobald er das Richtige ans Licht gezogen hatte, beschränkte er sich darauf, den Leuten im Wege zu stehen, mit bekümmertem Gesicht und hängenden Armen, bis einem von ihnen die Geduld riß: »Sohnemann, wat kiekst'n noch? Nimm das Zeug! Für'n Fuffziger kannste's haben!«
Ich entdeckte die beiden schon von weitem, denn Firlefanz war nicht zu übersehen. Er überragte Otto um einen halben Meter, gelb wie eine Zitrone. Der Schwanz ringelte sich am Boden. Er trug schwarze, glänzende Schleifen und war sieben Meter lang.
Der Professor blickte mißtrauisch zum Himmel, ganz so, als könnte er die Wolken ziehen sehen. Aber er konnte sie nicht sehen, denn seine Augen waren viel zu schwach. »Woll'n wir ran?« fragte er. »Mit 'nem Wuppdich?« Wir wußten, er konnte auch Firlefanz nicht sehen, wenn er erst hoch über der Spree stand, über Fabrikhallen und Schornsteinen. Höchstens einen gelben Fleck. Aber er fühlte, wenn er die Schnur hielt, mehr, als wir sahen; er fühlte, ob Firlefanz abwarten oder weiter steigen wollte, ob er unruhig wurde oder zu stürzen drohte. Er bemerkte Windstöße, die für uns

unsichtbar blieben, und wußte in jedem Augenblick, wie hoch der Drachen stand.

Wir waren bereit. Die Schleifen raschelten, der Drachenschwanz tanzte im Gras. Er sollte Firlefanz nach oben helfen, ihn im Gleichgewicht halten, Windstöße abfangen und Richtungsänderungen ausgleichen. Otto schob ihn zusammen und hob ihn in die Höhe. »Von mir aus –!« Er sah mich erwartungsvoll an: »Flix, wat is? Haste was?«

»Fast janischt.« Ich ergriff das Gestänge. »Damit ihr's wißt... mich seht ihr nicht mehr lange! Ich gehe nach Rumänien. Nach Bukarest. Ab für immer!«

Otto drückte die Schleifen an seine Brust. »Nach –? Wo willste hin?« Er holte tief Luft: »Mensch – biste doof?«

Der Professor putzte seine Brille und schob die Stahlbügel hinter die Ohren. »Jetzt geht's um Firlefanz, verstanden?« Er hob die Spindel auf, ein Holzbrett mit sechzig Meter Schnur. »Hätten wir anständigen Wind, müßtet ihr fünfzig Schritte laufen!« erklärte er. »Aber wie es momentan so aussieht... dreißig genügen.« Und schon ließ er die ersten Meter Schnur vom Brett fallen.

Otto und ich, wir setzten uns in Marsch. Wie schon im vergangenen Jahr, als wir unseren »Feuerreiter« steigen ließen. Der Professor zählte die Schritte, erst leise, dann lauter, je weiter wir uns entfernten. Otto folgte mir wie ein Schleppenträger. »Mich laust der Affe!« schimpfte er. »Wech willste? Einfach wech –?«

»Weil's mein Onkel will«, antwortete ich. »Du weißt, mein Onkel Cajou.«

Otto schluckte. »Und wir hier... wir sind nischt? Reine janischt?«

Schweigend zogen wir weiter und nahmen Aufstellung. Jeder von uns kannte seine Aufgabe; jeder wußte, was er zu tun hatte, sollte der Drachen abstürzen.

Ich hob Firlefanz in den Wind, Zentimeter um Zentimeter und hielt ihn, so gut ich konnte, auf dem ausgestreckten Arm. Die Schnüre strafften sich, das Papier knatterte. Er wurde ungeduldig.

»Ab!« rief der Professor und rannte los. Zehn, höchstens zwölf Meter, denn schon stand der Drachen über ihm und brauchte Schnur.

Er legte sich in den Wind, als hätte er nie etwas anderes getan. Er zog steil nach oben, leuchtend wie ein Komet. Und ließ sich tragen, treiben, emporziehen... Ein Schauspiel, das uns begei-

sterte. Wir sprangen ihm nach, taten so, als könnten wir ihn noch greifen, winkten und wären am liebsten mitgeflogen.
Der Professor drehte die Spindel aus dem Handgelenk, den Kopf im Nacken: »Er kann sich sehen lassen!« rief er. »Firlefanz ist noch besser, als ich dachte!«
Die Zuschauer gaben ihm recht. »Kiek ma den an!« riefen sie. »Hat keen Wind und zischt los wie 'ne Rakete!«
Die Wullenweberwiese bewährte sich. Sie ließ den Winden freien Lauf, von Ost, von West und von Süd. Kein Wunder, daß auch die Charlottenburger mit ihren Drachen anrückten, über die Brücken, und sich breit machten, als wären sie bei uns in Moabit zu Hause.
Wir ließen keinen Blick von Firlefanz. Es schien ihm da oben zu gefallen, aber der Professor sagte: »Ich weiß nicht... die Sache wird mulmig.«
Sekunden später zeigte sich, daß Firlefanz doch nicht ganz so gut war, wie wir gehofft hatten. Die ersten Windstöße, die mit sinkender Sonne aufkamen, brachten ihn aus der Ruhe. Er tanzte nach links und rechts, brach aus und drehte sich im Kreise.
»Aufpassen!« rief der Professor. Firlefanz drehte sich in immer schnelleren, immer engeren Kreisen... Bis er plötzlich die Nase senkte und in steiler Bahn zu Boden schoß.
Otto fing ihn ab. Er sprang ihm entgegen, griff in die Schnüre, packte ihn und schien mit ihm in einen Ringkampf geraten zu sein. Doch schon hielt er ihn fest am Holm, atemlos, das Kinn auf die Brust gepreßt. »Dir haben wir!« keuchte er. »Siehste –! Wat biste nich oben jeblieben!«
Der Professor half, Firlefanz ins Gras zu legen und die Schleifen zu ordnen. »Noch mal gut gegangen«, sagte er. »Das Gleichgewicht stimmt nicht.« Er zog sein Notizbuch. »Wir müssen die Schnüre nachmessen. Kann auch sein, der Schwanz ist zu schwer.
Otto ging in die Hocke: »Wat is mit den Knoten?« Sie saßen fest. Nicht einer hatte sich gelockert. Auch die Schnüre waren nicht verzogen. »Ick bin baff!« erklärte er. »Wat will Firlefanz hier unten? Warum isser nich oben jeblieben?«
»Wird schon!« beruhigte der Professor. »Wir machen gleich noch einen Start. Dann wissen wir, woran wir sind.« Langsam kam er auf mich zu: »Flix, was haste da vorhin gesagt? Du willst nach Rumänien?« Nachdenklich rückte er die Brille zurecht. »Haste in Rumänien was verloren? Was Bestimmtes?«

Ich blickte in seine dicken Brillengläser. Was wußte er schon von Onkel Cajou? Und was von Bukarest? Von den Marmorpalästen, den Goldfischteichen und Springbrunnen, den Alleen und Gärten? Was von den fröhlichen Leuten, die in den Straßen tanzten? Er wußte ja nicht einmal, wie Onkel Cajou eine Birne aß. »Mein Onkel will mich mitnehmen«, antwortete ich. »Er hält 'ne Menge von mir. Sowas wie mich hat er noch nicht erlebt.«

»Ach nee?«

»Und er hat keinen Sohn. Überhaupt keinen. Bloß Meechen.«

Die hellen Augen des Professors verschwammen: »Und da willste hin?«

»Die Rumänen haben den Krieg gewonnen. Wie die Franzosen und Engländer.« Ich holte tief Luft: »Alle haben Geld und können sich kaufen, was sie wollen.«

»Sagt dein Onkel?« Die schwarzen Pupillen des Professors trafen mich. »Ich glaube, dein Onkel will dich verschaukeln. Flix – haste überhaupt schon nachgedacht?«

»Die Rumänen haben überall Freunde, in der ganzen Welt, hat mir Nelly erzählt. Nelly, meine Cousine. Und wir hier, wir haben überhaupt keine mehr. Bloß noch ein paar Kaffern in Afrika ... Du mußt wissen, ich fange in Bukarest ein neues Leben an.«

Die Überraschung des Professors war groß: »Ein neues Leben? Willste das denn?« Er ließ mich nicht aus den Augen: »In Bukarest, wo die Welt mit Brettern vernagelt ist? Weg biste, weg für immer!«

Er wollte mich nur in Berlin festhalten, das war mir klar. Und er war neidisch. Wer konnte schon die Koffer packen und nach Rumänien gehen? »Ich besuche euch!« versprach ich. »Ich setz' mich bald mal wieder in die Eisenbahn. Sie saust ja hin und her ... Tag und Nacht, hin und her zwischen Bukarest und Berlin.«

Otto schlug sich an die Stirn: »Hin und her, sagste? Erstensmal is Bukarest nich Jrunewald! Mit der Stadtbahn kommste da nich hin! Und zweetensmal läßt dir dein Onkel janich fahren!« Er bohrte seine Fäuste in die Hosentaschen. »Wenn de wech bist, biste wech! Keen Aas siehste von uns wieder! Heulen wirste, heulen wie'n Schloßhund!«

Ich wurde unsicher, durfte aber nicht nachgeben. Zumal er nichts von dem Renner wußte, dem Fahrrad mit Freilauf und Rücktrittbremse.

»Rumänisch mußt du lernen!« drohte der Professor. »Hoppla-hopp! Sonst denken die Leute in Rumänien, du kommst vom Mond.«
»Stimmt!« mußte ich zugeben. Und wäre am liebsten schon nach Hause gegangen, um über dieses Problem in Ruhe nachzudenken. Ich hatte es übersehen.
»Französisch mußt du auch lernen! Das kommt dazu«, fuhr der Professor fort. »Französisch spricht in Bukarest jedes Kind. Bis Weihnachten haste vergessen, daß du mal Deutsch gesprochen hast... Und wirst eingehen wie 'ne Zimmerlinde.«
»Ick weene schon!« rief Otto dazwischen und trat von einem Bein auf das andere. »Ick muß vor Schreck mal pinkeln.«
Firlefanz knisterte. Er hob sich in den Windstößen, die über das Gras fegten. Vorsichtig zog der Professor ihn hoch. »Latein mußt du auch noch lernen«, sagte er. »Sie werden dir nichts schenken... gar nichts.«
Ich nahm ihm den Drachen ab. Und hatte fast alle Freude an dem Renner verloren.
Otto hob die Schleppe. Er raffte die Schleifen zusammen und folgte mir. »Hau doch einfach ab!« riet er mit heiserer Stimme. »Vakriech dir doch, bis dein Onkel wech is... Haste dir eben wo valoofen.«

Ein außergewöhnliches Ereignis kündigte sich an. Meine Eltern beschlossen, Onkel Cajou und die Cousinen mit uns Kindern zu einem Abendessen auszuführen. Es blieb ihnen im Grunde gar nichts anderes übrig, denn der Onkel hatte die Familie bereits ins »Rheingold« und in »Rudi's Gute Stube« eingeladen und mit den Eltern nach der Revue »Drunter und Drüber« in der Tauentzienstraße die Rio-Rita-Bar besucht.
Die Wahl meiner Eltern fiel auf das Gartenrestaurant Charlottenhof. Es lag am Rande des Großen Tiergartens, zu Füßen der Kaiser-Friedrich-Gedächtniskirche, und wurde von uns Kindern geschätzt, weil es unter alten Linden eine Wipp-Wapp, Schaukeln und einen Rundlauf hatte. Der Wirt widmete sich mit Anbruch der kühleren Herbsttage, nach dem Ausbleiben der Kaffeegäste, der Hausfrauenvereine und Schulklassen wieder ganz seinen Stammgästen und bot ihnen in den gemütlichen Innenräumen zu erschwinglichen Preisen das Beste aus Küche und Keller.

Die Tischordnung hatte sich meine Mutter ausgedacht: Sie saß vor der Standuhr am Kopfende, mein Vater ihr gegenüber am Ende der kleinen, mit künstlichem Weinlaub geschmückten Tafel. Zu ihrer Rechten hatte Onkel Cajou Platz genommen, zu ihrer Linken thronte Hilli, krummbeinig, mit ernsten Augen, auf dicken Kissen. Mein Vater hatte seine Nichten zur Seite: Lucia saß rechts und Nelly links von ihm. Ihre Bubiköpfe glänzten; Pariser Lack vollendete ihren Sitz und drückte die Haare um mindestens drei Millimeter tiefer in die Stirnen.

In der Mitte der Tafel, einander gegenüber, saßen mein Bruder Achim und ich; in unmittelbarer Nähe der Bunten Platten. Sie gingen langsam zur Neige; es waren jedoch noch immer einige der besten Bissen greifbar: Weißbrotscheibchen mit Ei und Sardelle, Prager Schinken, Zunge und Landleberwurst. Und Schwarzbrothappen mit Räucherhering und Olmützer Käse. Auch viele Beilagen, teils auf Salatblätter gebettet, teils vom Belag in die Petersilie gerutscht, waren noch unbeachtet geblieben: Pfeffergurken, Essigkirschen, Walnußkerne und Perlzwiebeln.

Ich hielt mich zurück. Wie auch mein Bruder, denn an diesem Abend sollten Onkel Cajou und die Cousinen aus dem Vollen leben, sie sollten zulangen, so lange es ihnen gefiel; nicht für uns, sondern für sie war das Essen aufgetragen worden. Was meinen Bruder und mich allerdings nicht davon abhielt, allmählich darüber nachzudenken, ob sie wohl schon satt sein oder sich unversehens noch über die Reste hermachen könnten.

Meine Mutter trug ihr dunkelgraues Wollkleid mit den viereckigen Perlmuttknöpfen. Dazu hatte ihr Frau Hake, unsere Schneiderin, in höchster Eile einen flachen lila Umlegekragen und passende Manschetten genäht. Wir konnten uns sehen lassen: Hilli trug ein weißes, mit bunten Glasperlen besticktes Kleidchen, und wir Jungen waren in unseren Matrosenanzügen erschienen; ich in kurzer, mein Bruder schon in langer Hose.

»Ein schöner Abend!« beteuerte mein Onkel und hob sein Glas. »Ich danke dir, liebe Clara! Und Dank auch dir, Max, mein Guter!« Er trank mit meiner Mutter, weil sie darum gebeten hatte, eine frisch angesetzte Pfirsichbowle. Mein Vater hielt sich mit den Cousinen an »Obermoseler 1923er«. Achim und ich hatten Malzbier gewählt, und für unsere Schwester stand Milchkakao auf dem Rechaud. »Ich werde diese schönen Tage hier in Berlin nicht

vergessen! Nie wieder aus meinem Herzen löschen!« rief der Onkel. »Und ich hoffe, Felix wird sich bei uns in Bukarest wohlfühlen ... vom ersten Tage an!«
»Falls er fährt!« unterbrach ihn meine Mutter. »Noch ist nichts beschlossen, Cajou!«
Sie liebte zuzeiten ein offenes Wort, ganz wie ihre Tante Luise, unsere Großtante in Potsdam. »Ihr Männer habt die Sache ausgebrütet ... Und habt mich erst heute morgen ins Vertrauen gezogen!«
»Aber Clärchen –!« Mein Vater lockerte den ihm ungewohnten steifen Kragen. »Clärchen, wir haben uns doch hier getroffen, um die Sache noch einmal in Ruhe zu überdenken!«
»In Ruhe?« Die Bowle beflügelte meine Mutter: »Du sagst, in Ruhe? Und habt dem Jungen schon den Koffer gekauft?«
Lucia hatte ihn bei Wertheim besorgt. Einen Schrankkoffer mit Messingbeschlägen, in dem ich auch gleich meinen Rodelschlitten hätte mitnehmen können. Zwei Männer hatten ihn hinauf in unsere Wohnung getragen und auf dem Balkon abgestellt.
Die strahlende Zuneigung des Onkels, der Glanz in seinen Augen, hatte Bestand. »Ich hätte dich früher um Rat fragen sollen, liebste Clara«, entgegnete er. »Viel früher, das ist wahr. Ich hätte dir sagen sollen, wie es in meinem Herzen aussah.« Er ließ nicht erkennen, daß sich sein gewohntes Geschick, in einer Sache auf Umwegen ans Ziel zu kommen, an diesem Abend in die private Sphäre verlagert hatte. »Ich habe Fehler gemacht«, fügte er hinzu. »Im Überschwang ... In der ersten Freude, einen guten Entschluß gefaßt zu haben.«
Onkel Cajou log. Ich wußte doch: Er hatte den Plan meiner Adoption längst mit seiner Frau, mit Tante Melania, in Bukarest besprochen, und geglaubt, mit meinem Vater am schnellsten ans Ziel zu kommen.
Ich versuchte, in seinen Zügen zu lesen. War er ein geübter Lügner? Es war nicht möglich, dahinter zu kommen. Seine schweren Augenlider senkten sich; sie versanken in dem Vertrauen, das er von uns erwartete.
Die beiden Kellner umstrichen unseren Tisch wie Wölfe, die auf die Reste aus waren. Zumal, seit ein bekümmert wirkender, gekrümmter Mann den Deckel des Klaviers geöffnet hatte, während ein gut aufgelegter Jüngling an seiner Seite die Geige

stimmte. Konnte geschehen, die Kellner rissen die Platten an sich und die feinen Dinge, die noch vor uns lagen, Salami- und Blutwursthäppchen, Knüppel mit Lachsschnitzeln und Olmützer Käse, Mixed Pickles, Kirschen und Walnüsse waren unwiderbringlich dahin. Ich mußte mich rühren. »Willst du noch eine Kirsche?« fragte ich leise und bescheiden Nelly zu meiner Rechten. »Dummer Kerl –!« antwortete sie. »Die sind doch Dekoration!« Ohne mich eines weiteren Blickes zu würdigen, lächelte sie dem Geiger zu. Er winkte, sofern ich mich nicht täuschte, mit einem seidenen Tuch zurück, das er in gleicher Handbewegung hinter den Kragen schob.

Meine Mutter blieb unerbittlich. »Was willst du mit dem Jungen in Bukarest?« fragte sie und hob die Stimme, damit auch meinem Vater keines ihrer Worte entgehen konnte: »Was soll er dort? Unter wildfremden Menschen? Wie soll er sich zurechtfinden, wie weiterkommen? Mit elf Jahren?«

»Das ist im Anfang nicht leicht«, gab mein Onkel zu. Er legte die Hand auf ihre Stuhllehne: »Wie alles im Leben, das der Mensch anpackt, um voranzukommen... Aber was meinst du, Clara, er könnte ja zunächst nur auf ein paar Wochen zu uns kommen, könnte sich umschauen, herumspazieren?«

Er trug das Visum für mich schon in der Tasche; ein wichtiges, nur schwer zu beschaffendes Papier. Man hatte es ihm, wie ich von Nelly wußte, in der rumänischen Botschaft mit Glückwünschen überreicht.

Ich wußte von Nelly auch, daß in Bukarest Latein wichtiger war als Mathematik und daß man, wenn man Lust hatte, am Stadtrand zusehen konnte, wie Räuber erschossen wurden, und daß die Kirchen im Winter eiskalt waren, so kalt, daß Tante Melania zur Messe einen heißen Ziegelstein mitnehmen mußte und in einer der 173 Kirchen mal ein Junge hinter der Orgel erfroren war.

Ich wußte, was ich zu tun hatte; und hatte mir das Rennrad schon aus dem Kopf geschlagen.

»Cajou meint es gut!« warf mein Vater ein. »Vergiß nicht, Clärchen, wir leben in schlechten Zeiten! Denk an die Arbeitslosen, an die jungen Leute, die herumlungern... betteln und stehlen!«

»Es wird besser werden«, sagte meine Mutter. »Amerika will uns helfen. Mit der Quäkerspeisung hat es angefangen. Auch die Franzosen scheinen zur Vernunft zu kommen.«

Mein Onkel sah sie traurig an: »Die Franzosen? Du meinst, in Locarno? Sie mögen am Lago Maggiore Versprechungen machen, so viel sie wollen... Es wird euch nicht weiterhelfen. Nicht einen Schritt.«

»Luther und Stresemann sitzen am Katzentisch!« bestätigte mein Vater. »Sie dürfen den Mund nur aufmachen, wenn sie gefragt werden.«

Die Konferenz von Locarno hatte vor fünf Tagen begonnen. Der Engländer Austen Chamberlain, der Franzose Aristide Briand und Vertreter Belgiens und Italiens hatten sich eingefunden, um mit dem deutschen Reichskanzler Luther und dem deutschen Außenminister Stresemann einen europäischen Sicherheitspakt auszuhandeln. »Endlich!« riefen die Anhänger der Regierung in Berlin. »Es ist höchste Zeit, daß wir uns mit Frankreich versöhnen!« – »Verrat!« riefen ihre Gegner. »Wir kriechen in Locarno zu Kreuze und nehmen das Diktat von Versailles endgültig hin!«

Deutschland stand am Abgrund: das war die Meinung unseres Klassenlehrers. In scharf gebügelter Hose, das Eiserne Kreuz auf dem Rockaufschlag, so trat er am Verfassungstag vor das Katheder: »Vergeßt nicht, Kinder, was die Franzosen uns angetan haben! Endlich ziehen sie ab aus dem Ruhrgebiet ... haben die Industrie ruiniert, unser Vaterland zugrunde gerichtet.«

Mein Vater sprach nur selten über Politik. Er war froh, Arbeit zu haben. Der Ausbau des Berliner Untergrundbahnnetzes, der schon vor Kriegsausbruch, noch zu Kaisers Zeiten, beschlossen worden war, sollte vorangetrieben werden; die Straßenbahnlinien in den Norden sollten entlastet und der zunehmende Autoverkehr in Grenzen gehalten werden. Mein Vater brauchte um seine Stellung als Bauleiter nicht zu fürchten. Aber von Locarno hielt er nicht viel. »Versöhnung?« fragte er. »Sie wollen uns das Fell über die Ohren ziehen.«

Onkel Cajou las nicht nur deutsche, er las auch englische und französische Zeitungen. Holten wir ihn im Esplanade ab, so drückte er sie einem Boy in die Hand und ließ sie auf sein Zimmer bringen. »Ihr verkennt die Lage«, sagte er. »Sie spitzt sich zu. Deutschland hat zwar abgerüstet, gewiß... Aber die Engländer und Franzosen halten sich nicht an die Abmachungen. Sie bauen neue Kanonen und neue Tanks. Sie rüsten auf.«

»Für einen neuen Krieg?« Meine Mutter sah ihn ungläubig an.

»Weiß man, was die Politiker im Schilde führen?« Mein Onkel steckte sich eine seiner türkischen Zigaretten an. »Wie sieht es denn im Osten aus? Die Russen trauen den Engländern nicht. Sie fürchten ihre Einkreisungspolitik. Warum, so frage ich, ist Tschitscherin in Berlin?«

Ich nahm nun keine Rücksicht mehr. Ohne jede Hast, ruhig und entschlossen, beugte ich mich über die Platten und zog heran, was sich noch lohnte, stapelte es auf meinem Teller und schmückte es mit Zwiebeln und Gurken. Was waren Kalbsbraten mit Leipziger Allerlei oder Kasseler mit Sauerkraut, unsere Sonntagsessen, gegen diese Herrlichkeiten? Gegen diese Bissen, die man einfach in den Mund schieben und ohne Umstände genießen konnte?

»Du malst den Teufel an die Wand!« warf meine Mutter dem Onkel vor. »Die Russen leben in Frieden und brauchen niemanden zu fürchten. Sie wurschteln sich durch ... wie wir.«

»Es könnte ein Gewitter geben.« Onkel Cajou sah den Ringen nach, die er zur Decke blies. »Immerhin ... Tschitscherin hält es für möglich. Er hat es dem ›Berliner Tageblatt‹ gesagt.«

Meine Mutter wußte nichts von Tschitscherin. Und nichts von seinen Prophezeiungen. Sie war froh, daß wir wieder zu essen hatten und die Miete bezahlen konnten, die Schulgelder, Gas und Licht.

Auch mein Vater hatte so gut wie nichts von Tschitscherin gehört. »Was ist das für ein Mann?« fragte er. »Was will er in Berlin?«

Georgij Wassiljewitsch Tschitscherin, Mitglied der Sowjetregierung, Volkskommissar der auswärtigen Angelegenheiten, war noch vor der Eröffnung der Konferenz von Locarno in die Reichshauptstadt gekommen, um einen deutsch-russischen Handelsvertrag zu unterzeichnen und mit ihm weitere Abkommen; ein Vertragswerk, das für beide Länder – wie er sagte – eine Epoche gegenseitiger Hilfeleistung und Freundschaft einleiten sollte. Er hatte mit dem Reichskanzler Kaviar gegessen, mit dem Außenminister soupiert und der Presse anvertraut, nun sei es für England und Frankreich zu spät, Deutschland von der Sowjetunion zu trennen. Die Westmächte hätten den Zug verpaßt. Ihre Einkreisungspolitik gegenüber Rußland sei gescheitert.

Mein Onkel sprach leiser: »Keine Frage: Herr Tschitscherin hat Herrn Stresemann mit diesen Erklärungen in Verlegenheit gebracht. Er liebt nun einmal offene Worte. Ein exzellenter Diplomat, ich schätze ihn... Was sage ich? Ich bin ihm aus tiefstem Herzen dankbar.«

Wir erfuhren, daß die Reise Kommissar Tschitscherins den rumänischen Landwirtschaftsminister veranlaßt hatte, seinerseits Onkel Cajou nach Berlin zu entsenden. In weniger auffälliger Mission: Der Onkel sollte in den Ämtern ermitteln, ob der deutsch-russische Vertrag die geplanten Ölfrucht-Exporte Rumäniens in das Reich gefährden oder ihnen bei hinreichender Umsicht und Aufmerksamkeit sogar förderlich sein könnte; entsprechende Geldmittel hatte er zur Hand.

»Ihr versteht, ich kann mich nicht in Einzelheiten verlieren«, fügte er hinzu. »Aber ohne die Reiselust des Herrn Tschitscherin säße ich – nicht wahr, ihr versteht? - säße ich nicht hier bei einer Pfirsichbowle.«

Meine Schwester brach in Tränen aus. Hilli hatte eine der Essigkirschen für einen Bonbon gehalten und rutschte nun enttäuscht auf ihren Kissen hin und her. Der Abend hatte für sie unversehens allen Glanz, allen Reiz verloren... Und kaum merklich, sanft und einfühlsam, mischten sich in ihre Klagen erste Klänge aus »La Traviata«, Geigenstriche eines Potpourris, das schon bald an Gewalt gewinnen sollte.

Mein Vater war von den Worten des Onkels angetan. Und stolz auf ihn, seinen erfolgreichen Bruder: »Wenn das so ist, wenn der Mann dir zu deiner Reise verholfen hat... na, denn ...« Feierlich goß er vom Obermoseler nach: »Auf Herrn Tschitscherin!«

»Ich verstehe gar nichts mehr.« Meine Mutter zögerte, das Bowlenglas in der Hand: »Warum sollte es ein Gewitter geben?«

»Weil die Russen fürchten, Deutschland könnte auf die Seite der Westmächte gezwungen werden, könnte ihnen Durchmarschrechte einräumen... Rechte innerhalb einer Völkerbundaktion, Artikel sechzehn und siebzehn.«

Meine Mutter sah Onkel Cajou fassungslos an: »Was du so sagst! Das sind doch Hirngespinste!«

»Nicht in den Augen der Sowjets. Sie sind sicher, daß die Briten ihr Gesellschaftssystem zerstören wollen. Lieber heute als morgen – behauptet Tschitscherin.«

»Na schön.« Meine Mutter fischte nach einem Stückchen Pfirsich. »Und was hat das alles mit dem Jungen zu tun? Du wirst verstehen, ich bin etwas durcheinander.«

»Cajou will, daß er es einmal gut hat«, warf mein Vater ein. »Besser als wir!«
Es gefiel meiner Mutter nicht. »Bei den Rumänen –? Um alles in der Welt, bei denen soll er glücklich werden?«
»Cajou will sein Bestes«, versicherte mein Vater. »Er weiß, was sich in der Welt so tut. Er will dem Jungen helfen, das ist alles.«
»Felix weiß sich selbst zu helfen.« Meine Mutter faltete die Hände: »Wie ist er denn durch die Hungerjahre gekommen? Er hat sich rohe Kartoffeln aus der Kammer geholt, erfrorene Kohlrüben angeknabbert... aß, was die anderen nicht wollten, das klitschige Brot, den Kochkäse... stopfte in den Mund, was er erwischen konnte... Er hat Lebenswillen bewiesen von Anfang an! Der Junge braucht Hilfe? Braucht Bukarest?«
Onkel Cajou drückte die Zigarette aus. Er tat es mit großer Sorgfalt, ohne den Blick von der glühenden Asche zu lassen. »Felix wird seinen Weg machen«, antwortete er. »Darin sind wir uns einig, liebe Clara. Die Frage ist nur: wie?«
So sah es auch mein Vater. »Clärchen, vergiß nicht, Rumänien ist ein reiches Land!« rief er über den Tisch. »Ein Land, in dem Milch und Honig fließen!« Er hatte Mühe, sich gegen die Flut der nun anschwellenden Melodien, gegen La Traviata, das Leid der Liebenden, durchzusetzen. »Rumänien ist das Land der Zukunft!« rief er. »Und was ist mit uns? Mit uns hier? Deutschland steht vor dem Bankerott.«
Der Geiger riß den Bogen von seinem Instrument und schüttelte die schwarzen Locken: Alfred in Person, der schönen Violetta verfallen. Ein Bild, das Nelly tief bewegte und alles rundum vergessen ließ, zumal der Jüngling die Szene nun allein beherrschte. Der Alte war nicht mehr zu sehen. Die Klänge des Klaviers erhoben sich aus rätselhaftem Dunkel, nur ein schwarzer, gekrümmter Rücken war noch zu erkennen.
Die Worte meines Vaters bewirkten nicht viel. Bankerott hin oder her... Unversehens tat meine Mutter so, als ginge auch ihr die Musik Verdis über alles, über allen Reichtum der Rumänen, all die goldenen Berge, die mir versprochen wurden. Sie klatschte dem jungen Manne Beifall und legte die Hände erwartungsvoll in den Schoß. Auch diesen Zug gut gespielter Gleichgültigkeit, sobald ein Thema ihr nicht paßte, teilte sie mit Großtante Luise, unserer Erbtante in Potsdam.

Aber mein Vater hatte ihren Stimmungswandel noch nicht erfaßt. »Es geht um das Glück des Jungen!« rief er. »Sein Glück und seine Zukunft!«

Es wurde meinem Bruder zu viel. »Was sagste dazu?« fragte er mich und ließ die Reste der Nüsse in der Hosentasche verschwinden. »Fährste also –?«

Was sollte ich ihm antworten? Ich hatte ihn schon hundertmal gefragt: Was meinste, Achim? Soll ich fahren? Und er hatte mir schon hundertmal geantwortet: Mensch – das mußte selber wissen!

»Natürlich fährt Felix!« mischte sich Lucia ein. »Das ist doch abgemacht! Zumindest auf sechs Wochen, und dann sehen wir weiter.«

»Auf sechs Wochen?« Betroffen fuhr Nelly aus ihren Träumen: »Wie kommt ihr auf sechs Wochen? Felix bleibt! Er bleibt auf immer und ewig –!« Und schon versank sie von neuem in der Musik, versessen darauf, bis zum bitteren Ende am Unglück der Liebenden teilzuhaben. In ihren Augen glitzerten Tränen, wie im Schuhsalon Elite.

Ich weiß nicht, wie die Auseinandersetzung schließlich zu Ende gegangen ist. Ich glaube, Onkel Cajou erinnerte meine Mutter daran, daß es meinem Vater, ihrem vielgeliebten Max, ganz gut bekommen sei, beizeiten daheim durchgebrannt zu sein, und mein Vater behauptete, Onkel Cajou hätte es nie und nimmer zum Königlich-rumänischen Regierungsdirektor gebracht, zu einem Manne von Geld und Ansehen, wenn er sich nicht rechtzeitig aus dem Staube gemacht hätte. Vermutungen, auf die meine Mutter nicht mehr einging. »Hört doch auf die schöne Musik!« bat sie und setzte Hillichen zurecht. »Hört doch mal zu! Violetta nimmt Abschied ... Abschied für immer!«

Mein Vater ließ mit unauffälligem Wink die Rechnung kommen und verglich sie mit einer Zahlenkolonne, die er im Laufe des Abends neben seinem Weinglas auf ein Blatt Papier gesetzt hatte, so sauber, so akkurat wie die Kalkulationen, die er dann und wann sonntags für die Oberbauleitung machen mußte.

Als wir gingen, reichte Onkel Cajou dem Klavierspieler zehn Mark. Der alte Mann begleitete uns bis zur Tür, hielt die Portiere und machte, so krumm er war, einen tiefen Diener.

Niemand schöpfte Verdacht, als ich mich drei Tage später auf den Weg zum Bahnhof Bellevue statt zur Schule machte; niemand beachtete mich, als ich am Vormittag, die Hände in den Taschen, durch Potsdam schlenderte: über die Lange Brücke, den staubigen Paradeplatz, hinüber zum Park Sanssouci. Und niemand sah genauer hin, als ich mich gegen Mittag am Obelisk niederließ, um meine Brote zu essen.

Die Bank, auf der ich saß, stand auf historischem Boden. Nicht weit von hier hatte sich, wie ich von Dr. Findelmann, unserem Geschichtslehrer, erfahren hatte, einst Denkwürdiges abgespielt: Friedrich der Große hatte seine Windhunde über Rabatten und Zäune springen lassen, Friedrich Wilhelm II., der »Dicke Willem«, mit den Hofdamen Blindekuh gespielt, und Friedrich Wilhelm III. als Kind letzte Ratschläge von seinem Großonkel, dem Alten Fritz, entgegengenommen.

Ich wußte: wo die Spatzen auf meine Brotkrümel lauerten, setzte Friedrich einst seinen Knotenstock in den Sand und sagte zu seinem Großneffen: Ich bin am Ende meiner Karriere, lieber Fritz. Mein Tagewerk ist bald absolviert... rüste dich, sei firm! Wache über unsere Ehre und unsern Ruhm! Wolle nie scheinen, was du nicht bist! Sei stets mehr, als du scheinst!

Wir hatten diese Worte in der Vorschule auswendig lernen müssen. Und in der Sexta von Dr. Findelmann erfahren, daß der kleine Fritz, als er später als Friedrich Wilhelm III. auf den Thron kam, größte Mühe haben sollte, mehr zu sein als zu scheinen. Weil er auf den Lorbeeren Friedrichs des Großen einschlief und Preußen in aller Güte und Beschränkung um Einfluß und Ansehen brachte. »Schlimmer noch!« klagte Dr. Findelmann. »Er schloß viel zu spät die Augen, erst 1840... und es folgte ihm, meine Herrchen... naja, Friedrich Wilhelm IV.«

Die Spatzen rauften sich um den Rest meiner Brote. Ich hatte nicht den rechten Appetit: Meine Flucht mußte Onkel Cajou enttäuschen, die Cousinen verärgern und meine Eltern bestürzen. Ich hatte getan, was niemand, nicht einmal mein Bruder, von mir erwartet hätte: Ich war ausgerückt, in Sorge und Trotz.

Mehr noch als Dr. Findelmann wußte Großtante Luise von den preußischen Königen, denn fünf von ihnen hatte sie mit eigenen Augen gesehen. Sie konnte sich an Friedrich Wilhelm III. erinnern, den alten Herrn, der ihr einst, als sie an der Hand ihrer Mutter am

Stadtschloß vorüberging, begegnet war; ebenso an Friedrich Wilhelm IV., an Wilhelm I., seinen Bruder, an Friedrich III. und schließlich an Wilhelm II., den letzten deutschen Kaiser und König von Preußen. Sie hatte den Mann mit dem Schnurrbart zuletzt gegen Ende des Krieges erblickt, in Feldgrau, kurz vor seinem Weg ins Exil, seinem Abschied auf Nimmerwiedersehen.

Tante Luise war alt, unvorstellbar alt. Aber sie dachte noch immer nicht ans Sterben: Sie kochte Kürbis ein, als ich an ihrer Haustür klingelte. »Du bist es?« rief sie überrascht. »Felix, laß dich ansehen! Was bist du gewachsen!« Sie zog mich mit dürrer Hand in den Flur, in dem eine Marmorstatue stand, eine Minerva, größer als ich. »Bist du auf einem Schulausflug?« erkundigte sie sich. »Wo sind die anderen?«

Essigschwaden schlugen mir aus dem Souterrain entgegen, Düfte nach Zimt und Nelken. »Komm herein!« Sie führte mich in einen weiten Raum, den ein Buffet, Vitrinen, Wandteppiche und ein Spiegel beherrschten. »Du bist ein gutes Kind!« sagte sie. »Du denkst an deine Tante! Hast sie nicht vergessen!« Sie musterte mich aufmerksam: »Du findest den Weg – anders als die Schwedter, die Oranienburger, die Nauener! Sie schreiben nur noch. Auf feinem Papier, um sich in Erinnerung zu bringen!«

Ihre Schürze flog über eine Stuhllehne. Schlank und zart stand sie vor mir, in einem dunkelblauen, abgetragenen Kleid, das ein Gürtel mit silberner Schnalle hielt. In ihrem weißen Haar steckte ein funkelnder Kamm; um ihren Hals lag ein Kettchen mit ziseliertem Medaillon. »Weiß Gott, du hättest es dir heute lustiger machen können!« sagte sie. »Komm – willst du ein Glas Milch?«

»Ich hab'mich dünne jemacht!« antwortete ich.

Sie stutzte. Und lehnte sich an das Buffet.

In ordentlichem Deutsch, als könnte ich schnell noch etwas gutmachen, fügte ich hinzu: »Und weißt du, warum, Tante Luise?«

Forschend sah sie mich an. »Felix! – Du willst doch nicht sagen ... mir doch nicht mitteilen ...?«

Ich hielt nichts von Ausflüchten. Wie Otto, mein Freund. »Abjehauen bin ich.«

Ihr Blick streifte meine Sandalen, meine Tiroler Jacke, das wirre Haar: »Du bist –? Einfach so losgefahren?« Leben trat in ihr von tausend Falten durchzogenes Gesicht. »Und keiner weiß, wo du bist?«

»Nö.«
»Keine Menschenseele?«
Ich rieb die Sandalen aneinander: »Woher?«
Ihre Augen leuchteten auf. Sie hob die Hände, schlug sie über dem Kopf zusammen: »Kind, das ist ja großartig!« Sie wollte gar nicht wissen, warum ich gekommen war. Es genügte ihr, mich vor sich zu sehen. »Wer hätte es gedacht! Wie klug von dir, an deine Tante zu denken!«
Die Freude, mich in ihren vier Wänden zu sehen, überwältigte sie. Die strenge Tante, vor der meine Mutter zitterte, um die mein Vater einen Bogen schlug, die reiche Tante, mit der es niemand verderben wollte, war nicht wiederzuerkennen. »Du bleibst natürlich!« rief sie. Ihr Kamm sprühte Feuer. »Bis morgen früh, oder länger ... wie du willst, Felix, wie du es dir ausgedacht hast!«
Noch bevor ich antworten konnte, stand sie in der Tür zum Flur: »Alma –! Hörst du mich?« rief sie hinab ins Souterrain. »Alma, wir haben Besuch bekommen! Mein Neffe ist da ... der Felix aus Berlin!« Die Genugtuung, mich in Potsdam zu haben, nahm ihr fast den Atem: »Alma! Du kommst doch ... nicht wahr, du kommst fürs erste allein zurecht?« Schon kehrte sie zurück, in kurzen, behenden Schritten: »Sie kann den Kürbis auch allein einkochen«, sagte sie. »Alma ist mehr als fünfzig Jahre bei mir.« Schon war sie an der anderen Tür: »Ich hole eine Flasche Johannisbeerwein. Den magst du doch?«
Ich atmete auf. Wenn ich mit den Eltern hier war, in diesem hohen, kühlen Raum, dann saßen sie steif auf den Stühlen, hielten die Hände auf dem Tisch und sprachen von Dingen, die langweilig waren. Trat eine Pause ein, so wurde ich von der Tante gefragt, wann die Schlesischen Kriege waren; Daten, mit denen mir auch mein Vater nicht aushelfen konnte. Wir fröstelten und drückten uns an die harten, geschnitzten Lehnen, als könnte jeden Augenblick eine Bombe einschlagen.
Heute war alles anders. Ich warf meine Jacke neben die Schürze der Tante und näherte mich vorsichtig einer Vitrine, in der Zinnsoldaten standen: Soldaten mit abgeblätterten Farben, gedrungene Gestalten, und Soldaten in frisch leuchtenden Uniformen, Füsiliere, Grenadiere und Kürassiere. Soldaten auf dem Gefechtsmarsch, im Laufschritt und bei der Attacke. Soldaten, die im Biwak ausruhten und Soldaten bei der Parade.

»Gefallen sie dir?« fragte Tante Luise. Sie stand plötzlich hinter mir, eine versiegelte Flasche in der Hand. »Mein Onkel Eduard hat sie mir hinterlassen. Du weißt, der erste Freyhoff, der auf den Gedanken gekommen ist, in England Druckmaschinen zu kaufen und eine Zeitung herauszugeben.«

Mit wenigen Griffen hatte sie die Flasche geöffnet. »Es sind hübsche Soldaten, ich weiß«, sagte sie. »Aber täusche dich nicht... Die wenigsten von ihnen wollten zu den Fahnen, in des Königs Rock. Sie wurden kujoniert und drangsaliert... und wenn ihre Stunde geschlagen hatte, wurden sie auf dem Schlachtfeld verscharrt.«

Ich sah sie erschrocken an.

»Was hast du?« fragte sie und schenkte ein. »Ihre Bräute vergossen bittere Tränen – und nahmen schließlich einen anderen. Komm, setz dich her! Und nimm einen Schluck!«

Aus einer dunklen Ecke meldete sich ein Glockenspiel. Es klang so zaghaft, so leise, als wolle es nicht stören. »Weggelaufen bist du also?« fragte Tante Luise, obwohl sie es schon wußte. Und setzte neugierig hinzu: »Durchgebrannt –? Erzähl doch! Raus mit der Sprache, warum?«

Es half nichts, sie wollte alles wissen. Notgedrungen begann ich mit meinen Erlebnissen im Schuhsalon Elite, einer Schilderung des Louis-Quinze-Absatzes und der Schönheiten von Bukarest, berichtete vom Zugpunkt unseres Drachens, den Schwierigkeiten, Firlefanz am Himmel zu halten, und verriet ihr schließlich, was mein Freund Otto mir geraten hatte: »Vakriech dir doch, bis dein Onkel wech is... Haste dir eben valoofen!«

Ich mußte über Otto lachen. Es kam mir plötzlich so vor, als sei er eben im Zimmer gewesen. Als habe er selbst gesprochen, mit heiserer Stimme, das Kinn auf der Brust.

Auch Tante Luise lachte. Sie hing an meinen Lippen. Kein Zögern, kein Atemholen entging ihrer Aufmerksamkeit. Keine Einzelheit, nicht der Hinweis auf die Zigarettenspitze des Onkels, den hellen Bernstein, das dunkle Gold, und auf die Ringe, die großen und die kleinen, die er zur Decke blasen konnte. Aber sie war nicht zu beeindrucken, sie kannte zu viel. »Na und –?« warf sie ein, als ich von den Hammelbratendüften schwärmte, dem arabischen Konfekt. Sie ließ sich auch nicht mitreißen, als ich auf die goldenen Kandelaber, die Springbrunnen, die singenden und tanzenden

Menschen zu sprechen kam. »Mach weiter!« drängte sie. Und rief schließlich, als ich die 173 Kirchen erwähnte, in denen der Mensch sich den Tod holen kann: »Siehst du! Sei froh, daß du hier bist!« Ich blickte in ihr Gesicht: Es war geschrumpft wie ein Apfel, der auf dem Dachboden vergessen worden ist. Falten und Fältchen durchzogen es. Sie begleiteten jeden ihrer Gedanken, grübelten mit ihr, lachten mit ihr und taten so, als könne man ohne sie auf dieser Welt kein leichtes Herz erlangen.

»Nach Bukarest geht man nicht«, sagte sie. »Aus Bukarest kann der Mensch allenfalls kommen.«

»Deswegen hab' ich 'ne Fliege gemacht.«

»Wie ich sehe.«

»Und jetzt weiß ich nicht, wie's weitergehen soll.« Ich rückte näher. »Onkel Cajou wollte mein Bestes... und Papa auch.«

Tante Luise überlegte nicht lange. »Es hilft ihm nichts, lieber Felix. Dein Onkel muß nun ohne dich reisen. Und morgen früh, wenn er über die Grenze ist, fährst du zurück nach Berlin. Abgemacht?«

Ich nickte. »Er hat keinen Sohn, mußt du wissen«, erklärte ich ihr. »Und Papa hat zwei. Da liegt der Hase im Pfeffer.«

Die Tante hörte kaum mehr hin. »Ich sage Alma Bescheid«, kündigte sie an. »Das ist jetzt das Wichtigste. Ich schicke Alma zum Pastor... Er ist der rechte Mann, um mit deinen Eltern zu sprechen. Habt ihr Telefon?«

»Bald«, antwortete ich. »Wenn der Bau am Wedding wieder losgeht.«

»Pastor Witzig tut das gern, schon mir zuliebe. Weil er Weihnachten immer eine Gans bekommt... Wer hat bei euch im Hause Telefon?«

Ich brauchte nicht zu überlegen: »Frau Löwenthal – über uns.«

»Pastor Witzig ist ein feiner Mann. Läßt sich nicht so leicht in die Parade fahren. Er wird deinem Vater die Leviten lesen.«

Sie war mir plötzlich zu entschlossen, allzusehr bei der Sache. »Papa wollte mir nicht im Wege stehen!« hielt ich ihr entgegen. Ich sprang auf: »Und was du noch gar nicht weißt – ich sollte mein Glück in Bukarest machen!«

Auch sie stand auf und trippelte zur Tür: »Löwenthal, hast du gesagt? Pastor Witzig ist ein erfahrener Mann. Er findet in allen Lebenslagen Rat, auch in verwickelten, darauf kannst du dich verlassen!«

Ich riß ihr die Tür auf, ohne sie vorbei zu lassen: »Mutti hätte mich sowieso nicht fahren lassen! Weil Onkel Cajou katholisch ist!«
»Auch das noch.« Ihr Kamm blitzte.
Gemeinsam drückten wir uns durch die Tür.
»Hier in Deutschland weiß doch keiner, was mal wird!« rief ich. »Und was die Russen machen! Ich soll in Rumänien ein neues Leben anfangen!«
»Papperlapapp!«
Sie eilte in entschlossenen Schrittchen zur Treppe, lächelnd wie ein junges Mädchen. »Ich bin gleich wieder da«, versprach sie. »Wenn du inzwischen mal mußt – du weißt ja, hier um die Ecke.«
Kürbisdämpfe quollen bis unter das Dach. Sie legten sich auf die Augen und setzten sich in der Nase fest. Süß-sauer, brennend. Ich mußte niesen. Und hörte, daß auch Tante Luise nieste. »Ach, Alma, komm doch mal her! Wir haben etwas zu besprechen.«
Ich kehrte zur Parade der Zinnsoldaten zurück. Mochte nun kommen, was kommen wollte!
Nicht alle Soldaten standen in Reih und Glied. Einige von ihnen hielten sich abseits, zu Fuß und auch zu Pferde. Mit Orden und Bändern. Hätte ich mir einen von ihnen aussuchen dürfen, so hätte ich einen kleinen Dicken genommen: er hatte seinen Dreispitz auf den Degen gespießt und streckte ihn in die Luft. Ich sah genauer hin und entdeckte einen Stern auf seiner Brust. War es am Ende der Soldatenkönig? Der Mann, der die Langen Kerls einfangen und nach Preußen schaffen ließ?
Es dauerte ziemlich lange, bis Tante Luise zurückkehrte. »Zerbrich dir nicht länger den Kopf!« rief sie mir entgegen. »Alma weiß, was sie dem Pastor zu sagen hat. Sobald sie in der Küche fertig ist, geht sie hinüber ... zum Glück ist sie nicht die Dümmste. Morgen ist alles wieder in der Reihe!«
Kam der kleine, schreckliche Mann aus dem Tabakskollegium? Wo er seine Späße getrieben und sich betrunken hatte? »Ja, es ist der König«, bestätigte die Tante. »Der alte Salomon hinter der Nicolaikirche will ihn schon lange von mir haben. Für hundert Mark! Was denkt er sich?«
Sie kam näher, leicht gebückt, mit erhobenem Kopf, die Schatten der ersten Dämmerung im Gesicht. »Tante Luise!« rief ich. »Weißt du, wie du aussiehst? Weißt du, wie?« Ich starrte sie an, bewundernd, ungläubig: »Du siehst aus wie der Olle Fritze!«

Sie hob umständlich die Hand, um sich auf einen Krückstock, der gar nicht vorhanden war, zu stützen; sie schien den Schwarzen Adlerorden zu tragen. Oder schimmerten nur ein paar Knöpfe? Ihr Auftritt war vollkommen, ihr Blick der Blick des Königs. Sie nickte mir zu. »Was du da sagst, ist nicht neu für mich. Auf dem Wochenmarkt rufen es mir die Gören nach.«

Ihre abfallenden Schultern, ihr scharfer Blick: ich konnte nicht glauben, daß es noch Tante Luise war. »Wie machst du das?« rief ich und riß die Augen auf. »Machst du das oft?«

»Kind!« Sie wischte den Spuk mit einer Handbewegung fort. »Kind, früher... früher hättest du mich erleben sollen! Da war meine Nase noch klein, und meine Haut war glatt... so glatt wie Seide. Die Herren Offiziere haben manchen Blick riskiert!« Ihre Augen leuchteten: »Früher, Kind – ja, früher!«

Was war früher?

Als meine Tante Luise sich das erste Mal verliebte, schwärmte sie für die Stormnovelle »Immensee«, und die jungen Herren trugen Zylinder. Als sie ihren fünfundsechzigsten Geburtstag feierte, brach das zwanzigste Jahrhundert an. Und als meine Mutter sich verlobte, im Mai 1910, lag Tante Luise mit einer Lungenentzündung im Sterben; zumindest schien es so. Halbtot mußte sie nach Luft ringen, um den Streit der Verwandten um ihr Biedermeierzimmer zu schlichten, das Damenzimmer in Mahagoni, mit Schreibtisch, Vertiko und Notenschränkchen.

Früher? Ich sah ihr zu, wie sie an ihrem Weinglas nippte. Es schien in ihrer Hand zu schweben, sie berührte es kaum.

»Was war früher?« fragte ich. »Was war denn da?«

»Du liebe Zeit...« Sie las in meinen Augen: »Du meinst, bevor du auf der Welt warst? Vor dem Kriege? Da wimmelte es hier in Potsdam von Uniformen.« Sie straffte sich, ohne es zu bemerken. »Nacken steif und die Hand ans Schwert! Das war ein Geklirr und Gerassel, Sporenklingen und Hackenzusammenschlagen... Kind, sie hatten alle den Soldatenfimmel!« Sie hob die Hand, um in die Dämmerung zu lauschen: »Trompetensignale, Salutschüsse... und Paraden, die ganze Woche! Paraden der Garnison, Ehrenparaden, Gedächtnisparaden, Geburtstagsparaden... ein brillanter Auftritt nach dem anderen!«

Ihre Stimme wurde leiser. »Manchmal, wenn ich unten am Kanal die Enten füttere... manchmal habe ich das alles noch im Ohr.

Und bin glücklich, daß es inzwischen so still geworden ist.« Sie flüsterte fast: »Warum erzähle ich es? Weil Viktor es nicht verwinden konnte. Viktor, mein lieber Mann... Er war ja man bloß Juwelier. Das zählte nicht. Er stand hinter einem Ladentisch... Einem feinen zwar, und viele Offiziere hatten bei ihm Schulden, auch hohe Herren, allerhöchste Herren... Aber es half ihm nichts. Er blieb zeit seines Lebens ein Bürger zweiter Klasse.«

»Verstehe ich nicht.« Meine Beine hingen von einem der hohen Sessel. »Warum hat er sich das gefallen lassen?«

»Die Zeiten, Felix. Die Zeiten waren so.«

»Warum waren die Zeiten so?«

»Weil es der Deibel so wollte. Wäre Kaiser Friedrich achtundachtzig am Leben geblieben, der arme kranke Kaiser, der nur hundert Tage regierte... der für Recht und Freiheit eintreten, die Zöpfe abschneiden wollte... Aber er mußte sterben, mußte dem jungen Wilhelm Platz machen. Schlimm für uns alle...«

Die Ulmen schüttelten sich vor den Fenstern, der Wind drückte gegen die Scheiben. Im Souterrain polterten Töpfe, klapperten Gläser und Deckel. Alma war mit dem Kürbiseinkochen fertig.

»Die guten alten Zeiten... Ich habe sie erlebt«, sagte die Tante. »Gottlob, sie sind passé.«

Es war nun dunkel geworden. Nur die Brillanten funkelten noch, stärker als zuvor. Die Sterne in ihrem Haar.

Nach dem Abendessen stieg ich hinauf in meine Dachstube und schob den Kopf aus dem Fenster. Es war klein und rund, wie die beiden anderen, die den Nachbarstübchen Luft und Licht verschafften. Ein Schüler Schinkels hatte sie entworfen und ihnen zur Straße hin eine breite, prächtige Umrandung gegeben.

Der Wind kühlte und erfrischte. Er jagte das Herbstlaub durch die Gärten. Vom Heiligen See her meldeten sich die Käuze.

Was hatte Tante Luise mir nicht noch alles erzählt! Ich wußte nun, daß Carl Friedrich Freyhoff, mein Ururur-Großvater, Bürger und Schneidermeister zu Potsdam, anno 1784 dem großen König seinen letzten Rock genäht hat, ohne Tressen, weil seine Majestät es so wünschte. Ich wußte, daß Gustav Friedrich, mein Urur-Großonkel, Gymnasiallehrer zu Potsdam, anno 1834 das Ölbild »Blick vom Pfingstberg« gemalt hat, das nun im Stadtschloß hing.

Und ich wußte, daß Carl Eduard, mein Urgroßvater, Buchdrukker und Verleger zu Potsdam, anno 1844 die Stadtbeschreibung »Potsdam von der ältesten bis auf die neueste Zeit« geschrieben und herausgegeben hat.
Mir schwirrte der Kopf. Was würde Dr. Findelmann, unser Geschichtslehrer, zu alledem wohl sagen? Er hatte mir neulich eine Vier gegeben.
Ich beschloß, ihm nichts zu erzählen.

Auf der Wullenweberwiese kamen die Freunde ohne mich aus. Noch bevor ich sie erreicht hatte, sah ich, daß sie für mich einen anderen gefunden hatten. Alles nahm den gewohnten Gang; sie schienen mich nicht zu vermissen.
Ich legte den Karton, den Tante Luise mir für meine Mutter mitgegeben hatte, ins Gras und sagte: »Bin wieder da.«
»Polke macht mit«, entgegnete der Professor. Er ließ den Blick nicht von unserem Drachen. »Mußt du verstehen ... Er ist für dich eingesprungen.« Mehr sagte er nicht.
Firlefanz stand über den Dächern. Er hielt die Nase hoch, bereit, mit dem nächsten Windstoß weiterzusteigen. Otto hatte getan, was ich bisher getan hatte. Er hatte ihm emporgeholfen, ihn in den Bodenwind gedrückt. Und Polke hatte den Schwanz getragen, die Schleifen auf beide Arme genommen und dem steigenden Drachen nachgeworfen. Es war ohne mich gegangen.
»Is'n Ding!« rief Polke, der Freund, der bei seinem Onkel am Kuhstall wohnte. Er sprang von einem Bein auf das andere, den Kopf im Nacken: »Wat Otto kann, kann Lehmann's Kutscher ooch!« Er schwitzte vor Freude, dabei zu sein. Noch nie hatte er einen so schönen Drachen in Händen gehalten und helfen dürfen, ihn steigen zu lassen. »Ejal, wat kommt ... Ob er ruff will oder runter kracht – det is allens eene Soße! Ick bin da!« rief er.
Wir hatten beständigen Wind, Südwestwind, endlich Drachenwetter. Schäfchenwolken standen an einem Himmel aus durchsichtigem Glas.
Firlefanz kletterte in kurzen, kräftigen Schüben. Aber auch Komet stand gut, ein etwas größerer Drachen, den wir schon kannten. Er gehörte Bündischen, vier oder fünf Pfadfindern, Mitgliedern eines Bibelkreises. »Unter siebzig fang'n wa janich an!« schwindelten sie. Dabei hatten sie kaum sechzig Meter Schnur.

Die übrigen Drachen, die über der Wiese standen, bis hinten zur Gotzkowsky-Brücke, taugten nicht viel. Sie tanzten Wiener Walzer, kippten, lagen zu flach oder fanden nicht richtig in den Wind. Auch Kinderdrachen waren darunter, rote und blaue, das Stück für zwei Mark fünfzig.
Otto trat gegen den Karton: »Was hast'n da drin?« wollte er wissen. »Porzellan?«
»Quitten ... für Gelee«, antwortete ich und warf die Jacke daneben. »Kannste nich beißen. Hart wie Stein.«
Er gab sich zufrieden. »Nu biste wieder da«, sagte er. »Nu bleibste da –!« Und fing an zu boxen. »Jut so ... jut, daß de bleibst!«
Wir beobachteten Komet. Er schien Mühe zu haben, sich über den Dächern zu halten. Er war bei schlechter Laune: wollte ein Windstoß ihm weiterhelfen, so wich er aus, bäumte sich auf und drohte abzurutschen.
Otto zeigte auf Polke: »Jelejenheitsarbeet! Von wejen Lehmann's Kutscher!« Er drückte die Fäuste in die Taschen. »Uff de Schnauze is er jefallen, als er rennen sollte ... Und det war noch's beste!«
Otto meinte es gut mit mir, in der ersten Freude, mich wiederzusehen. Aber meine Gedanken waren ganz woanders. Sie waren schon zu Hause: Ich sah mich vor unserer Wohnungstür stehen, hörte mich dreimal klingeln.
»Ich muß gehen«, erklärte ich. »Mein Onkel is weg ... nu sag ich bei uns wieder guten Tach.«
»Mußte«, antwortete Otto. »Jeht nich anders.« Er drückte die Schuhspitzen noch einmal gegen den Karton: »Quitten, sagste? Nischt zum Essen? Reine janischt –?«
Tante Luise hatte mir ans Herz gelegt, an diesem bedeutsamen Tage nichts unbedacht zu tun und nichts zu überstürzen. Auch Pastor Witzig rate dazu, dieser kluge, umsichtige Mann. Ich sei nun einmal, so wie die Dinge stünden, der verlorene Sohn, etwas Besonderes, eine Gestalt von biblischer Größe – so sagte sie, oder so ähnlich.
Ich ließ mir also noch Zeit.
Die Tante hatte mir zudem offenbart, daß der Mensch in der Entfernung gewinne. Ihre Augen blitzten dabei, als sei sie erst siebzehn. Wäre der Mensch fort, über alle Berge, so halte man gemeinhin mehr von ihm, als wenn er zu Hause herumstehe und beispielsweise auf das Mittagessen warte. Ich solle daher am

Bahnhof Bellevue nicht gleich die Beine in die Hand nehmen. Je später ich einträfe, desto größer würde die Freude sein, mich wiederzusehen.

Komet gewann weiter an Höhe. Die Pfadfinder hatten erkannt, wann sie ihm Leine, Spielraum für eigene Unternehmungen lassen und wann sie ihn halten mußten; eine Kunst, die der Professor nicht so gut beherrschte. Er mußte befürchten, Firlefanz bei plötzlichen Sprüngen aus den Augen zu verlieren und verließ sich lieber auf sein Gefühl, auf Leine und Handgelenk.

Es war vorauszusehen: Wir brauchten in der sich anbahnenden Auseinandersetzung um die Wullenweberwiesen-Meisterschaft einen Schiedsrichter. »Ick sause zum Bomber!« verkündete Otto und rannte los.

Der »Bomber« wohnte nicht weit; in der Jagowstraße, Hinterhaus, vier Treppen. Er war Vertreter einer Bonbonfabrik und der beste Schiedsrichter, den es weit und breit gab. Traf Otto ihn an, so würde er kommen.

Egon, der Erdnußverkäufer, wäre uns allerdings lieber gewesen. Er war unser Freund. Aber wir wußten nicht, wo wir ihn in der Eile finden sollten.

Der Bomber war im Kriege bei den Luftschiffern gewesen. Er hatte London bombardiert und erkannte auf einen Blick, wie hoch ein Drachen stand. Er mußte über London die stählernen Kugeln vom Boden der Gondel hochreißen, in den Wind halten und auf Kommando fallen lassen. Ein starker Mann, der noch immer die Riesenwelle schaffte. Und der so gern einmal nach London gereist wäre, um es näher kennenzulernen. Aber er hatte kein Geld. Die Leckerstengel, die er schockweise bereithielt, gingen nicht gut.

Egon wäre uns auch lieber gewesen, weil er Firlefanz kannte und wußte, wieviel Arbeit wir uns mit ihm gemacht hatten. Aber Egon hatte keine Zeit mehr für uns.

Egon mußte sich neuerdings schon mittags in seinem Sturmlokal melden, bei den Nationalsozialisten. »Ick bin Völkischer«, sagte er noch immer, wenn wir ihn trafen. Aber er war mit seinen Kameraden nach der letzten Wahl von der Deutsch-Völkischen Freiheitspartei zu den Nazis übergelaufen. Bei ihnen fühlten sie sich wohler: Wer zu ihnen ging, der bekam Stiefel und Koppel und Schulterriemen geschenkt und durfte, war er Unteroffizier gewesen, einen Stern tragen.

Wir vermißten Egon, unseren großen Bruder. Er hatte sich das lange blonde Haar schneiden lassen und trug nun Wickelgamaschen. Lief er uns über den Weg, so war er in Eile: »Kopf hoch, Leute! Wird schon!« rief er. Und blieben wir auf dem Rummelplatz stehen, hörten wir zu, wie er seine Erdnüsse anpries: »Direkt aus Rio de Janeiro! Ein Jeschenk der Wildnis!« –, so griff er in den Sack: »Kostproben jratis! Für Schüler und schöne Frauen!« Und warf eine Handvoll in die Menge. Trotzdem, wir hatten ihn verloren.

»Haste nachgedacht?« fragte mich der Professor plötzlich. »Und haste begriffen?«

Ich blickte in seine Brille, in die verschwimmenden Pupillen: »Das siehste doch«, antwortete ich. Und holte tief Luft: »Aber was ich in Bukarest gekriegt hätte, is futsch. Futsch für immer.«

Es beunruhigte ihn nicht. »Flix... Was du brauchst, das haste. Begreifen mußte!«

Ich zog meine Jacke an und nahm den Karton. »Auch das Jewehr is futsch«, sagte ich. »Das Jewehr zum Entenschießen.«

»Haste begriffen –? Oder haste nich begriffen?«

»Ein Jewehr hättste jekricht?« Polke fuhr herum; er ließ den Drachen aus den Augen. »Wat sachste da –? Ein Jewehr?«

»Mit Patronen, jede Menge.« Ob ich es wollte oder nicht, plötzlich fielen mir noch einmal all die Dinge ein, die nun für mich verloren waren. Die Dinge, die ich schon fast vergessen hatte. »Was denkste?« rief ich. »Ich hätte gekriegt, was ich haben wollte! Ein Rennrad hätt' ich gekriegt! Mit Freilauf und Rücktrittbremse!«

»Einen Renner? Von Engelmann?« Polke riß den Kragenknopf auf. »Hättste wirklich jekricht? Und da biste nich jefahren? Du Feifenkopp, da bleibste in Berlin?«

Polke hatte nicht begriffen. Polke hatte auch nicht nachgedacht.

»Und der Onkel is nu wech?« fragte er mit trockenem Mund. »Wech isser – für immer?«

»Ja doch. Nach Rumänien.«

Polke schlug sich an die Stirn: »Helf ma denken!« Und wandte sich an den Professor: »Haste Töne –? Sein Onkel is wech! Un hat so ville Pinke!«

Der Professor konnte Firlefanz nicht mehr erkennen. Firlefanz stand höher, als er sehen konnte: ein blasser Stern in der ersten Dämmerung.

Polke hatte Firlefanz vergessen. Er hatte uns alle vergessen. »Mensch, reich –!« rief er. »Reich, und denn Jeld!«

Als ich nach Hause ging, brannten in den Läden schon die Lampen. Ich kam am Schaufenster der Konditorei Marquardt vorüber, an Nußsahneschnitten und Ananastörtchen, am Friedrichswerderschen Gymnasium und der Briefmarkenhandlung des Herrn Krogmann. Er behielt zur kühleren Jahreszeit nun wieder im Laden den Hut auf und lüftete ihn, sobald ein Kunde die Türklinke drückte.
Pastor Witzig hatte mir durch Alma seinen Segen mit auf den Weg gegeben. Er hatte mir sagen lassen, daß ein junges Menschenkind allzeit treu und wahr, verständig und rüstig sein sollte, um den Fährnissen dieser Welt zu entgehen. Worte, die mir gefielen, denn ich war sicher, so und nicht anders beschaffen zu sein.
Auch Onkel Cajou war von Pastor Witzig mit gutem Rat bedacht worden. Der Anruf hatte ihn im Hotel Esplanade ereilt, inmitten seiner Reisevorbereitungen: Das Himmelstor werde ihm dereinst verschlossen bleiben, hatte der Pastor ihn gewarnt, sollte er sich nicht dazu entschließen, noch einen Tag länger in Berlin zu bleiben, um mir, dem in Sorge und Not geratenen Neffen, Lebewohl zu sagen. In Güte, in Liebe und Weisheit.
Mein Vater erzählte später, allein der Hinweis auf seine Weisheit, die Onkel Cajou nicht in Frage gestellt zu sehen wünschte, habe ihn bewogen, die Abreise zu verschieben.
Er war geblieben und hatte sich, als ich in Potsdam den Käuzen lauschte, in Berlin noch einen lustigen Abend gegönnt.
So geschah es, daß die Familie, kaum daß ich die Quitten abgeliefert hatte, in ein Taxameter kletterte, um zum Bahnhof zu fahren. Mein Bruder riß die Vordertür auf und warf sich neben den Chauffeur. »Zoo!« rief er. »Bahnhof Zoo!« Meine Eltern nahmen im Fond Platz. Für meine Schwester Hilli und mich wurden die Reservesitze aus dem Boden gezogen und aufgeklappt.
»Wir haben ein Suppenhuhn im Topf«, sagte mein Vater, als wir über die dunkle Spree rollten. »Ich hoffe, Felix, du hilfst, wenn die Knochen abgeknabbert werden müssen?«
»Ein Huhn aus Werder. Ich habe es in der Markthalle bekommen«, ergänzte meine Mutter. »Ich glaube, es reicht noch für ein Frikassee... Felix, das ißt du doch so gern!«

Der Chauffeur tat, was er konnte. Wenn es in die Kurven ging, kreischte Hilli und klammerte sich an die Messingstange. Meine Mutter versprühte Eau de Cologne, mein Vater hielt einen Strauß Astern im Schoß: »Für die Nichten«, sagte er. »Für Lucia und Nelly. Das bin ich ihnen schuldig.« Schon hatten wir das Knie erreicht und bogen in die Hardenbergstraße ein.

»Onkel Cajou freut sich darauf, dich noch einmal zu sehen«, sagte meine Mutter. »Gib ihm ruhig einen Kuß.«

Mein Vater zog die Brieftasche. »Und vergiß nicht, Grüße an Tante Melania auszurichten!« ermahnte er mich. »Du weißt, sie hat ein Zimmer für dich hergerichtet, hinten zum Garten, unter dem Dach.«

Die Bremsen quietschten. »Höchste Eisenbahn!« rief meine Mutter. Sie zog Hillichen vom Sitz. Hilli strahlte in die Leuchtreklamen, in das Spiel der Glühbirnen, ihr Auf und Ab, ihre Späße und Überraschungen. »Noch sieben Minuten!« drängte mein Bruder. Er zeigte auf die Normaluhr: sie sprang weiter. Schon waren es nur noch sechs.

Onkel Cajou kam uns in einem karierten Reisemantel entgegen, mit ausgebreiteten Armen. Seinen Schirm und seine Mütze hielt der Schlafwagenschaffner. Die Cousinen machten flüchtige Knickse; ihre Bubiköpfe glänzten, ihre Füße steckten in spitzen Schuhen aus Schlangenleder.

Um uns herrschten Hast und Unruhe. Ein Mann eilte den Zug entlang und bot Sitzkissen an, ein anderer die »Berliner Illustrirte« und den »Uhu«. Gepäckträger hoben noch Koffer in die Fenster. Dampf quoll ihnen entgegen, denn der Zug wurde schon geheizt. Für eine lange Reise durch die Nacht.

»Arad – wo liegt das?« fragte mein Bruder. Er studierte das Schild, das am Schlafwagen hing. Wir wußten es beide nicht. Hilli war vergnügt wie selten: Sie konnte ihren Blick nicht von den bunten Lichtern lassen, die sich durch verrußte Scheiben bis in die Bahnhofshalle drängten und über die Gesichter huschten.

»Viel Glück!« sagte Onkel Cajou plötzlich zu mir. »Ich werde an dich denken!« Seine schweren Augenlider hoben sich, er umfing mich in einem letzten, aufmunternden Blick. Einem Blick, der die Sorgen der letzten Tage, alle meine Zweifel und alle meine Grübeleien beiseite schob. Einem Blick, den nur wir beide, wir allein verstehen konnten.

Ich spürte den Duft türkischer Zigaretten, sein Parfum: Er umarmte mich. Er zog mich hoch und drückte mich an die Brust; der Mann, dessen Liebe mir über den Geschenken, die er mir machen wollte, fast nicht bewußt geworden wäre.
Wir wurden getrennt, für unser ferneres Leben. Wir sollten uns nie wiedersehen.
Ich sah den Lichtern des Zuges nach. Und konnte nicht begreifen, daß er so langsam, so träge und so unerbittlich davonrollte.

5 Die Kremserpartie

Ich beobachtete Hede schon eine ganze Weile. Sie lehnte an der Wand, nicht weit von der Theke, und schien das Durcheinander, das im Vineta-Eck herrschte, kaum zu bemerken; weder den Wirt mit dem struppigen Schnurrbart, der das Bier laufen ließ und die Gläser spülte, noch die Gäste, die in langer Reihe nebeneinander standen, lärmten und tranken. Sie blickte an allem vorbei, in die Lampen, die über dem Buffet schon brannten, obwohl draußen noch heller Tag war.

»Was meinst du, wie alt sie ist?« fragte ich meinen Bruder.

Er sah kaum auf. »Vierzehn«, antwortete er und tat so, als ginge sie ihn nichts an.

Wir kannten den Trubel im Vineta-Eck, wenn es Lohn gegeben hatte und die Überstunden bezahlt worden waren. Es war nicht das erste Mal, daß unser Vater uns mit nach Pankow auf die U-Bahnbaustelle genommen hatte. Wir sollten wieder einmal sehen, wie es weitergegangen war. Und sollten auch Onkel Willi Guten Tag sagen. Freitags war er meist zur Stelle.

»Kümmert euch um Hede!« hatte er uns zugerufen, als er uns erblickte. »Laßt sie nicht allein!« Und war ohne ein weiteres Wort hinüber in eine der Baubuden gerannt.

Wir saßen hinten, wo es zu den Toiletten ging; eingequetscht zwischen Arbeitern, die Brote aus Aluminiumbüchsen aßen, sich Zigaretten drehten und von den Unruhen sprachen: den Straßenkämpfen am Wedding und in Neukölln. Im Mai 1929.

Auch Onkel Willi beschäftigten sie, sonst wäre er geblieben und hätte für jeden von uns eine Bockwurst bestellt. Er war, als er den Kopf in die Tür steckte, kaum wiederzuerkennen gewesen. Seine

Weste stand offen, das Hemd klebte auf der Brust, und der Kragenknopf war aufgesprungen. An sich hielt er auf sein »Exterieur«, wie er es nannte, auch auf gutes Benehmen, auf das, »was den Menschen ausmacht«.

Hede hatte ein blasses, schmales Gesicht. Es verschwamm von weitem im Dunst der Zigaretten, wirkte leblos, und es kam mir so vor, als hätte es noch nie gelacht.

Achim hatte keine Lust, sein Malzbier stehen zu lassen und sich zu ihr auf den Weg zu machen. »Die Primel –!« sagte er, und wollte viel lieber weiter zuhören, was am Tisch erzählt wurde. Vom Wedding und aus Neukölln.

»Geh du!« sagte er. Achim wurde schon siebzehn und ging in die Obersekunda. Ich wurde erst fünfzehn und war froh, gerade noch in die Obertertia gerutscht zu sein. »Du hast gehört, wir sollen uns um sie kümmern!«

Ich wäre gern gegangen. Ich ging immer, wenn es sein mußte; für ihn und auch für mich. Aber ich wußte nicht, wie ich es anstellen sollte, mich um sie zu kümmern. Ich hatte sie zeit meines Lebens noch nicht gesehen, Hede war mir wildfremd. Ich hatte bloß beobachtet, wie sie mit Onkel Willi aus dem Austro-Daimler gestiegen war, dem schnellsten Auto der Welt.

»Worauf wartest du?« drängte mein Bruder. »Ist Onkel Willi mein Onkel? Oder ist er deiner?« Ich konnte ihm nicht widersprechen: Onkel Willi war mein Onkel, meiner ganz allein.

Unschlüssig stand ich auf und schnallte den Gürtel fester. »Ich geh' rüber, schön ...« Es war kaum ein Durchkommen. »Und was mache ich drüben?« fragte ich. »Was soll ich mit ihr anfangen?«

»Weiß ich doch nicht!« Achim wurde ungeduldig. Er wollte sich am Tisch nichts entgehen lassen, wollte vor allem erfahren, wie die Polizei ausgerüstet war und wo die Rotfrontkämpfer ihre Maschinengewehre herhatten.

»Ich auch nicht!« rief ich zurück. »Und da schickste mich!« Die Sache war an mir hängen geblieben, obwohl er sich mit Mädchen viel besser auskannte. Er ging schon in die Tanzstunde, bei Glaw in der Philharmonie. Und hatte für seinen Foxtrott mit einer gewissen Sonja eine Ehrenschleife ins Knopfloch bekommen. »Gehste –? Oder gehste nich?« Er gab mir einen Schubs. »Mensch, hau ab!« Er meinte es gut mit mir, denn gehen mußte ich. Onkel Willi war mein Onkel. Das wußte ich selbst.

Onkel Willi war für mich vom Himmel gefallen. Ich hatte ihn nicht der Familie, weder der märkischen noch der polnischen Verwandtschaft zu verdanken, sondern er hatte – ein freundlicher Zufall – wie ich an einem 15. Dezember das Licht der Welt erblickt: am 15. Dezember 1874. Und war vor zweieinhalb Jahren, am 15. Dezember 1926, dahintergekommen. Mein Vater hatte es ihm erzählt, als sie im Vineta-Eck auf seinen Geburtstag anstießen. »Ist es die Möglichkeit?« Er hatte es zunächst nicht glauben wollen: »Justament wie ich?« Er schien ganz außer sich: »Ein Schütze? Vom fünfzehnten –? Wie alle guten Menschen dieser Erde?« Und hatte meinen Vater zu dessen nicht geringer Bestürzung umarmt: »Bruderherz! Der Junge ist mein Fall!«
Weil ich sein Fall geworden war, ließ er mir von Matthis in der Leipziger Straße einen Anker-Steinbaukasten schicken, halb so groß wie unser Eßtisch, groß genug, um einen Wolkenkratzer zu bauen; und ein Jahr später, als ich Pfadfinder geworden war, eine Zeltbahn, Heringe und einen Brotbeutel. Und zum 15. Dezember des vergangenen Jahres einen Radioapparat. Einen Eldoradio-Detektor-Empfänger mit Korbspule und Kopfhörer. Ich solle mir Musike anhören, ließ er mir ausrichten, und aufpassen, was die Fußballer so machten, Hanne Sobeck und Genossen. Und nicht leben wie 'n Hund.
Also machte ich mich auf den Weg zu Hede. Immerhin, sie war in einem Austro-Daimler gekommen, ob sie nun wie eine Primel aussah oder nicht. Mein Bruder hatte einen Blick für Mädchen. Es war zu befürchten, daß sie tatsächlich so aussah. Er wußte, was er sagte.
Seitdem im Friedrichswerderschen Gymnasium »Sie« zu ihm gesagt wurde, trug er den Scheitel fast in der Mitte, wie Willy Fritsch, und hatte sich eine kunstseidene Krawatte angeschafft, dunkelrot mit gelben Punkten. Er hätte mir erklären können, wie an Hede am besten heranzukommen war. Aber er wollte erfahren, warum geschossen wurde.
Ich schob mich, ohne weiter zu überlegen, an den hinteren Tischen vorbei, am Orchestrion und den Garderobenhaken, um zunächst einmal an die Fenster zu gelangen. So war ich wenigstens schon auf dem Wege.
In der Tür, die rechts von der Theke lag, war ein Kommen und Gehen. Nicht nur, weil es Geld gegeben hatte und die Groschen

locker saßen, sondern auch, weil es hier im Vineta-Eck, in dieser verräucherten Kneipe, die neuesten Nachrichten gab. Berichte vom nahen Wedding und auch aus dem Süden, aus Neukölln.
Diese Tür stand ohnehin nicht mehr still, seitdem rundum im Viertel die Ausschachtungsarbeiten für den U-Bahnhof Pankow Vinetastraße begonnen hatten, die Rammen hämmerten und inzwischen auch die Tiefbauarbeiten für die modernste unterirdische Rangieranlage der Reichshauptstadt in Angriff genommen worden waren. Wer dazu gehörte, trank hier seinen Schnaps, vis-à-vis der städtischen Bedürfnisanstalt, einem freundlichen Bau im Landhausstil, um den sich die Baracken der Bauleitung gruppierten. Hier im Vineta-Eck fühlten sich alle wohl, Arbeiter und Handwerker, Techniker und Büroangestellte, fliegende Händler und auch die herausgeputzten Mädchen, die sich in der Nähe eingemietet hatten.
»Verdammt heiß heute!« sagte ich, als ich bis an das äußere Ende der Theke, bis zu Hede, vorgedrungen war. Und mußte es gleich noch einmal wiederholen, viel lauter, um mich in dem Lärm der Stimmen durchzusetzen. »Du bist mit Onkel Willi gekommen, stimmt's?« rief ich ihr ins Ohr. »Mit dem Austro-Daimler!«
Sie drehte sich nicht einmal um. Achim hatte also recht gehabt, es war nichts mit ihr anzufangen. Trotzdem war ich ganz froh, den Anfang hinter mir zu haben. Sie wußte jetzt, daß ich da war, und ich konnte mir nun Zeit lassen.
Aus der Küche wurden frische Bouletten gebracht. Sie dampften noch, und alle langten zu, kaum daß sie abgestellt worden waren. »Mahlzeit!« rief ich. Vielleicht etwas zu laut.
Hede überhörte es. Natürlich wußte ich, daß Mädchen Launen haben und daß manchmal nicht mit ihnen zu reden ist, weder im Guten noch im Bösen. Aber Hede hätte bemerken müssen, daß ich bloß gekommen war, um mich um sie zu kümmern. »Falls du auf Onkel Willi wartest – das kann noch lange dauern!« Ich rückte an ihre Seite und lehnte mich ebenfalls an die Wand, unter den verstaubten Lorbeerkranz der Ringerriege »Eintracht«. »Onkel Willi ist drüben im Büro. Bei meinem Vater.«
Das sollte sie wissen. Sie sollte erfahren, daß Onkel Willi mit seinem Austro-Daimler bloß nach Pankow gekommen war, um mit meinem Vater zu sprechen. »Onkel Willi sitzt in der Bauleitung.«

Sie blickte an mir vorbei, in das Gedränge und Gestoße, auf die blitzenden Bierhähne, die Pfeffermühle, die an einer langen Kette hing. Sie schien kaum zu atmen.

Onkel Willi war ein reicher Mann. Er besaß hinter Reinickendorf eine Kiesgrube, einen Zipfel Kiefernwald und einen kleinen See. Und ein Haus in der Kantstraße, ein Miethaus mit hochherrschaftlichem Rückgebäude, einen Bau aus den Gründerjahren mit einem Treppenhaus aus Marmor. Und außerdem drei Pferde: Lisa und Martha, geduldige Hannoveraner, die Holz fuhren und gelegentlich vor den Kremser gespannt wurden, und Daisy, einen Traber. Seine »Perle im Golde«.

Man mußte Onkel Willi gernhaben. Er liebte nicht nur seine Seerosen hinter Reinickendorf und seine Marmorpracht in Charlottenburg, die launische Daisy in Mariendorf und die Geschäfte in Pankow; er liebte vor allem das Leben. Er freute sich über jeden Tag, an dem die Sonne aufging, über die »Spendabilität von janz da oben«, und es fiel ihm an jedem Abend von neuem schwer, in all seiner Freude wieder ins Bett zu finden. Von Hede hatte er noch nie gesprochen.

Sah sie wirklich wie eine Primel aus? Oder hatte mein Bruder sich aus der Entfernung getäuscht? Sie trug zu ihrem langen, hellblonden Haar ein dunkles Kleid mit blanken, schwarzen Knöpfen. Es lag so leicht, so ordentlich auf ihren Schultern, als sei es eben erst aus dem Schaufenster genommen worden und ließ ahnen, wo ihre winzigen Brüste saßen. »Die Bauleitung hat mein Vater!« erklärte ich ihr. »Wenn was einstürzt, ist er schuld.«

Über ihrem Ohr saß eine schwarze Spange. Und merkwürdig, ihr Ohr war so fein, so zart, wie ich noch nie ein Ohr gesehen hatte. Ich rückte noch etwas näher: »Wenn der Bau nicht fertig wird ... nicht pünktlich, verstehste, dann ist auch mein Vater schuld! Das ist so ... Beim Bau ist das so.«

Sie hätte nun auch ein Wort sagen können, denn ich hatte getan, was ich konnte. Und war inzwischen dahintergekommen, daß mein Bruder sich geirrt hatte. Wie schon gelegentlich. Eine Primel war sie nicht.

Im gleichen Augenblick fuhr ich zusammen. Wie konnte ich mich wundern, daß sie so tat, als wäre ich Luft? Ich hatte ihr ja noch nicht einmal gesagt, wer ich war! Ich hatte vergessen, mich vorzustellen. Konnte doch sein, mein Vater war ihr gleichgültig und Onkel Willi auch. Aber wer ich war... Konnte doch sein, sie wollte es genauer wissen, wollte es vielleicht schon seit längerem erfahren!

»Felix!« stieß ich hervor. Und noch einmal: »Ich bin der Felix!«

Sie musterte mich aus hellen Augen. »Der Felix?« Aus Augen, die nicht zu wissen schienen, daß der Zigarettenqualm inzwischen bis zur Decke stand und es um uns mit jeder Minute enger wurde. »Du bist der Felix?«

Ich spürte ihren Atem. Der Felix! Noch nie war mein Name so schwebend, so leichthin ausgesprochen worden. So fragend, als habe er viel zu bedeuten.

Ich sah der Pfeffermühle nach, ihrer fettigen Kette, die von der Mitte der Theke bis zu beiden Enden reichte. Sah zu, wie sie gedreht, geschüttelt, von Hand zu Hand weitergegeben wurde, und wußte nicht, was ich Hede nun noch sagen sollte. Das Wichtigste wußte sie ja, nämlich, daß ich der Felix war.

»Und du bist Hede, stimmt's?« fragte ich. »Bist mit Onkel Willi gekommen, in seinem Austro-Daimler?«

Sie nickte.

Onkel Willi war nicht groß, eher klein und dick. Aber nicht zu übersehen. Er trug Anzüge, die ihm etwas zu eng waren, helle Westen und Strohhüte mit schwarzem Band. In einem seiner Mundwinkel hing meist ein kalter Zigarrenstummel. Er konnte ihn mitten im Wort, man wußte nicht wie, in den anderen kleben; und seine Uhr vor demBauch an der Kette kreisen lassen wie einen Propeller, als säße er in einem Doppeldecker.

Machte er sich auf den Weg, um einen Blick in die tiefe, sich mit jeder Woche weiter ausdehnende Baugrube zu werfen, hinab auf die Pumpen, die das Grundwasser zurückhielten, auf das Geflecht der Feldbahnen, auf Schippkolonnen und Kipploren, so streckte er die Arme nach hinten, als sei er in einen Platzregen geraten. Und trat, sobald er die Verschalungen erreicht und jenseits aller Wühlerei das Panorama steil aufsteigender, aus ihrer Ruhe gerissener Häuser vor Augen hatte, schnell wieder zurück: »Kinder, also nee... das hat allens seine Konfusion! Mir wird direktemang schwindelig!«

»Er hat mich mitgenommen«, sagte Hede. »Er ist mein Onkel.«

Ich holte tief Luft. »Deiner auch –?«

»Ein bißchen«, antwortete sie. »So ein bißchen. Wie auch bei dir.«

Sie strich ihr Haar über die Schulter zurück und sah mich an. Ihre Stimme ließ mich nicht los, diese helle, schwingende Stimme, die so ruhig über aller Unruhe, der Spannung und den Zurufen ringsum lag. Was wußte mein Bruder von dieser Stimme?
Wir hatten ein und denselben Onkel; und wir warteten auf ihn. Onkel Willi gehörte ihr ein bißchen, und er gehörte mir ein bißchen. Ich spürte, sie gönnte mir mein Bißchen, und ich hätte ihr, wenn sie es gewollt hätte, ohne Besinnen von meinem Bißchen noch ein bißchen abgegeben. Sie war für mich das erste Mädchen, mit dem sich reden ließ.
»Uns beiden gehört er, aber er hat es nie verraten!« Ich versuchte, hinter die Zusammenhänge zu kommen. »Da biste also heute mitgefahren?«
»Was sollte ich zu Hause tun?«
Wenn sie nur nicht so ernst, fast ein wenig traurig gewesen wäre! »Weiß nicht«, antwortete ich. Wie sollte ich wissen, was sie zu Hause alles hätte tun können? An diesem schönen Frühlingstag? Ich wußte ja nicht einmal, wo sie wohnte. Ob sie ein Fahrrad besaß und schon die Freischwimmerprüfung gemacht hatte.
Aber mit meinem »Weiß nicht« kam ich nicht weit. Ich mußte mehr sagen, mich noch besser um sie kümmern. Zumal wir inzwischen an die Theke vorgerückt waren, um nicht von den Nachdrängenden erdrückt zu werden. »Willste was trinken?« fragte ich sie. Und sah in ihre Augen: »Willste –?«
Ihre Wimpern zuckten. Es hieß: nein. Ich verstand sie sofort. Nein, trinken wollte sie nicht, nicht hier in diesem Gedränge. Ich zögerte nur Sekunden: »Willste was essen?« Ich tippte an das trübe Glas mit den Soleiern. »Mit Mostrich?«
Ihre Wimpern flatterten. Weil sie nicht wissen konnte, wie gut die Eier hier im Vineta-Eck schmeckten; vor allem, wenn man sie in Öl und Mostrich zerdrückte und anständig pfefferte.
Ich wollte es ihr erklären, kam aber nicht mehr dazu. Neue Gäste schoben sich in die Tür, wurden begrüßt und blieben nicht weit von uns stehen.
»Die U-Bahnhöfe sind besetzt!« rief einer von ihnen. »Am Wedding haben sie die Beamten verjagt ... Zement in die Weichen gegossen!«
»Sie schießen von den Dächern!« rief sein Nachbar. »Volle Dekkung – sonst wären wir nicht wieder rausgekommen!«

»Die Polizei is mit Panzerwagen da! Leute, Krieg is das, Bürgerkrieg! Da isses vorbei mit der Gemütlichkeit!«

Der Wirt schob ihnen ihre Mollen hin. »Kommt wieder in die Reihe!« beruhigte er und goß mit einem Schwung fünf Schnapsgläser ein. »Is doch immer dasselbe!«

Seit achtundvierzig Stunden wurde am Wedding und in Neukölln gekämpft; im Norden und im Süden der Stadt. Aus nächtlichen Schießereien, Angriffen kommunistischer Rollkommandos auf Polizeistreifen, hatten sich schwere Straßenkämpfe entwickelt. Die Kommunisten versuchten, den Verkehr lahm zu legen, Arbeiterviertel, in denen sie auf Unterstützung rechnen konnten, in ihre Gewalt zu bringen und die Polizeireviere zu stürmen.

»Sie reißen die Straßen auf!« berichtete ein Polier. Er hatte mit zwei anderen ein Baustofflager sichern wollen. »Sie plündern, zünden die Baubuden an!«

»Pistolen in der Hand ... am Hermannplatz fliegen die Brocken!«

Hede folgte diesen ersten Augenzeugenberichten, den sich überschlagenden Schilderungen ohne Anteilnahme. Es schien ihr gleichgültig zu sein, was die Männer an diesem Tag erlebt hatten. Während ich bedauerte, nicht wenigstens in Neukölln dabei gewesen zu sein. Irgendwo im Gedränge, wo es nicht so gefährlich war.

»Da müßte man hin! Mal sehn, wie's weitergeht!«

»Wirklich? Das willste?«

Am Hermannplatz, hörten wir, war kein Durchkommen mehr, weil die Polizei das Kampfgebiet abgeriegelt hatte und mit Hundertschaften angerückt war, um einen Sturm der Roten auf das Neuköllner Rathaus zu verhindern.

Polizeipräsident Zörgiebel hatte den Ausnahmezustand verhängt. »Viel zu spät«, wie ihm die Deutschnationalen vorwarfen; in »vorbildlicher Entschlossenheit«, wie die Sozialdemokraten lobten.

»Gegen jedes Recht«, schrieb die »Rote Fahne«. Ein letztes Mal, denn der Polizeipräsident verbot das Blatt auf drei Wochen, unter Berufung auf das Gesetz zum Schutze der Republik. »Weg mit Zörgiebel!« verlangten nicht nur die Kommunisten. Auch die Nationalsozialisten. Aber noch hatten sie nicht viel zu sagen. Erst sechs Monate später, im Herbst 1929, sollten sie 13 der 225 Sitze im Stadtparlament bekommen.

Kämpfe im Norden und Kämpfe im Süden. Im übrigen war es

ruhig in Berlin. Die Freunde Richard Wagners standen vor der Staatsoper an, um noch Karten für die »Meistersinger« zu ergattern, die Eröffnungsvorstellung der Berliner Festspiele. Unter den Linden und über den Kurfürstendamm flanierten die Damen, um ihre neuen Frühlingskleider auszuführen, kürzer noch als im vergangenen Jahr, und auf dem Gelände des Potsdamer Luftschiffhafens stachen anläßlich der Wassersportausstellung Kriegsschiffe in See, Modelle der einstigen, am Skagerrak gesunkenen oder abgewrackten kaiserlichen Kriegsmarine: auf einem künstlichen Teich bei Militärmusik, in Pulverdampf und bengalischem Licht.
Im Süden hatte es die ersten Toten gegeben. Unter ihnen war ein Journalist, ein Reporter aus Neuseeland: Charles McKay. Er hatte eigentlich von der Wassersportausstellung berichten wollen, von den Rennrutschern, den Autobooten und Limousinen. »Bleiben Sie zurück!« hatte ihm in Neukölln, am Zugang zur Herrfurthstraße, ein Polizeiposten zugerufen. McKay hatte mehr sehen, mehr erleben wollen als das Wassersportspektakel in Potsdam. Er hatte Berlin, die Hauptstadt des deutschen Reiches, so schildern wollen, wie er sie antraf: zwiespältig, von Fieberanfällen geschüttelt, wach und unternehmungslustig, ringend um Ruhe und Selbstbehauptung.
Schießereien am Wedding und in Neukölln. Aber was wußten die Berliner in Spandau oder Nicolassee davon, in Steglitz oder Weißensee? Vom Aufmarsch der Polizei in Stahlhelmen, zu Fuß und zu Pferde? Von den Angriffen der Rotfrontkämpfer, ihren Widerstandsnestern, ihren Barrikaden? Nicht mehr, als in den Morgenzeitungen stand. Die Berliner klopften an ihre Barometer, blickten zum Himmel und freuten sich auf Himmelfahrt, den Tag der Familienausflüge und Herrenpartien. Auf Aal grün in Schildhorn und den Flieder in Cladow. Die Dampfer auf dem Wannsee, dem Tegeler und dem Müggelsee leuchteten schon in frischem Weiß, die Gastwirte hatten Tische und Stühle ins Freie gestellt und die Trabrenn-Veranstalter illustre Gäste aus dem Ausland angekündigt, Pferde wie Jongleur und Mogul, ganz abgesehen von Libelle und Julia, Nörgler und Maximus.
»Der Herr Oberingenieur!« wurde plötzlich gerufen. »Macht mal Platz!« Die Köpfe flogen herum, und ich sah im gleichen Augenblick am anderen Ende der Theke meinen Vater auftauchen, neben dem Glasschrank, in dem die kalten Koteletts und die Schrippen

mit Hackepeter lagen. Er trug seinen verbeulten, vom Regen verwaschenen Filzhut.

»Mein Vater!« Ich reckte mich, hob mich auf die Zehenspitzen. »Siehst du ihn? Kannst du ihn sehen?« Ich stemmte mich gegen die Messingstange, den einzigen Halt, den wir hatten. »Hede – da isser! Mein Vater!«

Mit ihm war Onkel Willi gekommen. Aber sein runder, verschwitzter Kopf zeigte sich erst etwas später. Er tauchte aus der Tiefe auf, als habe der Onkel sich von unten herangearbeitet. »Onkel Willi ist auch da! Unser Onkel!«

Mein Vater zeigte sein Baustellengesicht. Die Backenknochen traten hervor, die gebräunte Stirn lag in Falten, und der Kneifer funkelte. Er wirkte größer als alle anderen. Oder lag es nur an seiner Haltung, den schnellen Blicken, mit denen er sich umsah?

»Mein Vater! Siehste ihn?« Wir wurden aneinandergedrückt, ich mußte eine ihrer Haarsträhnen von meiner Stirn wischen. »Was er sagt, wird gemacht... kannste dich drauf verlassen!«

»Können wir nicht raus?« fragte sie. »Raus hier?« Über meinen Vater wollte sie nichts weiter wissen. Kein Wort, obwohl sie ihn so gut wie ich sehen konnte und bemerkt haben mußte, daß er der Wichtigste von allen war.

Er kannte sich aus im U-Bahnbau. Er hatte schon mitgemacht, als es vom Bahnhof Friedrichstraße aus hinauf nach Norden ging, die Chausseestraße entlang, an der Dankeskirche vorbei. Nacht für Nacht hatte er in der Tiefe das Ohr an die Wände gepreßt, an die feuchten Bohlen. Und gehorcht, was ihm in dieser gefährlichen Phase der Bauarbeiten der Sand, der zeitweise so tückische märkische Sand, zu sagen hatte: ob er knirschte, sich rieb, mit Grundwasser vermischte, bereit, den nahen Fundamenten des Kirchturms ihren Halt zu nehmen, oder ob er sich weiterhin ruhig verhielt. So ruhig, wie berechnet und erhofft. Er hatte darüber weiße Schläfen bekommen.

»Mein Vater!« Ich war stolz, ihn hier zu erblicken, und hätte Hede gern noch viel mehr von ihm erzählt: von Erdschichten aus der Eiszeit, in denen er gewühlt, von Bernsteinbrocken, so groß wie Schlagbälle, die er ans Licht geholt hatte. Aber sie war ungeduldig geworden. Sie wollte weg.

»Wir sichern die Strecke!« rief mein Vater in die eingetretene Stille. »Wir machen dicht.«

Die Männer an der Theke gaben ihm recht: »Wir lassen uns doch nicht die Maschinen zerschlagen! Das Öl wegholen! Die Spaten klauen!«
Mein Vater kippte seinen Korn in kurzem, entschlossenem Schwung, den ihm so leicht keiner nachmachte.
Alle rissen ihre Gläser hoch, zum vierten oder fünften Mal, denn es war Zahltag. Und blieben fest auf den Beinen – wie das immer so war bei den Männern vom Bau.
»Sollen sie kommen!« rief einer der Schachtmeister. »Sie werden sich wundern!« Er gehörte zum Reichsbanner Schwarz-Rot-Gold, den Kämpfern der Sozialdemokraten. »Wir hauen ihnen die Jacke voll!«
Mit meinem Vater konnte man reden. Reden und Pläne machen; das war schon immer so gewesen. Reden und trinken, wenn Feierabend gekommen war und das Zeug in den Baubuden hing. Er konnte das Notwendige vertragen; mehr als meine Mutter ahnte. Sie hatte ihn ja noch nie im Vineta-Eck erlebt, abends nach sieben, mit seinem Baustellengesicht.
Mein Bruder und ich, wir kannten alle seine Gesichter: das aufmerksame, gespannte Baustellengesicht zwischen Rammen und Betonmischern, Loks und Kränen; das müde, zum Nachgeben bereite, oft abwesende Abendgesicht, wenn er zu Hause unter der Lampe seinen Kneifer putzte, und sein schönstes, sein Sonntagsgesicht.
»Wir bleiben auf dem Posten!« bestimmte er. »Für's erste. Wernicke und Pfeifer haben Wachen aufgestellt.«
Auch das Bier schmeckte ihm. Er nahm die Blume gleich im ersten Zug mit und wischte sich den Schaum von den Lippen. Er kannte seine Leute: Wer Durst hatte wie sie, war ihr Mann. Auf den war Verlaß.
»Es is gleich Schluß«, tröstete ich Hede. »Du hast gehört, sie haben schon Wachen aufgestellt. Wetten, daß die auch Pistolen in der Tasche haben?«
Neben meinem Vater tauchte nun auch mein Bruder auf und winkte: wir sollten kommen. Onkel Willi warf einen Arm in die Luft, als erwarte er, wir könnten fliegen.
»Komm!« Ich zog Hede hinter mir her und schlug noch einmal den weiten Bogen, in dem ich gekommen war, bis hin zum Orchestrion.

Sie atmete auf. »Haste gut gemacht!« Und wollte noch etwas hinzufügen: »Weißte, Felix –«
Auch ich wollte ihr schnell noch dies und das sagen, kam aber mit den Worten nicht zurecht. Wahrscheinlich, weil sie nichts, gar nichts mit einer Primel zu tun hatte.
»Da lang!« sagte ich schließlich. »Wir müssen da lang!«
Hede wußte es selbst. Sie wußte so gut wie ich, wie wir nun zur Tür und hinaus auf die Straße kommen konnten.
Draußen nahm Onkel Willi mich beiseite: »War gut, daß du dich um sie gekümmert hast!« In seinem linken Mundwinkel hing ein Zigarrenstummel. Sein Strohhut war verrutscht. »Sie braucht 'ne Aufmunterung. Ihr Vater hat sich umgebracht.«

Es wurde später als vorausgesehen. Mein Vater ließ eine Autodroschke kommen und das Verdeck nach hinten klappen. Er wollte uns noch etwas zeigen.
Langsam rollten wir um das Baugelände, vorüber an den Posten, an verriegelten Toren, schon brennenden Karbidlampen, und bogen in die breite, mehrspurige Berliner Straße ein.
Sie war bereits untertunnelt. Nichts erinnerte mehr an die Erdarbeiten, den Lärm der Dampframmen und das Dröhnen der Niethämmer. Aber schon bald änderte sich das Bild. »Seht ihr – da vorn geht's nach oben!«
Vor uns durchbrachen die unterirdischen Gleisanlagen die Straßenmitte, stiegen aus dem Dunkel auf und führten über ein Viadukt in Richtung Innenstadt. »Seht euch die Pfeiler an!« Wir sprangen auf und steckten die Köpfe in den Abendwind. »Stützweiten von achtundzwanzigeinhalb Meter! Hat es bisher noch nicht gegeben!«
Mein Vater saß rechts, aufrecht, als habe er eine Parade abzunehmen. Wir ließen uns wieder neben ihm in die Polster fallen. »Und das geht nun immer so weiter?« fragte mein Bruder. »Das Buddeln?«
»Immer so weiter! Was meint ihr? Sonst schaffen sich eines schönen Tages alle ein Auto an.«
»Wie in Amerika. Bei Ford laufen die Wagen schon vom Band.«
»Deshalb die neue Rangieranlage. Ist die erst fertig, rollt alle neunzig Sekunden ein Zug ... Ist in zehn Minuten mitten in der Stadt, am Alexanderplatz.«

»Fabelhaft!« Ich hatte die Strecke gar nicht vor Augen. »Papa – Hedes Vater hat sich umgebracht.«
Wir fuhren schon die Invalidenstraße entlang. Der Lehrter Bahnhof tauchte auf, in hellem Licht, denn es war inzwischen dunkel geworden.
»Schlimm«, antwortete mein Vater und drehte sein Fenster hoch. »Er hat sich erschossen. Am Scharmützelsee, in seinem Sommerhaus.«
Ich konnte es nicht begreifen. »Erschossen –? Warum?«
»Warum? Ja, warum eigentlich?« Mein Vater mußte überlegen; er wußte es selbst nicht genau. »Er war in die Affaire Brinkhoff geraten... wißt ihr, in eine von diesen windigen Sachen. Eine Geldgeschichte...«
»Und was sagt Hedes Mutter dazu?«
»Sie lebt nicht mehr.« Wir hatten Moabit erreicht, das Kriminalgericht und den Kleinen Tiergarten. »Lebt schon lange nicht mehr. Hede ist nun Waise.«
Ich preßte die Knie zusammen und hielt den Atem an: Deshalb hatte sie ein schwarzes Kleid getragen. Deshalb hatte sie sich nicht freuen können, als mein Vater an der Theke erschienen war.
Achim war schon wieder bei den schnellen Zügen. Den Zügen, die schneller als Autos fahren sollten. »Also machste immer so weiter?« fragte er. »Wirste immer so weiter buddeln?«
Mein Bruder wollte Architekt werden. Er wollte nicht hinab in die Tiefe, in die Finsternis. Er wollte sehen, was entstand. Schöne Häuser, Villen mit flachen Dächern, breiten Eckfenstern, wie sie in Dahlem schon bewundert wurden. Er wollte hoch hinaus.
Mein Vater blickte am Chauffeur vorbei, durch die Scheibe. »Buddeln, ach weißt du... Ich habe schon lange vor dem Kriege damit angefangen und werde wohl auch damit aufhören.« Er zögerte: »Buddeln... das ist ja mehr. Mehr, als du so denkst. Wie soll ich dir das erklären? Buddeln bringt den Menschen weiter... Man muß Erde gern haben, dann buddelt man auch gern.«

Die Unruhen am Wedding ließen im Laufe der Nacht nach. Aber um die Zufahrten zum Hermannplatz wurde gegen Morgen noch immer gekämpft, und die Zahl der Toten stieg auf vierundzwanzig.

Oberbürgermeister Böß versuchte, die Berliner zum Wochenende zu beruhigen. Alle Versuche, die öffentliche Ordnung zu unterlaufen, seien gescheitert, ließ er bekanntgeben. Es gäbe nach wie vor hinreichend Möglichkeiten, um in der Reichshauptstadt die »republikanische Staatsform« zu schützen.

Versprechungen, denen meine Mutter nicht traute. »Warum greift die Reichsregierung nicht ein?« fragte sie. »Warum läßt Müller nichts von sich hören? Der Reichskanzler wohnt doch selber in Berlin! Er erlebt doch alles mit!«

»Ich vermute, er hat anderes im Kopf.« Mein Vater dachte an seine Poliere, an Wernicke und Pfeifer, die in Pankow die Wachen bewaffnet, von sich aus gehandelt, in ihren Arbeitsbereichen Gegenmaßnahmen getroffen hatten. »Müller verläßt sich auf die Berliner«, sagte er. »Wie bisher immer.«

Wir saßen auf dem Balkon. Es dämmerte schon, und wir konnten den Schein der Streichhölzer sehen, wenn gegenüber eine Zigarette angezündet wurde.

Meiner Mutter fiel es schwer, als Schwedter Kind in bewegten Berliner Zeiten leben zu müssen. Sie dachte viel lieber an die »alte Ordnung« zurück, die »Friedenszeit«, an die Wachtmeister mit den dicken Bäuchen, die nie einen Schuß abgegeben hatten. An die Kaiserzeit, in der noch alles »von oben« geklappt hatte. »Ganz von allein«, wie sie glaubte.

Wir Kinder waren mit den Unruhen aufgewachsen; mit ein paar Schüssen hier und ein paar Barrikaden dort, in Moabit und anderswo. Wir glaubten, sie gehörten dazu. Zur Luft, die wir atmeten.

Schon als Vierjähriger hatte ich erfahren, daß es Spartakisten gab: Kämpfer, die ich mir polternd, wütend, gefährlich vorstellte. Ich hatte an der Schleuse im Großen Tiergarten zugesehen, wie ein Taucher hinab in den Landwehrkanal stieg, um nach der Leiche Rosa Luxemburgs zu suchen; hatte verfolgt, wie an Deck eines Spreekahns zwei Männer den Hebel einer Pumpe bewegten, um ihm in der trüben Flut Luft zu verschaffen.

Rosa Luxemburg ... Ich horchte auf, ohne zu begreifen; ordnete ihren Namen als einen der ersten, vielleicht den ersten, in das sich mir öffnende Weltbild ein. Ich nahm es hin, daß in der Stadt, in der ich lebte, gekämpft und auch gemordet wurde. Nahm es hin wie Sonne und Regen.

Die Dinge schienen tatsächlich wieder ins Lot zu kommen. »Hast du gelesen? Aufatmen in Neukölln!« Mein Vater hielt die Abendausgabe des Lokal-Anzeigers in der Hand. »Ich bin sicher, Himmelfahrt sieht alles schon wieder viel besser aus. Und Willis Kremserfahrt kann stattfinden!«

»In den Norden? Bis in die Jungfernheide?« Meine Mutter hatte damit gerechnet, daß die Fahrt abgesagt werden würde. »Was weiß man! Plötzlich geht die Schießerei von neuem los – und wir stecken mitten drin!«

»Bestimmt nicht!« behauptete ich. »Am Wedding kommen wir ja gar nicht vorbei!« Ich sprang auf, um schnell meinen Bruder zu holen. Er war noch mit der Laubsäge beschäftigt.

»Laß –!« Sie hielt mich zurück. »Treffpunkt ist am Bahnhof Puttlitzstraße. Ihr werdet zugeben, nicht weit vom Wedding!«

Mein Vater faltete die Zeitung zusammen. »Die Geschäfte öffnen schon wieder. Außerdem ... was meinst du wohl, was wäre, wenn wir absagen würden? Aber einer von den Herren vom Tiefbauamt wäre am Bahnhof Puttlitzstraße zur Stelle? Der Schröder oder der Mannsfeld?« Mein Vater stand auf und blickte die stille Straße entlang, bis hin zum Borsigsteg. »Und ausgerechnet wir wären nicht da? Was denkst du, warum Julius Berger mir eine Berger-Aktie geschenkt hat? Warum wohl?«

Der Korbstuhl meiner Mutter knarrte. »Mit dem Kremser in den Norden! Einfach so ins Blaue?«

»In den Finkenkrug!« verkündete ich. »Ist schon alles bestellt. Sogar die Musike! Hat mir Hede erzählt.«

Mein Vater steckte sich die letzte Zigarette an. »Berger hat mir die Aktie überreicht, weil er weiß, daß ich die Augen offenhalte, über die Bauzäune wegsehen kann. Und weil ich mit den Herren vom Tiefbauamt bisher ganz gut ausgekommen bin ... diesen peniblen Kontrolleuren. Diesen Schnüfflern.«

Meine Mutter blickte zum Himmel und tat so, als habe sie von den Herren Schröder und Mannsfeld noch nie etwas gehört. »Wir wissen ja noch nicht einmal, wie das Wetter wird«, sagte sie. »Sollte es sich abkühlen, so hätte ich zu alledem nichts anzuziehen. Ich brauche ein neues Kostüm ... ein leichtes Wollkostüm. Du erinnerst dich vielleicht? Im letzten Jahr ist es nicht mehr dazu gekommen.«

Mein Vater ließ die Asche seiner Zigarette auf die Straße fallen.

»Du müßtest den alten Kommerzienrat Berger mal erleben... In seinem Büro in der Potsdamer Straße, umgeben von seinem Stab, den jungen Juristen, den im Dienst ergrauten Sekretärinnen... Berger weiß, was er sagt. Er verschenkt nicht mir nichts, dir nichts eine Aktie.«
Ich entdeckte über den Dächern die ersten Sterne. »Papa und ich, wir sehen Onkel Willi morgen«, sagte ich vorsichtig. »In Mariendorf. Wir können ihn ja fragen, ob der Schröder mitkommt. Oder der Mannsfeld. Einer von diesen Schnüfflern.«
Auch von dieser Unternehmung war meine Mutter nicht erbaut. »Mußt du mit dem Jungen wirklich zum Pferderennen? Am lieben Sonntag? Die weite Fahrt... der Staub und das Gedränge!«
»Ich war noch nie in Mariendorf! Mein Lebtag noch nicht!« Ich fühlte, jetzt mußte ich mich durchsetzen. »Hede ist auch da!« rief ich. »Hede, die ganz alleine ist! Weil ihr Vater sich erschossen hat!«
»Was ist denn das nun wieder für eine Geschichte? Erschossen?«
»Erschossen!« wiederholte ich und unterdrückte jedes Mitleid. »Am Scharmützelsee! Weil er Schluß machen wollte, verstehst du?«
Mein Vater kam mir zu Hilfe. »Clärchen... Du wirst von der Affaire Brinkhoff gelesen haben? Von dem Notar, der für seine Klienten ein Gut bei Mahlow gekauft hatte? Ein Rittergut, das bereits verpfändet, vollkommen wertlos war?«
»Wenn ich mich in all diese Sachen vertiefen wollte...«
»Der Fall hat viel Staub aufgewirbelt. Millionen sind hin. Eine Villenkolonie sollte entstehen, wieder mal eine... Aber der Verkäufer, ein Herr von Gall, hat sich aus dem Staube gemacht. Wie es heißt, nach Baden bei Wien... und Notar Brinkhoff mit allen Akten hinterher.«
»Ein schöner Kuddelmuddel. Wer hat da wen betrogen?«
Mein Vater ließ den Zigarettenstummel hinter dem wilden Wein auf die Straße fallen. »Zu den Betrogenen gehörte auch der Freund unseres lieben Willi – Hedes Vater. Nun liegt er unter der Erde.«
Meine Mutter kippte ihren Korbstuhl gegen die Wand und zog das Tuch von den Schultern. »Kanntest du ihn?«
»Flüchtig. Er hatte wie Willi klein angefangen. Als Holzhändler. So um 1900, als die Holzauktionen noch was brachten. Er hatte wie Willi ein Pferd im Stall... einen Traber.«

Die Affaire Brinkhoff hielt Berlin in Atem; die Immobilienhändler, die Terrain- und Baugesellschaften und mit ihnen Agenten und Spekulanten. Zumal Notar Brinkhoff, ein bis dahin angesehener Mann, großes Gepäck mit nach Wien genommen, sich also auf eine längere Abwesenheit eingestellt hatte. Doch noch, so hieß es, sei für die Geschädigten nicht alles verloren. Brinkhoff wolle versuchen, den Irrtum, der ihm unterlaufen sei, wieder gutzumachen und zu retten, was in diesem mißlichen Handel noch zu retten sei: Besser, man verlasse sich vorerst auf ihn als auf die schwerfällig arbeitende, mit Sachen dieser Art überlastete Staatsanwaltschaft.

Ein mißlicher Handel, der auch Onkel Willi in seinen Strudel zu reißen drohte. Das Gerücht ging um, er habe für seinen toten Freund eine Bürgschaft geleistet. Er, der Kiesgrubenbesitzer, werde für die Verbindlichkeiten, die der Holzhändler hinterlassen habe, aufkommen müssen.

Wir wußten noch nichts davon, als wir in Mariendorf eintrafen und im Gedränge unsere Tribünenplätze suchten. Fliegende Händler boten Schirmmützen aus buntem Papier, Eiswaffeln und heiße Würstchen an; Bier wurde im Schatten der Bäume gezapft, und die Blaskapelle spielte »Alte Kameraden«.

Wir wußten nichts von den Sorgen des Onkels, merkten jedoch schnell, daß hier alle Welt, die ihn, den Besitzer der erfolgreichen »Daisy«, kannte, von nichts anderem sprach; von seinem Leichtsinn, diese Bürgschaft geleistet zu haben, von der Sorglosigkeit, in der er über die Sache hinwegging.

Er kam uns mit ausgebreiteten Armen entgegen, eine rote Nelke im Knopfloch: »Ein Wetterchen –! Maxe, was sagst du dazu? Sieh die Fahnen, wir haben kaum Wind!« Seine Jacke stand offen, die Uhrkette lag doppelreihig auf der gewölbten Weste. »Daisy ist in Form – wirste erleben! Fünftes Rennen, Preis von Lauenburg!« Im Nu war er von Freunden und Bekannten umringt, von Herren, die ihre Ferngläser schon in der Hand hielten, von Damen, die gekommen waren, um ihre neuen Frühlingshüte zu zeigen, Gebilde aus Stroh und Tüll, umrankt von künstlichen Blumen. Onkel Willi drehte sich im Kreise, entschlossen, sich zu den Pferden davonzumachen: »Fünftes Rennen! Daisy nich verjessen – sie jibt 'ne Vorstellung!« rief er. »Heute will se's wissen!«

Sein Kragen war schon durchgeschwitzt. Ich bemerkte es, als er

mich beiseite nahm: »Hede wartet schon... vorne, bei der Rennleitung!« Er zeigte an den Tribünen, den Fahnen, dem Musikpodium vorbei: »Kannste sie sehen?«
Hede stand am Zaun. Ihr langes Haar schimmerte in der Sonne.
»Tach –!« sagte ich. »Biste auch da?«
Sie trug ein weißes Kleid mit breiter, schwarzer Schärpe und einen schwarzen Strohhut. »Ich dachte schon, du bleibst zu Hause.«
Wieder blickte ich in ihre hellen, traurigen Augen. Ich wollte ihr sagen, wie schön ich es fand, sie wiederzusehen. Wie schön auch, daß sie auf mich gewartet hatte. Fragte aber bloß: »Wo is Daisy?«
»Noch in ihrer Box.« Sie ging, nachdem sie ihre kleine Basthandtasche von einem der Zaunpfähle genommen hatte, mit mir zur Stallgasse.
Daisy wußte, daß sie in etwa zwei Stunden laufen mußte. Sie sah uns schon von weitem entgegen, hob den Kopf und scharrte mit den Vorderfüßen. Ihr braunes Fell glänzte, das Weiße in ihren Augen leuchtete.
»Schon gut!« rief Hede. »Bist die Beste! Die Beste von allen!«
Ich wollte Daisy kraulen, aber sie wich aus. Sie kannte mich noch nicht, hielt vielleicht auch nicht viel von mir. Sie legte die Ohren an und zog die Oberlippe hoch: sie wollte nichts von mir wissen.
»Mußte verstehen«, sagte Hede. »Sie weiß, daß ihr Fahrer gleich kommt und der Rummel losgeht. Was soll sie mit dir?«
Es roch nach frischem Heu und Pferdemist, warm und angenehm. Ich warf einen vorsichtigen Blick in die Box und traute meinen Augen nicht: eine Gans fuhr hoch, schnatternd und fauchend. Auch sie war nicht von mir erbaut. Sie versuchte, mich zum Teufel zu jagen.
Emma, die Gans, wohnte mit in der Box, weil Daisy nicht gern allein war und sich dann und wann einmal aussprechen wollte.
»Sie erzählen sich 'ne Menge«, behauptete Hede. »Weißte, Daisy ist ein verrücktes Vieh. Aber laufen kannse...«
Wir blieben nicht die einzigen, die nach den Pferden sahen. Besitzer schlenderten mit Freunden an uns vorüber, sprachen mit den Betreuern, begrüßten ihre Fahrer. Reporter erschienen, die sich vorn noch langweilten. Informationen wurden ausgetauscht, heiße Tips. Mal laut, und mal ganz leise.
Auch Onkel Willi ließ nicht lange auf sich warten, gefolgt von meinem Vater. »Schulz fährt 'se«, sagte er. »Da jeht sowieso nischt

schief, von wejen nich loskommen und so!« An seinem Arm hing eine zierliche dunkle Dame in kirschrotem Kleid, die den tiefen Sand, der zwischen den Ställen lag, nicht scheute. Sie hatte eine hohe, fast singende Stimme: »Ist sie nicht süß? Unsere Daisy... Die Siegerin im Preis von Lauenburg!«

»Na, na –! Die Blumen bitte später!« Onkel Willi ging mit kurzen Schritten auf seine Daisy zu, die Arme nach hinten gestreckt, den Kopf nach vorn.

Daisy freute sich. Sie begrüßte ihn, ruffelte... wieherte dunkel an. Seine Perle im Golde.

»Heute willse!« Er sagte es leichthin, so sorglos, als sei das Rennen schon gelaufen. So unbekümmert, als habe er Hedes Vater schon vergessen, den Schuß am Scharmützelsee und die Schwierigkeiten, in die er selbst über Nacht geraten war.

»Fünftes Rennen!« wiederholte er, als Vereinsfreunde stehenblieben. »Daisy macht's! Wer will, kann heute abkassieren!«

Ich kannte die Dame an seinem Arm. Es war Anja, seine Freundin, die sich neulich davongemacht hatte; mit seinen schönsten Teppichen, dem Silber und mit Pittel, dem Kanarienvogel. Anja, mit der er sich wieder versöhnt und von der er das meiste des Mitgegangenen wieder zurückerhalten hatte; auch Pittel, den Harzer Roller. Sie galt als seine »junge« Freundin, weil er noch eine zweite, eine »alte« Freundin hatte: Margot. Sie kümmerte sich schon seit Jahr und Tag, schon seit den Zeiten, zu denen Kies nicht die Hälfte wert war, um sein Haus, um die Hühner und Karpfen hinter Reinickendorf. Sie war die Mutter seines Sohnes Philipp, der ein Internat in Genf besuchte und einmal Bergbau studieren sollte.

»Bewegte Verhältnisse«, sagte meine Mutter zu alledem. Verhältnisse, die einem rechten Familienleben im Wege stünden. Mein Vater urteilte milder: Die Sitten hätten sich weithin gewandelt, meinte er. Man sähe ja, mit beiden, sowohl mit Anja als auch mit Margot, und auch mit beiden zusammen, ließe sich leben. Im übrigen gehöre ein Mann wie Onkel Willi, ein Mann seines Schlages, zum Bau wie Dampframmen und Spundwände, wie die Poliere Wernicke und Pfeifer, die Herren vom Tiefbauamt und die zwitschernden Mädchen im Vineta-Eck.

Der Onkel wirbelte weiter, die Amboß-Polka im Ohr. Er wollte zurück zur Bahn, zu den Tribünen, um die Traber des ersten Rennens bei ihrer Vorstellung ins Auge fassen zu können.

Ich blickte ihm nach; auch meinem Vater und Anja, der zierlichen Dame im Crêpe-de-Chine-Kleid. Einem Kleid, wie ich es noch nie gesehen hatte: sein Gürtel setzte erst an, wo meine kurzen Hosen aufhörten; so tief und so modern. Die Damen führten eben hier auf dem Rennplatz nur ihr Schönstes vor, und auch die Herren hielten auf Eleganz. Ich hätte durchaus in langen Hosen erscheinen können, hätte ich schon welche gehabt.

Hede schien meine Gedanken zu erraten. Sie rückte meine schreckliche, geblümte Krawatte zurecht: »Kannste gut mit gehen«, sagte sie. Ich glaube, um mir Mut zu machen. Vielleicht auch, um mich über meine eingelaufene Tiroler Jacke hinwegzutrösten.

Sollte ich ihr vormachen, daß ich ebensogut eine lange Hose hätte anziehen können, eine Hose mit Uhrentasche? Und dazu ein Polohemd? Mein Blick blieb in ihren plötzlich wieder so entfernten, lauschenden Augen hängen. »Hede –« sagte ich. Und kein Wort mehr, weil ich nicht wußte, wie ich sie zurückholen, sie trösten sollte.

Sie ging langsam weiter.

»Hede!« Schon war ich wieder an ihrer Seite. Ganz so, als hätte ich eine Freundin. »Ihr habt doch auch ein Pferd. Woll'n wir schnell mal hingehen?«

»Zu Wotan?«

Wir blieben unter den Buchen, nicht weit von der Bahn, im Schatten stehen. »Wotan –? Was glaubst du, was er anstellen würde, wenn er wüßte, daß ich da bin!« Sie streifte ihr Haar zurück. »Er wartet doch, den ganzen Tag ... Auf meinen Vater.«

Ich merkte, daß ich einen Fehler gemacht hatte. Ich hätte sie fragen sollen, was sie von Manuel halte, dem Hellseher im Lunapark, oder von Paul Godwin und seiner Jazzkapelle. Es wäre besser gewesen.

»Wotan –« sie hatte Mühe weiterzusprechen. »Du hättest Wotan erleben sollen, wenn mein Vater kam und zu ihm sagte: Du Dummer, komm mal rum!«

Von Paul Godwin hätte ich sprechen sollen. Von seiner Symphonie »Johann Strauß to-day«. Ich konnte den Schluß pfeifen. Aber es war zu spät. Ich fühlte ihre Tränen.

Bis zu diesem Augenblick hatte ich mich in allem so sicher gefühlt, war überall gut weitergekommen; in der Schule, bei den Pfadfindern und auch zu Hause. Aber hier, unter den alten Bäumen, in der Stille, die vor dem ersten Rennen eingetreten war, fand ich nicht das richtige Wort. Fand es nicht, obwohl ich der einzige war, der es hätte sagen können.

Ihr Vater hatte sich erschossen. Er war vom Boden aufgehoben, in einen Sarg gelegt und begraben worden. Ich wußte es und stand nun vor ihr, unsicher und hilflos. Unfähig, ihr zu helfen.

Ich blickte auf meine Schuhe: »Tut mir leid.«

So standen wir. Bis sie mein Handgelenk nahm und mich weiterzog; als wäre sie es, die mich auf andere Gedanken bringen, mich trösten müßte.

Das erste Rennen begann, ohne daß ich es zunächst bemerkte. Das Feld setzte sich weit hinten, auf der Gegenseite der Bahn, in Bewegung, zog sich in die Länge, ging in den ersten Bogen, und wir konnten allmählich erkennen, welche Sulkys vorne lagen und welche bereits abgeschlagen worden waren. In scharfem Trab, doch scheinbar ruhig, ging es an uns vorüber. Die wilde, verwegene Jagd, die ich erwartet hatte, blieb aus. Auch das Peitschenknallen, der große Galopp.

»Geht doch nicht«, erklärte mir Hede. Sie ließ kein Auge von der Spitzengruppe. »Ein Traber, der in Galopp fällt, scheidet aus.«

»Aber Galopp is auch was Dolles«, beharrte ich, froh, sie abgelenkt zu sehen. »Mußte zugeben!«

»Wir sind hier doch nicht in Hoppegarten, nicht bei den Galoppern!« antwortete sie leise. »Hier sind Traber, nichts als Traber, die ihre Wägelchen ziehen. Trab, trab ... so schnell sie können.«

»Is auch schön.«

Mit der Ruhe, der mühsam unterdrückten Spannung der Zuschauer war es plötzlich vorbei. Die Pferde, die aus dem Einlaufbogen heranrückten, wurden angefeuert, die Fahrer zu noch größerer Eile angetrieben, die Schnellsten in der Zielgeraden umjubelt. Noch zehn, noch fünf Sekunden ... Aus. Das Rennen war gelaufen.

»War das alles?« Ich hatte mehr erwartet. Hatte an Ramon Navarro in »Ben Hur« gedacht, sein dahinrasendes Schimmelgespann.

Der Erste schwenkte zur Siegesparade ein, grüßte, hob die Peitsche und rollte von dannen, den anderen nach. Enttäuscht kaufte ich zwei Eiswaffeln, Vanille und Erdbeer, ohne Hede zu sagen, daß ich zum ersten Mal einen Groschen für ein Mädchen ausgab.

»Warte ab!« versprach sie. »Warte auf Daisy! Sie kommt ja auch noch dran.«

Ich war glücklich, Hede jetzt ganz bei der Sache zu sehen. »Fünftes Rennen!« verkündete ich. »Elf Pferde am Start! Preis von Lauenburg!«

»Siehste. Und du hast gehört, Daisy ist in Form.« Sie nahm ihre Waffel, nickte mir zu und leckte.

»In Form? Biste sicher?« Woher wollte sie wissen, daß Daisy den anderen Pferden, Boy oder Sieglinde beispielsweise, davonlaufen würde? Oder Simplizius? Oder Mohrenfürst? Ich quetschte meine Waffel zusammen und lutschte. »Biste wirklich sicher?«

»Ach Felix!« Sie aß ihr Eis nicht zu schnell und auch nicht zu langsam. Und nur aus der linken Hand. »Ein Pferd, an das du nicht glaubst, ist dumm dran. Glauben mußte!«

So kam ich, ohne es zunächst zu merken, hinter die Geheimnisse des Rennsports, die unwägbaren, wunderbaren Zusammenhänge, die ein Trabertag mit sich bringen kann. Erfuhr am Rande von den Eigenheiten, die beispielsweise Wotan hatte: witterte er, daß sein Fahrer die Konkurrenz zu wichtig nahm, sich etwa so weit gehen ließ, sie zu fürchten, so war er kaum aus der Box zu bringen. Spürte er jedoch, daß Besitzer und Freunde, Trainer und Fahrer gut aufgelegt daher kamen, von seinem Können angetan, seinem Sieg überzeugt, so war auch er seiner Sache sicher und nicht zu halten. Sein Kämpferherz ging auf, er wurde angriffslustig, tatenfroh, unwiderstehlich.

»Glauben mußte –!« wiederholte Hede. »Was soll so'n Pferd sonst von dir denken?«

Onkel Willi glaubte. Er konnte, was sonst so war, vergessen, wenn es um die Traber, seine besten Freunde, ging. Konnte den Schuß am Scharmützelsee vergessen, die Affaire Brinkhoff und die Bürgschaft; alles Lästige, ihn Bedrängende. Vergessen, wenn die Blasmusik schmetterte und das erste Rennen eingeläutet wurde.

Nach dem dritten Rennen wußte ich auch, daß viel Geld im Spiel war; viel Geld verloren und viel Geld gewonnen wurde. Neben mir ließ ein Mann einen zerknitterten Zwanzigmarkschein fallen und hätte ihn fast liegen lassen. Zwanzig Mark... So viel hatte unsere Osterfahrt nach Kloster Chorin gekostet, die Teilnahme an dem siebentägigen Zeltlager. Und jeder von uns hatte, als wir uns wieder trennten, noch neunzig Pfennig zurückbekommen.

Geld zählte hier draußen nicht viel, wo immer es herkam. Leicht verdientes Geld, sauer verdientes oder geborgtes Geld. Es war einerlei: die Scheine flogen hin und her, und mit ihnen die Hoffnungen, die Erwartungen, einmal »groß zu kommen«, mal »dick drin« zu sein.

»Ich bin bloß hier draußen, um Willi eine Freude zu machen«, sagte mein Vater. »Du weißt, er hat so seine Sorgen.« Und schenkte mir aus heiterem Himmel drei Mark. »Hier haste –! Kauf dir was. Aber wette nicht. Nie und nimmer.«

Onkel Willi hielt sein Geld in der halb geöffneten Hand. Er überschlug mit einem Blick den Wert der gefalteten Scheine, an die zweihundert Mark. Drückte sie wieder zusammen und ließ sie in der Hosentasche verschwinden. »Bei Daisy jeh ick ran, bin ick ihr schuldig«, ließ er wissen. »Wennse will, denn willse!«

Ich hatte inzwischen erfahren, daß es bei einem guten Traber nicht nur auf Willen und Durchhaltevermögen ankam, sondern auch auf Härte und gute Nerven. Hatte Daisy gute Nerven? Daisy, die mit Emma, der Gans befreundet war? Und nicht gern allein sein wollte?

Die Sonne schien aus fast wolkenlosem Himmel. Die Kapelle spielte den Dessauer Marsch: So leben wir, so leben wir, so leben wir alle Tage..., und mit jedem Start nahm die Stimmung zu. Schon beim vierten Rennen kam es mir so vor, als seien alle, die Tausende, die sich hier vor der Stadt eingefunden hatten, gut Freund miteinander. Man sprach sich am Buffet nur noch mit »Mein Lieber« oder »Allerbester« an, hofierte die Damen, spendierte ihnen ein Gläschen Sekt, und unten, unter den Sonnenschirmen, wo das Bier floß, bahnten sich erste Verbrüderungen an. Man gehörte zusammen. Vertrauliche Tips wurden weitergegeben, nicht sicherer als die, die schon am Morgen in der Zeitung gestanden hatten, Runden wurden geworfen und Verluste heruntergespült.

Auch die Unruhen kamen zur Sprache. Am Rande, wie es sich gehörte. »Vorbei sind se? Is da Verlaß drauf?« Von einer »Anschürung zum Bürgerkrieg« war die Rede, aus der mal wieder »nischt jeworden« sei, und von den »Pennbrüdern« in der Regierung, die sich mehr um Berlin und weniger um das »Jequatsche in Genf« kümmern sollten, und von den bevorstehenden Stadtverordnetenwahlen. Die Kommunisten rückten den Sozis »uff de Pelle«, hieß es. Und die Nazis kämen auch »jut weiter«: »Noch sind se nich drin im Rathaus ... Aber wenn's so weiterjeht, so schlapp ... sind se drin!«

Man löschte den Durst, spekulierte und protestierte. Lockerte die Kragenknöpfe, nahm die Jacken über den Arm und freute sich schon auf Himmelfahrt.

Anja, Onkel Willis Freundin, holte uns auf die Tribüne. »Ihr kommt doch mit in die Jungfernheide?« fragte sie. »Oder habt ihr etwa gedacht, euer Onkel läßt die Kremserpartie ins Wasser fallen?« Sie spritzte uns Eau de Cologne in die Hände. »Seht euch den Himmel an! Auf's Wetter ist Verlaß!«

Dabei wußte sie so gut wie wir, daß es beim Hin und Her um diesen Plan gar nicht mehr um das Wetter ging, auch nicht um die Unruhen am Wedding, sondern um die Zuspitzung der Affaire Brinkhoff.

Alle sprachen davon. Notar Brinkhoff war am Wochenende, ebenso wie der Herr von Gall, aus Baden bei Wien verschwunden. Beide hatten sich davongemacht, aus dem Staube; mit allem Geld, das ihnen in die Hände gefallen war. Anja schlang ihre lange Perlenkette zu einem Knoten: »Ihr kennt doch euern Onkel! Glaubt ihr, der läßt sich verrückt machen?«

Siegesgewiß kehrte er vom Wettschalter zurück, den Strohhut in der Hand. Der Mann, der sich zu keiner Stunde verrückt machen ließ, der Unruhe und Unrast brauchte wie Luft und Licht, ein Leben in bewegten Verhältnissen.

»Maxe, es is soweit!« rief er schon von weitem. »Noch sieben Minuten!« Er fiel auf seinen Platz. »Maxe – jleich jeht's los!«

Kein Mensch nannte meinen Vater, den Herrn Oberbauleiter, »Maxe«. Nur Onkel Willi. Er allein durfte es, denn in seiner heiseren Stimme lagen Respekt und Bewunderung. Wie auch, wenn er vom »Ollen« sprach und den alten Reichspräsidenten Paul von Hindenburg meinte; oder von »Willem«, dem Kaiser, der noch immer lebte und in Holland Holz hackte.

Mein Vater und ich, wir nahmen Hede in die Mitte. Ich konnte nicht dahinterkommen, ob sie sich auf die Kremserpartie freute oder ob sie ihr gleichgültig war. Sie rückte ihren kleinen Strohhut zurecht und blickte auf die Bahn. »Aufpassen!« sagte sie und preßte die Hände zusammen. »Sie kommen –!«

Onkel Willi hob das Fernglas: »Da is se!« rief er. »Daisy – die Perle

im Jolde!« Es blieben nur noch wenige Minuten bis zum Start, zu letzten Sprüngen an die Wettschalter. Die Fahrer zeigten sich, ihre Pferde trabten ein, die Peitschen streichelten sie. Und wieder ertönte die Amboß-Polka.
»Nummer vier, du weißt!« Onkel Willi stieß mich in die Seite. »Schulz in Blau, schon jesehen?«
Ich ließ den Fahrer Schulz ohnehin nicht mehr aus den Augen. Langsam rollte er in die Kurve, zum Start auf der Gegengeraden. Man spürte, Onkel Willi wäre viel lieber unten gewesen, dicht an der Bahn, hätte viel lieber das Heranrücken der Gespanne aus nächster Nähe beobachtet. Aber es half nichts, er hatte Freund Maxe eingeladen, und Maxe, der seltene Gast, sollte alles von oben sehen, den Überblick behalten und in jeder Phase des Rennens wissen, worum es ging.
Onkel Willi rutschte hin und her. »Nu braucht se bloß noch zu loofen«, sagte er. »Das is alles.«
Sekunden später ging es auf die Reise. Aber die Vorstellung, die Daisy gab, war schwach. Sie löste sich nur mühsam und fiel zurück, noch ehe das Rennen recht begonnen hatte.
Im »Kurier« hieß es am folgenden Tage, der Preis von Lauenburg habe »konfus begonnen«; man dürfe Daisy ihren »zögernden Antritt« nicht verübeln. Auch nicht die Großzügigkeit, mit der sie im ersten Bogen »Chancen vertan« und Simplizius vorbeigelassen habe, denn man wisse, sie hebe sich gern Reserven auf. Aber sie hätte – so hieß es –, als das Feld die Tribünen erreicht und Sieglinde sich davongemacht habe, Boy in die Luft geraten und Mohrenfürst aufgerückt sei, mehr Kraft zeigen, mobiler sein, klar ins Feld rücken müssen.
Bittere Worte, eine harte Kritik.
Warum rückte Daisy noch immer nicht ins Bild? Warum brach sie in der Tribünengeraden nicht auf, marschierte sie nicht? Entschlossen, sich nach vorn abzusetzen? Der »Kurier« wußte es nicht. Und auch Onkel Willi kam nicht dahinter. Er wischte sich den Schweiß aus dem Nacken: »Laus mich der Affe! Was hat se?«
Daisy wurde nicht besser. Im zweiten Bogen verlor sie den Überblick und wechselte, obwohl es im Grunde nicht notwendig war, die Spur, während Sieglinde ihren Vorsprung vergrößerte.
»Macht nischt!« beruhigte uns Onkel Willi. Den Strohhut hatte er davonrollen lassen, das Fernglas klebte in seinen Händen. »Jetzt

jeht's ja erst richtig los! Sieglinde vorne? Die längste Zeit! Verliert schon total die Puste!«

Mein Vater rauchte in Ruhe eine Zigarette. Er konnte es sich leisten, denn er hatte nichts zu verlieren. Anja zerknautschte ihr winziges Taschentuch. Sie hatte auf Sieg, den Sieg Daisys, zehn Mark gesetzt.

In scharfem Trab ging es in die Gegengerade. Wir behielten Daisy, das verschwimmende Blau ihres Fahrers, von ungefähr im Auge. Und täuschten uns nicht: sie fiel weiter zurück, Meter um Meter, schien also noch immer keine Lust zu haben, den nun notwendigen Sturmlauf anzutreten.

»In Rekordlaune is se nich«, gab Onkel Willi zu. Er setzte das Glas ab, um einen Augenblick zu verschnaufen. »Revanche nimmt se ooch nich –« Und riß den Feldstecher wieder vor die Augen: »Willse nich?«

Der »Kurier« lobte Sieglinde. Er strich ihren Elan heraus, mit dem sie Mohrenfürst abgewiesen, Simplizius das Fürchten gelehrt habe, und fragte, warum Daisy partout »nichts auf ihr Konto« habe bringen wollen.

Daisy trabte ohne größere Eile in schöner Haltung aus dem Schlußbogen in die Zielgerade und behauptete von nun an den vorletzten Platz, weit davon entfernt, sich noch in Szene zu setzen, einen Anschluß erzwingen oder im Mittelfeld Unruhe stiften zu wollen. Im Gegenteil: sie verfiel zu guter Letzt in eine kurze Galoppade, ganz so, als wolle sie sich schnell noch einen Jux machen. Sie gab erst Ruhe, als die ersten Drei die Ziellinie durchlaufen hatten.

»Sie wollte nicht«, flüsterte Hede mir ins Ohr. »Sie hat zu viel mitbekommen. Verstehste –? Von Onkel Willis Sorgen.«

»Meinste?«

»Bestimmt, Onkel Willi ist schuld. Er hat sie nervös gemacht.«

»Onkel Willi? Meinste wirklich?«

Er stand neben mir. Seine Augen flogen umher: »Wo is mein Hut?«

Die Vorteile, die das Familienkaufhaus in der Lindenstraße bot, lagen auf der Hand: Man fand in ihm alles, was man an Bekleidung benötigte, hatte eine Auswahl wie bei Wertheim oder Tietz, konnte sich im Erfrischungsraum kostenlos stärken und brauchte nicht bar zu bezahlen. Die Summe der Einkäufe wurde den meist noch offenen Verpflichtungen hinzugeschlagen, das Ganze durch zwölf geteilt, und schon stand die Höhe der in Zukunft zu zahlenden Monatsraten fest.

Ihre untere Grenze lag bei fünf Mark. Die Höhe der mit uns vereinbarten Raten bewegte sich meist zwischen dreißig und vierzig Mark: Einkäufe auf Kredit, von deren Umfang mein Vater nichts wissen durfte.

Anschaffungen, die wir mit unserer Mutter in aller Heimlichkeit vornahmen, einander verschworen, mit klopfenden Herzen. Unternehmungen, deren Planung durch die Vielseitigkeit des Angebots, die Fülle der sich bietenden Möglichkeiten, durch unversehens hinzutretende Bedürfnisse nur allzuoft über den Haufen geworfen wurde. Expeditionen also, die so manches Mal bei einem Eis oder einer Tasse Kaffee unterbrochen und in ihren pekuniären Folgen erneut überdacht werden mußten.

Mein Bruder Achim und ich, wir fühlten uns in diesen aufreibenden Stunden nur selten durch familiäre Rücksichtnahme verunsichert. Wir versuchten, zu erwischen, was sich erwischen ließ.

Meine lange Hose mit gut sichtbar eingearbeiteter Uhrentasche war schnell gefunden, auch das geblümte Musselinkleid für unsere Schwester Hilli, aber bei der Suche nach einer Knickerbockerhose in schottischem Karo, wie sie meinem Bruder vorschwebte, ergaben sich Schwierigkeiten. Es waren zwar einige Exemplare in Moosgrün und Mausgrau, kostspielige Stücke, vorrätig, aber Achim hatte sich auf ein rötliches Braun eingestellt, Rost etwa, keinesfalls Schokolade.

Die Hose in Moosgrün saß ihm prachtvoll. Über den Waden kippte sie ein, in lässiger Eleganz, wie der Verkäufer, ein erfahrener Herr mit winzigem weißem Schnurrbart, versicherte. Aber leider, so bedauerte er, sei dieses Modell in Rost nicht mehr am Lager. Die Entrüstung meines Bruders war verständlich, denn alle seine Mitschüler, die auf sich hielten, bevorzugten neuerdings rostbraune Töne. Er mußte also befürchten, in einer moosgrünen Knickerbockerhose den Eindruck zu erwecken, in die zweite Wahl, oder – noch schlimmer – in die Läden hinter dem Dönhoffplatz geraten zu sein.

Ich hatte gute Gründe, ihm beizustehen. Auch ich lehnte die grüne

Hose ab. Achim war es schließlich gewesen, der mit sicherem Blick meine Hose mit der Uhrentasche entdeckt, ans Licht gezogen und geprüft hatte: »Die nimmste –!« Und der mir für die bevorstehende Kremserpartie für alle Fälle schon beigebracht hatte, wie man Foxtrott tanzt. Man brauchte bloß loszuschieben, einen Fuß vor den anderen, den Schlagzeuger im Ohr.
Natürlich mußte ich, sollte ich mich ans Tanzen wagen, auch auf die Dame aufpassen; mußte ihr im richtigen Augenblick, nach Rhythmus und Gefühl, einen Schubs geben, damit sie wüßte, woran sie sei und wo es langginge, mehr nach rechts oder mehr nach links oder ganz einfach geradeaus, was das allerbeste sei. Ich hatte Achim schon viel zu verdanken und war entschlossen, Himmelfahrt zu zeigen, was ich konnte. »Ran mußte!« hatte er mir eingebläut. »Das ist das Wichtigste. Festhalten und los!«
Gegen Hede hatte er nichts mehr einzuwenden; im Gegenteil, er hatte vor, auf der Kremserpartie anstandshalber auch einmal mit ihr zu tanzen. Es gehöre, wie er mir erklärte, zum guten Ton. Er könne an ihr, wenn sie mitführe, nicht vorbei. Und »Primel« – das habe er im Vineta-Eck bloß so gesagt. Das sei nicht so gemeint gewesen. Derartiges rutsche einem, wenn man mit Mädchen Erfahrung habe, schnell einmal heraus, schneller als beabsichtigt, weil es unter ihnen so viele Primeln gäbe, staksige Ziegen, die nach Zimt röchen und nicht Piep sagen könnten. Hede sei da anders, das habe er längst gemerkt. Mit ihr könnte ich mich sehen lassen; und wenn ich wollte, würde er mir auch noch den Tango beibringen. Wiegeschritt und Promenade. Ohne Tango nütze mir die neue Hose sowieso nicht viel. Tango sei der letzte Pfiff. Ich müßte die Dame nur richtig zu fassen kriegen, und dann vorwärts, seitwärts, rückwärts...
Der Herr mit den feinen Manieren zeigte meinem Bruder einen Gürtel, rostbraun, imitiert Krokodil. Wenn er ihn in einer gewissen Herausforderung – wie er sich ausdrückte – zu der grauen Knickerbockerhose tragen und dazu noch eine rostbraune Krawatte umlegen würde, das Feinste, das aus Schottland eingetroffen sei, so setze er Akzente... Aparte Akzente, die nicht uniform, sondern individuell wirkten. Mein Bruder hauchte den Gürtel an und polierte ihn mit dem Jackenärmel. Der Verkäufer trat einen Schritt zurück.
Nachdenklich blickte ich von einem zum anderen: Setzte auch ich

gelegentlich Akzente? Hatte ich sie schon jemals gesetzt, wenn ich Hemd und Hose anzog? Das helle Licht um uns, die hohen, blitzenden Spiegel, der vornehme Verkäufer ... Es war der Augenblick, in dem ich beschloß, auch meinerseits Akzente zu setzen. Und mir vornahm, es nicht dabei zu belassen, mit Tornister und Zeltbahn an den Schwielochsee zu fahren, abends am Himmel den Nordstern zu suchen und morgens ohne Badehose ins Wasser zu springen. Ich wollte nun mehr. Ich wollte mir individuelle Auftritte verschaffen.

Das Kostüm meiner Mutter war aus leichtem Wollgeorgette und kostete neunundsechzig Mark. Die Jacke war zweireihig gearbeitet, und der Rock zeigte an beiden Seiten eine tiefe Falte. Achim und ich, wir wurden zur Begutachtung in die Damenabteilung gebeten, hinter die hohen, rosa Vorhänge.

»Ein fabelhaftes Stück!« versicherte die Verkäuferin. »Ein Modell von ganz eigener Prägung ... Beachten Sie den Schnitt der Schultern, meine Herren! Die tief angesetzten Taschen ... und bitte, das reinseidene Futter, die Güte des Materials!«

Ich spürte leisen Schüttelfrost. Ja, es wurde nun auch für mich Zeit, mich zu regen und Akzente zu setzen.

In der Freude, das Richtige gefunden zu haben, nicht nur für die bevorstehende Kremserpartie, sondern für die Übergangszeiten der nächsten zwei, drei Jahre, übersah meine Mutter die hohen Kosten der Accessoires, ohne die mein Bruder nicht auskommen konnte. Zum Gürtel und zur Krawatte kam noch ein weiches, hellbraunes Sporthemd, Chemnitzer Ware in Londoner Chic. Der Kassenzettel verriet es: Wir würden mit Achim Staat machen, meinem großen Bruder, dem jungen Herrn, der manchmal wie Willy Fritsch aussah.

Hillichen, deren Beine sich längst durch Lebertran und Bestrahlungen in Westend ein wenig gestreckt hatten, bekam im Vorübergehen noch schnell ein Schulkleid aus Zephir, rotkariert; ein Sonderangebot für vier Mark zwanzig. Sie sollte dieses Kleid noch im Sommer 1931 tragen.

Die erworbenen Stücke wurden sorgfältig eingeschlagen, in Wolken von Seidenpapier gebettet und in drei Kartons verschnürt. Zur Erinnerung an unseren Besuch erhielt jeder von uns einen Taschenspiegel aus Zelluloid; meine Mutter außerdem noch ein Nähtäschchen, eine Kollektion von Nadeln, Garn und Twist.

»Tango mußte noch lernen«, sagte Achim, als er seinen Karton in Empfang genommen hatte. »Dann kannste, was du brauchst!« Er umfaßte den Karton mit dem rechten Arm und drückte ihn ans Herz: »Eins – zwei – Wie-ge-schritt...« Seine linke Hand lag halb geöffnet am Kinn; in langen Schritten glitt er über den Plüsch. »Rückwärts – seitwärts – Schluß! Siehste, das ist alles.«
Der feine Herr mit dem winzigen Schnurrbart lächelte. Es war das flüchtige, unbestimmbare Lächeln der Schaufensterpuppen. »Mein Kompliment!« sagte er. »Sehr ansprechend! Sehr gefällig!«

Mit dem Unterricht fingen wir noch am gleichen Abend an. Allerdings erst, nachdem die Eltern zu Bett gegangen waren. Wir mußten warten, bis die Tanzmusik der Funk-Stunde begann. Sie wurde aus einem der Hotels übertragen, dem »Bristol«, dem »Esplanade« oder dem »Eden«. Barnabas von Geczy spielte, oder Dajos Bela oder Marek Weber. Sie setzte ein, wenn Nachrichten und Zeitansage, Konzert und Lesefunk vorüber waren und eine freundliche Stimme für die nun folgende drahtlose Übermittlung einen angenehmen Empfang gewünscht hatte.
»Hede kann bestimmt schon Tango tanzen!« flüsterte mein Bruder. »Da freß' ich einen Besen – bei der Figur!«
»Und wenn sie keine Lust hat?« Ich war unsicher. »Ihr ist immer wieder mal zum Heulen.«
Wir rückten den Detektor-Apparat auf dem Nachttisch zurecht, den Eldoradio, den Onkel Willi mir geschenkt hatte, und griffen nach den Muscheln des Kopfhörers. Achim hatte sie voneinander getrennt und die Kabel verlängert. Die eine lag nachts auf seinem, die andere auf meinem Kopfkissen. Über Slow Fox oder Quick Step, Tango oder Pasodoble schliefen wir meist erst kurz vor Mitternacht ein; im Ohr nicht nur Saxophone und gestopfte Trompeten, sondern auch die gedämpften Stimmen der Gäste, das Klappern des Geschirrs, den Zauber einer entrückten, wie man so sagte, mondänen Welt.
»Wenn ihr zum Heulen ist, mußt du sie eben ablenken.« Achim behielt im Schein der Nachttischlampe, die zwischen unseren Betten brannte, den Kristall des Detektors im Auge. Er tastete ihn mit der zugespitzten Spirale ab, die Muschel am Ohr. »Du mußt sie auf andere Gedanken bringen. Daran kommste nicht vorbei.«

Der Kopfhörer stammte auch von Onkel Willi. Es war der EH 555 von Telefunken, das Beste, was es gab. Die Schulfreunde träumten nur von ihm. Er war teurer gewesen als der ganze Apparat, als Detektor und Korbspulen, Spulen bis 4200 Meter Wellenlänge. Traf die Spirale fest auf den Kristall, in günstiger Position, so glaubten wir, nicht im Bett zu liegen, sondern an der Tanzfläche zu sitzen, den Schlagzeuger vor Augen, den Sekt im Glas.

»Du bist doch hinter Hede her? Also mußte sie aufmuntern.« Mein Bruder stieg aus dem Bett und fuhr in die Pantoffeln. Sein Nachthemd fiel über die Knie.

Auch ich drückte die Muschel ans Ohr und schob mich aus den Federn. »Hinter ihr her? Wir reden miteinander. Das is schon 'ne Menge.«

»Da – ein Tango!« Im nächsten Augenblick riß Achim mich an sich, stieß mich über den Kokosläufer: »Eins – zwei – Wie-ge-schritt!« Und zur Seite und zurück: »Eins – zwei – Wie-ge-schritt!«

Wir tanzten den argentinischen Tango »Esclava«. Nach seinen Rhythmen stolperte ich über die Füße meines Bruders, fing mich wieder, lehnte mich vor und zurück, sprang zur Seite. So schnell ich konnte, denn es blieb mir nichts weiter übrig. »Kapiert –?« stieß er hervor, froh, noch auf den Beinen zu sein. »Begriffen?« Er zwang mich in den nächsten Schritt: »Langsamer –! Ruhig –! Biste verrückt?«

Wir fielen auf sein Bett. »Hinhören mußte!«

Das war es, was mir Schwierigkeiten bereitete: Es kam nicht nur darauf an, im richtigen Augenblick mit dem linken Fuß anzufangen, im Zwei-Viertel-Takt und weiter, mal langsamer und mal schneller, sondern man mußte gleichzeitig, aus mir rätselhaften Gründen, ständig die Richtung ändern, ruckartig, als habe man einen Stoß in die Rippen bekommen. Nach Takten, die keine Pausen, kein Luftholen zuließen und die ich in meiner Muschel nicht auseinanderhalten, nicht mit den entschlossenen, ausgreifenden Schritten meines Bruders in Einklang bringen konnte. Bis die Gäste im »Eden« in die Hände klatschten und ich, aufgewühlt vom Erlebnis meines ersten Tangos, auf die Bettkante sank.

»Im Grunde ein Kinderspiel«, sagte Achim. »Du mußt nur auf den Dreh kommen, nichts weiter. Und zählen mußte – immer nur zählen: eins, zwei, Wie-ge-schritt – zack – zack – Schluß.«

Ich bewunderte ihn in seinem wehenden Nachthemd: seine sicheren Schritte, den gekrümmten Arm, in dem er nun, nachdem er mich los war, Sonja oder Mädi, eine seiner Tanzstundenlieben, zu halten schien. »Machste nicht schlecht!« gab ich zu und rieb mir den großen Zeh.

Er verbeugte sich vor Sonja oder Mädi, einer der beiden, und nahm mir gegenüber auf seinem Bettrand Platz, die Muschel im Schoß. »Verbeugen mußt du dich, wenn du die Sache hinter dir hast«, flüsterte er. »Aber das weißt du ja schon.«

Ich nickte.

»Und noch was!« Er wurde feierlich: »Falls du doch hinter Hede her sein solltest, mußte verdammt aufpassen!«

Ich begriff ihn nicht. »Aufpassen –? Wie kommste denn darauf?«

»Na ja.« Er drehte den Kondensator, wie so oft, wenn es auf Mitternacht zuging und die Empfangsbedingungen besser wurden. »Aufpassen mußte immer.«

Achim wollte London auf Welle 361 erwischen. Zweimal hatte er es schon geschafft. Oder auch nicht – wir wußten es nicht genau, denn die Wellenlängen wurden ständig geändert, von einem Tag auf den anderen, und es war nicht leicht, unendlich ferne, geheimnisvolle Klänge im Rauschen der Nacht auszumachen; trotz seiner Antennen-Strippe, die draußen quer über den Hof hing. Vielleicht war es bloß Stuttgart gewesen, auf Welle 379, ein Sender, der mit ein paar Röhren ohnehin zu bekommen war.

»Wieso aufpassen?« fragte ich. »Verstehe kein Wort.«

»Siehste –« er knipste die Nachttischlampe aus. »Wer hinter einem Mädchen her ist, ist immer der Dumme. Da kannste fragen, wen du willst.«

Ich durchbohrte die Dunkelheit. Was hatte das mit Hede zu tun? »Aber hinter Sonja biste ziemlich her?« zischte ich zurück. »Weiß ich doch längst – weiß doch jeder!«

»Hinter Sonja? Sagtest du Sonja?« Mein Bruder hob noch einmal die Stimme in den schärfsten Flüsterton: »Bin ich übergeschnappt? Ich mach's mit allen ... das ist das allerbeste!«

Die Tische standen unter blühenden Pflaumenbäumen, in denen die Bienen summten. Auf der Terrasse, die sich zum Garten hin öffnete, hatte der Wirt ein Faß Bier angeschlagen. Seine Frau brachte Kaffee und frischen Streuselkuchen. Man brauchte nur zuzulangen.

Der Kremser stand hinten im Hof, neben dem Misthaufen. Lisa und Martha, die müden Hannoveraner, waren mit Stroh abgerieben, getränkt und zu den anderen Pferden in den Stall gestellt worden.

»Was noch fehlt, is Musike!« rief Onkel Willi. Spindel, ein Student, der vorhatte, einmal Pastor zu werden, ergriff seine Handharmonika, warf die braunen Locken zurück und spielte: »Der Mai ist gekommen ...«

Wir waren nicht die einzigen, die im Finkenkrug eingekehrt waren, aber ich glaube, bei uns ging es am fröhlichsten zu. Spindel, der schon im siebzehnten Semester stand, seinen Studien jedoch nur genauer nachging, wenn Onkel Willi ihn gerade nicht brauchte, in seinem Büro am See oder zu Erledigungen in Pankow, ließ vom Mai noch nicht ab. Er sang: »Ein Maientag, so schön, wie keiner war ...«

Wir waren auch die lautesten. Kann sein, es lag an der Zinkwanne, in der zwischen Eisbrocken Waldmeisterbowle und Korn standen, zu gefälliger Bedienung; vielleicht lag es aber auch an dem Schwung, in dem der Onkel mit seinen Gästen umging. Den Damen hatte er schon am Bahnhof Puttlitzstraße, als aus der Bahn in seinen Kremser umgestiegen wurde, Maiglöckchen überreicht, und unter den Herren hatte er ausgelost, wer von ihnen neben Fridolin auf dem Kutschbock sitzen und die Peitsche halten durfte. Es traf den hageren, ungelenken Herrn Wittler, Lohnbuchhalter der Oberbauleitung am Vineta-Eck.

Onkel Willi war nicht angetrunken. Er war beschwingt und ruhelos um das Wohl seiner Freunde, die er zum Himmelfahrtstag zusammengeführt hatte, bemüht. Er ließ seine Taschenuhr vor dem Bauch kreisen, kurvte in kurzen Anläufen um die Tische, um die Wanne mit Bowle und Korn: »Prost, Kinder, Prost!«, und schien zu einem Kunstflug anzusetzen wie Ernst Udet auf dem Tempelhofer Feld.

Doch unversehens kam er zur Ruhe: Einige der Damen klatschten Beifall und riefen Bravo. Sie ermunterten einen schon älteren Herrn, den Achim und ich bis dahin kaum beachtet hatten, ein Lied anzustimmen. Er stand auf, verbeugte sich vor den Damen, gab dem Studenten einen Wink und sang: »Wo lind des Waldes

Lüfte wehn in hundertjähr'gen Bäumen...« Sein dröhnender Baß steigerte sich: »... da muß auch eine Schenke stehn zum Zechen und zum Träumen...« Auch an den Nachbartischen verstummten die Unterhaltungen. Feierliche Stille breitete sich aus. »Da müssen auch zwei Äuglein schön zur Einkehr traut entgegensehn... dort, wo die Bäume rauschen im tiefen, heil'gen Wald –!«

Der Wald, der hinter dem Finkenkrug begann, war gar nicht so tief; Kiefern, deren Kronen in der Nachmittagssonne rotgolden leuchteten. Er wirkte auch nicht heilig. Aber der Auftritt des Sängers wurde weithin mit Beifall bedacht. Selbst Wanderer, die am Zaun stehengeblieben waren, klatschten mit.

»Das war Mannsfeld«, flüsterte mein Vater meiner Mutter zu, »Doktor Mannsfeld vom Tiefbauamt. Technisches Hauptbüro.« Er meinte damit einen der Schnüffler, die ihm in Pankow das Leben schwermachten. Ohne zu ahnen, daß auch er, dieser Schnüffler, täglich seinen Ärger zu schlucken hatte. Zwar nicht, wenn er am Vineta-Eck erschien, um den Baufortschritt meines Vaters zu inspizieren, aber wenn er sich mit den Vertretern der BVG, der Berliner Verkehrs-Aktien-Gesellschaft, auseinandersetzen mußte.

Die BVG war erst vier Monate alt; jedoch alt genug, ihn um seine bisherige Entscheidungsfreiheit und neuerdings auch um seinen Schlaf zu bringen. In der BVG hatten sich zum Jahresbeginn die bis dahin rivalisierenden städtischen Verkehrsgesellschaften, die »Berliner Straßenbahn«, die »Allgemeine Berliner Omnibus AG« und die »Hoch- und Untergrundbahn-Gesellschaft« zusammengeschlossen, hatten sich verbündet, um die Verkehrsverhältnisse zu ordnen und das fortschrittlichste Nahverkehrs-System Europas zu schaffen. Wie sollte Doktor Mannsfeld da noch die Zeit finden, in Pankow zu schnüffeln? Er war in den Strudel der neuen Maßnahmen, sich überstürzender Weisungen, kaum zu bewältigender Magistratsbeschlüsse geraten. Dabei hörten sie sich so harmlos an: »Aktivierung des Oberflächenverkehrs« beispielsweise. Oder »Ausbau des zweiten unterirdischen Straßennetzes«.

»Wo lind des Waldes Lüfte wehn... in hundertjähr'gen Bäumen...« Doktor Mannsfeld behielt trotz allem den Überblick. Er konnte noch singen. Es ließ sich mit ihm reden.

Das Kostüm meiner Mutter war viel zu warm. Die Funk-Stunde hatte »Sonnenglanz und Donnergrollen« vorausgesagt. Dunkle

Wolken standen am Horizont, und die Sonne stach. »Wenn ich es geahnt hätte!« klagte meine Mutter. »Das Baumwollene wäre entschieden besser gewesen!« Trotzdem war sie froh, sich in feinstem Wollgeorgette zeigen zu können. Die Jacke hing hinter ihr auf der Stuhllehne. Zur hellblauen Bluse trug sie eine Bernsteinkette: ein Geschenk meines Vaters, das er ihr zum zehnten Hochzeitstag auf Rügen gemacht hatte.

Hede trug ihr weißes Kleid und ein Korallenarmband. Sie war die Schönste weit und breit, so sehr ich mich auch umsah. Wenn sie nur ein bißchen mitgemacht, mitgesungen und auch einmal gelacht hätte... Aber es schien so, als halte sie vom Harmonikaspiel des Studenten nicht viel und warte schon darauf, wieder heimzufahren.

»Da mußte bald was machen!« sagte mein Bruder. Aber er wußte selbst nicht was.

»Wann wird denn endlich getanzt?« fragte ich ihn. »Einen Marschfox leg' ich mit ihr hin – sofort. Kannste dich drauf verlassen.«

Er zeigte über die Schulter, zur Terrasse, die mit Papiergirlanden geschmückt war. »Ist doch noch viel zu heiß. Was denkste!«

Mir war es nicht zu heiß. Ich trug zu meiner neuen Hose ein Polohemd, dazu den Krokodilgürtel aus dem Familienkaufhaus. Achim hatte ihn mir geborgt, weil er zu seiner Leinenhose lieber einen schwarzen Gürtel trug. Und zum weißen Hemd eine schwarze Fliege, nicht größer als eine Streichholzschachtel.

»Hol ihr was!« empfahl er. »Egal... Noch 'ne Brause... Sonst schnappt sie dir der Trottel da drüben weg, der Assessor aus Friedenau.«

»Glaubste doch selber nicht!« Ich starrte an das Ende des Tisches und musterte den Assessor, als wäre er ein Raubtier, das sich anschleichen könnte. »Du meinst –?«

»Und ob! So 'n Mädchen is weg wie nischt! Da gibt's Sachen... Gerade an so'm Tag wie heute. Und was machste dann?«

Der Assessor hatte einen hellblonden Schnurrbart und Pickel um das Kinn. Aber es hieß, er habe sein Schlagzeug mitgebracht; er spiele fast jedes Wochenende in einer Jazzkapelle.

»Aufpassen mußte immer«, erklärte Achim mir. »Das ist die Chose. Sicher biste nie.« Er rückte die Fliege zurecht und sprach etwas leiser: »Da denkste auf so einem Fest, du hast eine... Gehst mal aufs Klo... Wech is se!«

»Wech –? Warum?«
»Mensch, warum!« Er sprach noch leiser. »Weil die Weiber so sind... Weißte noch, Ella? Die Süße von nebenan? Über dem Kohlenladen? Kaum hatte ich mal nicht richtig hingesehen, schon ging sie mit dem Rehberg.«
»Diesem Schuft!«
Achim nahm mich plötzlich für voll. Nicht nur, weil er mit Onkel Willi ein Glas Waldmeisterbowle getrunken hatte. Ich glaube, vor allem, weil ich jetzt den Tangoschritt beherrschte. Vorwärts und seitwärts. Er rückte näher: »Ella, diese Hexe... Na, macht nischt. Jetzt hab' ich Sonja.«
Neben meiner Mutter saß ein Herr, der die Krawatte gelockert und den Strohhut aufbehalten hatte. Jeder wußte, er arbeitete im Rathaus Charlottenburg, hinter einem der hohen Fenster. »Hallo, mein Bester!« rief er. »Machen Sie mal Rast!« Er versuchte, den Flügen des Onkels, seinen Kurven um Tische und Bäume, ein Ende zu setzen.
Onkel Willi fiel neben ihm auf einen Gartenstuhl. »Entree frei, Kinder die Hälfte!« schnaufte er. »Nettelbeck, was gibt's?«
Herr Nettelbeck streifte seine Zigarre ab. »Ruhen Sie doch mal aus, auf ihren vier Buchstaben! Und sagen Sie mir – sagen Sie mir mal ganz unter uns –«
Onkel Willi musterte ihn aus seinen kleinen, flinken Augen: »Unter uns? Soll Fischers Fritze was sagen?« Er hob die Stimme: »Weiß schon, was Sie wissen wollen! Weiß doch, halb Berlin spricht davon... Von der Pleite, in die ich schliddere. Aber is nich!« Er blickte triumphierend in die Runde: »Is nich!«
»Mein Bester –!« Es war Herrn Nettelbeck peinlich, daß mein Onkel, wie es so seine Art war, gleich aufs Ganze ging. »Ich hörte man bloß, Sie wissen, wie das so ist... Ich hörte, daß Sie vorhaben, Ihr schönes Haus in der Kantstraße... Da gibt's ja nichts, ein schönes, grundsolides Haus...«
»Mir bekannt. Treppenhaus Nußbaum. Marmor aus Carrara.«
»Nicht wahr? Daß Sie erwägen, dieses Haus abzustoßen.«
Onkel Willi lächelte. Und fragte in gewinnender Einfalt: »Abstoßen –? Ach, Nettelbeck... Meschugge is Trumpf. Ick werde diese Immobilie hoch hängen, janz hoch!« Er riß die Arme in die Luft. »Wer ran will, muß berappen!«
»Sehen Sie, nichts anderes wollte ich empfehlen.« Herr Nettelbeck

bemühte sich, das Gespräch in gedämpftem Ton fortzusetzen. »In Ihrer Lage dürfen Sie nichts überstürzen. Zumal die Leute... ich deutete es an...«

Der Onkel rückte die Hose zurecht. Sie klemmte und war unter der Weste aufgesprungen. »Mir kann doch keener!« unterbrach er. »Ick sitze uff Kies!«

Keiner wußte es besser als Herr Nettelbeck. Er hatte den Onkel schon in den schlimmen Jahren kennengelernt, in denen die Straßenbahnen stillstanden, ihr Betrieb zusammengebrochen war, und hatte später mit ihm ein paar gute Geschäfte abgewickelt: gegen Ende der Inflation, in den Tagen, in denen es von Nutzen war, den Behörden gegenüber verzögert Kasse zu machen. Nicht ganz in Ehren, aber korrekt.

»Uff Kies sitze ick!«

Herr Nettelbeck konnte dem Onkel zwar nicht aus seinen gegenwärtigen Schwierigkeiten helfen, aber er konnte ihm, seitdem er bei der BVG aus und ein ging, dann und wann einen Wink geben; konnte beispielsweise bei einem Dutzend Austern im »Schwarzen Ferkel« andeuten, wo der Ausbau der U-Bahnen voraussichtlich vorangetrieben und wo dem Omnibusverkehr der Vorzug gegeben werden dürfte.

Flüchtige Anmerkungen, verläßliche Indiskretionen, die es dem Onkel leichter machten, rechtzeitig zu erkennen, wo Kiesvorkommen schon in nächster Zeit Geld bringen und wo sie, fernab von größeren Bauvorhaben, an Wert verlieren würden.

»Wir verstehen uns«, sagte Herr Nettelbeck. »Erst mal schnuppern, mein Bester. Schnuppern, woher der Wind weht! Noch zwei, drei Monate warten.«

Ich brachte Hede eine Himbeerlimonade. »Du weißt, nachher wird getanzt!«

»Kann sein.« Mehr sagte sie nicht. Was hätte sie auch weiter sagen sollen? Sie wußte so gut wie ich, daß es für mich noch viel zu früh war, sie um den ersten Tanz zu bitten.

»Quetschkommode und Schlagzeug, nicht schlecht«, versicherte ich ihr. »Für Tango das beste, was es gibt.«

Sie hatte von Tango offenbar noch nie etwas gehört.

»Für Tango? Biste sicher –?«

Ich hob die Hand ans Kinn und schob den linken Fuß nach vorn: »Hede, ich kann dir sagen! Das is 'ne Sache!«

»Wirklich?« Sie zog mich auf den Stuhl an ihrer Seite. »Trinkst du überhaupt nichts?«
»Später.« Ich hatte ganz anderes im Kopf. »Wenn du einmal dein Herz verschenkst... Kennste den? Spielt Dajos Bela.« Ich hob noch einmal den Ellenbogen, vorsichtig, um nicht ihr Glas vom Tisch zu stoßen. »Kennste die Promenade? ›Mein Liebling, ich erwarte dich‹... Kennste nicht?«
Sie staunte, daß ich den Text sogar singen konnte. Fast so gut wie Luigi Bernauer. Ich hielt den Atem an, wie er... setzte die Pausen, wie er... Kam nur mit den tieferen Tönen nicht ganz zurecht, weil ich noch im Stimmbruch war. Hätte ich seine weiche Stimme nicht im Ohr gehabt, nicht jeden Seufzer, den er ahnen ließ, so hätte ich mir auch die Schritte nicht so gut einüben können; die acht Grundschritte, vorwärts und seitwärts und zurück.
Sie musterte mich aus neugierigen Augen: »Tanzen willste? Tatsächlich?«
»Wenn's erst kühler ist.« Ich frohlockte, denn nun wußte sie, was ich wollte. Keiner konnte mehr daher und mir in die Quere kommen. Ich sang: »Und ist das Zimmer noch so klein, es reicht bestimmt zum Glücklichsein...«
Hede blickte auf ihre Hände, die rosa Nägel, die wie Perlmutt schimmerten. Und sagte schließlich: »Felix, hör mal... Es gibt doch auch Walzer!«
»Walzer?« Ich glaubte von einem Felsen ins Meer zu stürzen. »Walzer?« Ich war froh, daß Achim nicht zuhörte. »Wer tanzt schon Walzer?« fragte ich sie. »Immer bloß so rum und rum? Und nochmal rum?«
»Wer Walzer gern hat.«
Seit ich sie kannte, war sie nicht so schön gewesen. Und so sicher. Ich wagte kaum, noch einmal zu fragen. »Und du –? Was tanzt du am liebsten?«
»Walzer«, antwortete sie. »Aber linksherum.«
Durch die Pflaumenbäume strich ein kühler Wind, die Girlanden gerieten in Bewegung. Walzer? Was sollte ich von Hede halten? Ich sah, wie der Assessor sein Schlagzeug zur Terrasse trug. Walzer? In meinem Leben hatte ich noch keinen Walzer getanzt. Weder rechtsherum noch linksherum.
Die Stimme des Doktor Mannsfeld, des alten Herrn, der so schön vom Walde, vom tiefen, heil'gen Wald, gesungen hatte, riß mich

aus meiner Bestürzung. Er hielt den Arm des Onkels: »Nettelbeck hat recht, erst mal schnuppern, woher der Wind weht... Was meinen Sie, was wir hier in Berlin noch Kies brauchen werden? Und Zement und Stahl? Fragen Sie mal im Amt für Baustoffbeschaffung!«
»Wird kein Ende nehmen«, meinte auch Herr Wittler, der Lohnbuchhalter. »Kein Ende – wenn das alles stimmt, was in den Zeitungen steht. Berlin, Schnittpunkt von Nord nach Süd, von Ost nach West. Berlin, die Stadt der Zukunft...«
»Die Lage verpflichtet«, sagte Herr Nettelbeck. »So mittendrin, mitten im Reich. Meine Herren – das war doch einer der Gründe, die BVG mit vierhundert Millionen auszustatten. Wissen Sie, was das heißt?«
Mein Vater ahnte es. Er wußte ja mehr als die anderen, weil er täglich zwischen Rammen und Betonmischern, Feldbahnen und Spundwänden stand. »Das wird was geben!« sagte er. »Da läßt sich was mit anfangen – wie in Paris oder London.«
»Da kann man klotzen!« rief Onkel Willi. Sein kalter Zigarrenstummel sprang von rechts nach links. »Nicht mehr nur unter den Straßen lang – auch mal tiefer und quer durch! Bißchen Bergbau.«
»Kostet was.« Mein Vater zeigte, ohne es zu wissen, sein Baustellengesicht. Wahrscheinlich, weil er an die Millionen dachte. Und sich der Möglichkeiten erinnerte, die bisher versäumt worden waren. »Man müßte unter den Linden durch«, sagte er. »Und vom Alex nach Westen.«
»Kostet was!« wiederholte Onkel Willi. Er wurde immer vergnügter. »Und raus müßte man auch, in Richtung Rehberge! Und noch weiter raus, nach Schönhausen!«
»Sachte, so schnell schießen die Preußen nicht.« Doktor Mannsfeld sah der Entwicklung gelassener entgegen. »Die Reichsbahn hat auch ihre Pläne. Nicht die schlechtesten... Wir müssen zunächst einmal nach Süden.«
»Und nach Osten!« beharrte mein Vater. »Wo die Leute aufeinandersitzen!«
Herr Mannsfeld hob sein Bowlenglas: »Wichtiger ist, daß es mit den ewigen Rentabilitätsberechnungen vorbei ist... mit der Forderung, daß ein Stückchen Bahn, das heute gebaut wird, schon morgen sein Geld wieder hereinbringen soll. Es geht nicht ums Geld, es geht um die Stadt.«

»Spendabilität von janz oben!« Onkel Willi verklärte sich: »Kies is doch wat Jutes!«
»Also ran!« Der Lohnbuchhalter, der hoch auf dem Bock, kreuz und quer durch die Jungfernheide, die Peitsche gehalten hatte, wollte am liebsten schon morgen anfangen. »Dann verschwinden die Arbeitslosen!« prophezeite er. »Und mit den Schießereien ist es dann auch vorbei!«
»Meinen Sie?« Herr Nettelbeck zweifelte. »Sie wissen, was Stresemann gestern im Adlon gesagt hat? Zu den Reparationsverhandlungen in Paris? ›Ich bin in höchstem Maße beunruhigt‹, hat er gesagt. ›Ich bin in größter Sorge.‹ Und warum hat er das gesagt? Weil man uns nach wie vor nicht hochkommen lassen will.«
»Es hat eben alles seine Konfusion.« Onkel Willi winkte den Damen zu, die im Grase saßen und dabei waren, Schuhe und Strümpfe wieder anzuziehen. »Und nu mal Prösterchen!«
Student Spindel wartete schon auf der Terrasse; er stimmte einen Rheinländer an. Der Assessor hockte neben ihm, inmitten seiner Instrumente. War eigentlich Herren- oder Damenwahl? Einige der Frauen ergriffen ihre Männer am Ärmel; einige der Männer führten ihre Auserwählten am Arm zur Terrasse. Man nahm es nicht so genau, sah nicht so hin wie im Mocca-Efti am Tiergarten, wo es nachmittags für eine Mark ein Kännchen Kaffee und ein Stück Kuchen, Musik und Tanz gab.
Mit dem Rheinländer konnte ich nicht viel anfangen. Barnabas von Geczy spielte derartiges nicht. Und Dajos Bela auch nicht. Trotzdem hätte ich mitspringen können, vor und zurück, hin und her, aber ich hielt es für besser, Hede schnell noch einmal meinen Tango zu zeigen: eins – zwei – Wie-ge-schritt!
Sie saß jetzt ganz allein am Tisch. Noch bevor sie einen Gedanken fassen konnte, stand ich neben ihr: »Kommste mit?« Und zeigte ihr, was ich nachts auf dem Kokosläufer gelernt hatte: »Wie-ge-schritt – zack – zack – Schluß.«
Sie stand auf, und ich setzte zur Promenade an: »Mein Liebling, ich erwarte dich – zack – zack –, vor meiner Tür –« Ich stolperte über ein paar Gänseblümchen, aber sie tat so, als habe sie nichts bemerkt.
Im »Esplanade« glitt man über spiegelndes Parkett, im »Eden« wurde die gläserne Tanzfläche von unten beleuchtet. Hier auf der Wiese mußte ich eben vorsichtiger sein.

»Und ist das Zimmer noch so klein – es reicht bestimmt – zack – zack – zum Glücklichsein!« Ich kam nicht schlecht voran, und mein hohles Kreuz entsprach den Regeln.

»Das machste hübsch!« sagte sie. »Aber weißte, Felix... das alles zu zweit?«

»Is doch zu zweit viel leichter!« Ich mußte ihr Mut machen: »Hede – da hält sich doch einer am andern fest! Wirste erleben! Zack – zack – und beide wissen, wie's weitergeht!«

»Meinste?« Sie blieb unsicher.

»Kannste mir glauben!« Ich blickte in ihr schmales, viel zu nachdenkliches Gesicht. »Zweie, immer zweie! Das ist doch der Witz... darauf kommt es an!«

Vor den breiten, hölzernen Stufen, die zur Terrasse führten, blieben wir stehen. Dem ersten war ein zweiter Rheinländer gefolgt. Mit ihm kamen die Tanzenden noch mehr in Schwung. Die Bretter bogen sich. Es krachte und staubte. »Was sagste dazu?« Sie konnte kaum eine Antwort geben; das Schlagzeug war viel zu laut. Aber mein Bruder rief mir ins Ohr: »Was is –? Soll ich euch 'n Tango bestellen?«

»Kannst ja noch warten«, schlug ich vor. Weil ich nicht sicher war, ob Hede sich in der Promenade auskennen und ich mit ihr schon beim ersten Griff um die Taille zurechtkommen würde. Zulangen mußte ich, und nicht zu knapp – das hatten Achim und ich schon ausprobiert. Denn langte ich nicht richtig zu, weit herum, so fielen wir schon beim ersten Schritt auseinander und machten schlechte Figur.

Es war eine Freude, dem Assessor zuzuhören. Neben der Trommel und dem Becken, die er gehörig bearbeitete, hatte er ein Glockenspiel mitgebracht, und – noch erstaunlicher – eine Ratsche. Man sah, es war im Laufe des Abends noch viel zu erwarten. Ein letzter Schlag auf das Becken: Die Tänzer räumten die Terrasse, die Musiker verschnauften. »Wie wär's mal mit einem Tango?« fragte Achim den Studenten. »Mein Bruder übt ihn gerade. Vielleicht ›Wenn du einmal dein Herz verschenkst‹?«

Achim meinte es gut mit mir. Aber die Bemerkung, daß ich mit meinen Studien noch nicht am Ende wäre, hätte er unterlassen können. Zumindest hier, wo wir nicht allein waren.

»Jemacht!« Und schon ertönte die mir vertraute Melodie, der Rhythmus, der mich seit Tagen verfolgte. Wenn du einmal...

Meine Stunde war gekommen. Es gab kein Zurück mehr.

»Wir beide?« fragte ich Hede.

Sie rührte sich nicht. Ich glaube, weil sie noch nicht ganz hinter die Feinheiten des Zweivierteltaktes gekommen war; vielleicht auch, weil alle, die keine Lust hatten, schon so früh am Abend einen Tango zu tanzen, herumstanden und zusahen.

Ich mußte handeln. »Paß auf!« rief ich und sprang die Stufen hinauf. »Ich mach's noch mal vor!« Was gingen mich die Zuschauer an? Ich konnte mich in meiner neuen Hose sehen lassen, ihrem weiten Schnitt, den scharfen Bügelfalten. Auch mit meiner schönen langen Uhrkette, an der – was keiner wissen konnte – noch nichts hing. »Aufgepaßt!«

Trommel und Becken machten es mir leicht, auch der rhythmische Schwung des Studenten. Ich hob die linke, halb geöffnete Hand ans Kinn, die Hand, in die eigentlich Hedes Hand gehört hätte... machte mich größer, als ich war, riß den rechten Ellenbogen hoch: ... wenn du einmal ans Küssen denkst, dann komm zu mir!

Es gibt keinen Zweifel, meine Haltung war gut. Sie überzeugte und gefiel allen. Selbst Hede lobte sie später. Und Achim schwor: Wie einstudiert! Aber mein Sturz war fürchterlich.

Ich fiel schon beim vierten Takt der Länge nach hin und hätte mich fast überschlagen, weil meine linke Schuhspitze, die ich in der gebotenen Eleganz nachziehen wollte, hängenblieb, und der Schlagzeuger schon weiter war als ich.

Wie hätte ich rechtzeitig bemerken sollen, daß der Bretterboden unter meinen Sohlen nicht viel taugte? Sollte ich ihn, als es mit erhobenem Kopfe seitwärts ging, einer schnellen Inspektion unterziehen? Unauffällig Ausschau halten nach Astlöchern, Spalten, beim Rheinländer abgesprungenen Knöpfen und dergleichen? Es war ein Malheur.

Ich stürzte und blieb liegen. Meine Nase schmerzte, und ich wäre am liebsten gar nicht wieder aufgestanden. Liegengeblieben bis zum Jüngsten Tage. Hätte gern so getan, als gäbe es mich nicht mehr, als wäre ich plötzlich, aus welchen Gründen auch immer, nicht mehr vorhanden.

Steh auf! sagte ich mir nach dem ersten Schreck. Du mußt. Sei ein guter Verlierer! Ich sprang, als wäre nichts geschehen, wieder auf die Beine. Hob noch einmal die Hand ans Kinn und öffnete sie, tat so, als ginge es gleich weiter ... Aber es konnte nicht weitergehen, weil ich die Musiker mit meinem Sturz aus der Fassung gebracht hatte. Sie lachten.

Alle lachten. Einige klatschten sogar.

Ich klopfte meine Hose ab, schob das Hemd zurecht und trat ab. Auch weiter hinten, in der Dämmerung unter den Pflaumenbäumen, wurde gelacht. Auch nebenan in der Küche, hinter den offenen Schiebefenstern. Ruhig stieg ich die Stufen hinab, ohne jede Eile. Entschlossen, nicht vollends unterzugehen.

Neben der Treppe stand Hede, die liebe, immer so leise Hede. Und lachte am lautesten.

Alle Traurigkeit war plötzlich aus ihrem Gesicht gewichen. Aller Kummer der letzten Tage. Sie hatte sich verwandelt: in ein anderes, ein neues, ein heiteres Wesen.

»Komm, Felix!« rief sie und lief voraus auf die Tanzfläche, denn der Student und der Assessor hatten inzwischen einen Walzer angestimmt. »Komm – aber linksherum!«

Sie nahm mich in den Arm und zog mich linksherum und linksherum und linksherum.

Mein Herz klopfte; und ihr Herz klopfte auch.

6 Herr Hitler läßt grüßen

Lief hinter dem Haus, wo einst die Bienenkörbe standen, die Rotationsmaschine an, so fiel vorn im Kontor meines Onkels Carl feiner Staub von den Wänden. So fein, daß er kaum zu sehen war. Feiner als der feinste Puder. Er legte sich auf Hermann, den Cherusker, der mit gezogenem Schwert die weit ausladende Federschale krönte, machte sich in den Regalen breit und drang bis in die Archivblätter und Honorarlisten ein.

Es war die mächtigste Rotationsmaschine der Mark; gebaut zu Plauen im Vogtland. So manches Mal stand ich dabei, wenn sie in Gang gesetzt wurde; wenn die Dieselmotoren ansprangen und sich die schweren Zylinder drehten, erst langsam, dann schneller und schneller. Sah zu, wie die Walzen das Papierband mit sich rissen, zur Seite und in die Höhe, es hoch oben in rasendem Lauf zurückführten und im Dunkel des Getriebes verschwinden ließen; zum Gegendruck. Erlebte, wie stählerne Arme zugriffen, es teilten, schnitten, falzten, und wie die fertigen Zeitungen in unendlichem Strom, noch feucht und warm, auf die Packtische glitten.

Und hörte, wie Onkel Carl im Herbst 1930 sagte: »Diese Maschine ist mein Unglück.«

Sie war ein Ungeheuer. Wild und gierig. Unbezähmbar in ihrem Temperament, unvorstellbar in ihrem Appetit: Die Wochenendausgabe des »Oranienburger General-Anzeigers« hatte sie in knapp zwei Stunden gedruckt. In einem einzigen Anlauf, ohne Pause, ohne auch nur eine Minute stillzustehen. Es machte ihr auch nichts aus, wenn vor den Festtagen, vor Ostern, Pfingsten oder Weihnachten, aus den sechzehn Seiten vierundzwanzig oder gar zweiunddreißig wurden. Im Gegenteil, zweiunddreißig waren ihr noch lieber. Ihre Leistung wurde noch preiswerter. Und stieg die Auflage, so machte sie es, auf das Stück bezogen, mit jedem Tage billiger. Sie zeigte gern, was sie konnte.

Konnte sie nicht zeigen, was in ihr steckte, sich nicht ausleben, so erstarrte sie. Und kostete Geld.

Aber was sollte mein Onkel tun? Waren die Zeitungsbündel verladen, in den dreirädrigen Zyklonetten und den fünf Lieferwagen verstaut worden und aus dem Hof gerollt, so stand sie still. Kühlte ab. Vorwurfsvoll, weil es nichts mehr für sie zu tun gab. Bereit, sich auf Lohndruckaufträge zu stürzen; die Kundenzeitungen der Edeka etwa, der Einkaufsgenossenschaft deutscher Kolonialwarenhändler, das Wochenblatt »Die kluge Hausfrau«, das »Allgemeine Wissen« oder die einst so glanzvoll aus der Taufe gehobene Zeitschrift »Das Parlament«. Vom Parlament wollten die Leute jedoch nicht mehr viel wissen. Seinen Debatten wurde nur noch Beachtung geschenkt, wenn sie ausuferten, in Tumulten endeten. Die Entscheidungsschlachten fielen nicht mehr im Reichstag, sondern in den Straßen, auf Kundgebungen und in den Parteilokalen. Die Rechten und die Linken schlugen zu.

»Die Maschine ist drauf und dran, mich zu ruinieren«, sagte mein Onkel. »Sie will Futter … Wo soll ich es hernehmen?«

Er wußte es nicht. Denn den Plan, sie im Norden der Reichshauptstadt und weithin im Havelland, bis Brandenburg und Rathenow, bekannt zu machen, hatte sein Bruder Hermann mit ins Grab genommen. Vor fünf Jahren: im Dezember 1925.

Onkel Carl war kein Drucker. Auch kein Geschäftsmann. Kein harter Geselle, der es verstand, Fallen zu stellen, sich Freunde zu verpflichten und Feinde vom Halse zu halten. Er war seinem Vater Eduard nachgeschlagen, dem freundlichen Herrn mit dem Tirpitzbart, der den »Praktischen Wegweiser für Bienenzüchter« in den deutschen Landen berühmt gemacht und so Schönes über den sechsten Sinn der Bienen geschrieben hatte. Eduard, der zudem um die Jahrhundertwende viel Geld mit dem Viktoria-Kochbuch verdiente, der »verläßlichen Küchenhilfe für die gebildeten Stände«. Ein Werk, dessen Erfolg ihn selbst am meisten überraschte. Weil er es, bevor es in Druck ging, kaum gelesen hatte. Nur einige Hinweise der Kunst der Honigkuchenzubereitung.

Mein Onkel Carl war ein Mann der Feder, der gern einmal eine Lokalglosse über Hagel oder Glatteis, Fliederblüte oder Erntedank schrieb, der den größten Steinpilz der Schorfheide im Schaufenster ausstellte und treuen Abonnenten zum Achtzigsten eine Flasche Tokayer brachte. Er glich in manchem seinem Vetter in Schwedt an der Oder, meinem alten Onkel Felix. Aber er war rastloser und konnte seiner selbst nie ganz sicher sein.

Die Maschine, für die der Obstgarten hatte geopfert werden müssen, deren Halle so lang wie eine Kegelbahn war, ließ ihn nicht mehr zur Ruhe kommen. Wie eine Raubkatze war sie über ihn hergefallen. Unbezahlt, mit Schulden beladen, von Wechseln umstellt. Verpflichtungen, die nach den Plänen des Bruders Zug um Zug, im Rahmen stiller Absprachen, in die Hand versprochener Aufträge, abgedeckt werden sollten. Mit Vorhaben, die bis in die dreißiger Jahre reichten und Verschwiegenheit voraussetzten; zumal es der Konkurrenz an den Kragen gehen sollte.

Nun saß die Konkurrenz dem Onkel im Nacken. Ließ sich nicht abschütteln. Und unversehens waren in die Reihen der bewährten, verläßlichen Geschäftsfreunde auch Auftraggeber geraten, die weniger standfest und weniger flüssig waren. Leute, die große Pläne hatten, aber kaum Geld. Leute, die Phantasie besaßen, Überzeugungskraft und gutes Benehmen, aber Kredit erwarteten. Die Maschine mochte den Onkel nicht. Und er fürchtete sie. »Glaube mir, Felix... es wäre auch ohne sie gegangen.«

Ob sie lief oder nicht, sie kostete Geld. Nur wenn sie ein paar Stunden zusätzlich lief, tüchtig lief, auch einmal am Vormittag oder schon am frühen Morgen, trug sie Schulden ab.

Bares Geld... Wo war es zu haben, wo zu erwarten? Die Löhne mußten pünktlich bezahlt, die Zinsen abgedeckt, die Lieferanten zufriedengestellt werden. Wurden hinten im Hof die Papierrollen abgeladen, mit dem Kran an ihren Platz gehoben, um eingespannt zu werden, so wurde vorn im Kontor bereits die Rechnung präsentiert. Es gab keine Gnade, kein Pardon.

»Wie soll man sie bändigen, wie soll der Mensch mit ihr fertig werden?«

Onkel Carl war ein stattlicher, starker Mann. Er stand fest auf den Beinen und mußte sich bücken, wenn er durch die Glastür in die Buchhaltung ging. Den Weltkrieg hatte er gut überstanden, war 1918 als Batteriechef mit dem Eisernen Kreuz Erster Klasse heimgekehrt. Ungebrochen. Überzeugt davon, daß es mit Deutschland wieder aufwärtsgehen würde.

Aber so stark er war: Argwohn und Furcht begleiteten ihn. Sie huschten von Zeit zu Zeit über sein Gesicht, hingen in den Augenwinkeln. Und merkwürdig: Es gab Sekunden, in denen hob er die Hand, als wollte er lauschen... und ließ sie, ohne es zu wissen, wieder fallen. Ich wußte, er wollte prüfen, ob die Maschine lief. Oder ob sie noch immer auf der faulen Haut lag.

Lief sie, so atmete er tiefer, freier. Fragte mich beiläufig, ob sich meine Mutter in Braunlage gut erholt habe. Er war ihr Vetter. So wie er auch ein Vetter meines Onkels Eugen war, des Hoflieferanten für Neunaugen und Krebse.

Lief die Maschine nicht, so fielen ihm die fälligen Wechsel ein und der Tilgungsdienst: Die hundertfünfzigtausend Mark, die noch bei der Stadtsparkasse zu Buche standen. Und er vergaß, sich nach meiner Mutter zu erkundigen.

Trotz allem, die Maschine konnte sich sehen lassen. Die guten Kunden, die Kaufleute und Handwerker, kleine Unternehmer und Gastwirte, die dann und wann ein Inserat in den General-Anzeiger einrücken ließen, warfen gern einmal einen Blick in die Rotationshalle, wenn sie anlief: eilig wie eine Schnellzuglokomotive, aber noch ausgreifender, kraftvoller; in vielfältiger, unüberschaubarer Bewegung, gekettet an die bebenden Fundamente, eingefangen in Beton und Stahl. Sie zogen die Hüte, machten sich kleiner, als sie waren, preßten sich an die kühle, gekachelte Wand: »Donnerwetter! Du meine Güte! Respekt, Respekt!«

In der ersten Etage der Stadtsparkasse, hinter den Tüllgardinen, hatte der Respekt dagegen schon nachgelassen. Man sorgte sich im Direktorium um sein Geld. Mißtrauisch verfolgte man jede Zahlung, jeden Aus- und Eingang, sammelte man Informationen. Bahnte in der gebotenen Diskretion Gespräche mit auswärtigen, sachkundigen Partnern an, die im Notfall bereit waren, sich zu rühren, in den Betrieb einzudringen, einem Konkurs, falls es sich lohnen sollte, zuvorzukommen. Gespräche, von denen der Onkel Wind bekommen hatte. Demütigungen. »Biestereien«, wie er sagte. »Bei Geldleuten so üblich.«

Er war enttäuscht, denn mit der Stadtsparkasse hatte schon Vater Eduard zusammengearbeitet: in den frühen Jahren, als er noch die »Zeitung für Niederbarnim« herausgab, den Buchverlag mit dem illustrierten Werk »Die Erziehung des Hundes« voranbrachte; und später, als sich der Flachdruck ausweitete, das Gießwerk in Betrieb genommen und die ersten Linotype-Setzmaschinen angeschafft werden mußten; Wunderwerke, die Buchstaben zu Zeilen zusammenführten und diese Zeilen automatisch in Blei gossen.

Aber so war es eben: In Gelddingen gab es keine Nachsicht, hörte die Gemütlichkeit auf. Bruder Hermann, meinte Onkel Carl, hätte es bedenken sollen, als er nach den Sternen griff; vor fünf Jahren, als er die Rotationsmaschine in Plauen bestellte, sich nicht mit der Leistung von sechzehn Blatt zufriedengeben wollte, sondern aufs Ganze ging, auf zweiunddreißig Blatt. Wie die Gebrüder Ullstein in Berlin.

»Sie ist zu stark«, vertraute mein Onkel mir an. »Stärker als ich.«

Daran zweifelte niemand. Weder in Schwedt, noch in Nauen, noch in Potsdam. Die Freyhoffs fragten sich in der Stille, ob Hermann, der so früh ins Grab gesunken war, nicht leichter mit ihr fertiggeworden wäre, sie nicht gebändigt hätte, unternehmend und weitsichtig, wie er war. Sie vermuteten, daß er in seiner Zuversicht über ihren Hunger und ihren Willen triumphiert hätte ... Wäre er nicht am 1. Dezember 1925 in Berlin mit dem Auto verunglückt.

Es war ein so schöner Tag gewesen. Anregend und beschwingt. Einer jener leicht verhangenen, silbrigen Berliner Wintertage, an denen mit sinkender Sonne Frost aufkommt und Gold hinter den Gardinen schimmert. Hermann hatte mit seiner Frau und einem befreundeten Ehepaar die Automobilausstellung besucht, die neuen Modelle der Amerikaner mit den deutschen verglichen, hatte nicht weit vom Funkturm ein gutes Essen auftragen lassen ... Und eben erst in der sechssitzigen Stoewer-Limousine zur Heimfahrt Platz genommen.

Fahrer Thinius saß am Steuer. Mußte an einer der nächsten Kreuzungen bremsen. Ohne stärkeren Druck, denn er fuhr langsam. Rutschte mit dem rechten Hinterrad gegen einen parkenden Wagen ... »Nicht schlimm«, sagte er. Und Onkel Hermann stieg aus, den Schaden zu besehen ... Um bei schwachem Verkehr von einem nachfolgenden Wagen erfaßt und zu Boden geschleudert zu werden.

Knochenbrüche. Innere Verletzungen. Ein Leberriß.

Der Tod des erst einundvierzigjährigen Hermann brachte sie, die Maschine, um Blumengewinde und Champagner, Festreden und Lobsprüche: Denn ihr Start war vor Monaten schon für den folgenden Tag, den 2. Dezember 1925, angesetzt worden. Pünkt-

lich raste sie los. Wie aus den Fugen geraten. Erreichte in Sekunden im Angesicht der Trauergemeinde ihre Höchstgeschwindigkeit; vor den schluchzenden Angehörigen, vor meiner Tante, der Buchdruckereibesitzerswitwe, vor Bruder Carl, der zu dieser Zeit noch die Lokalredaktion betreute und den Nachruf geschrieben hatte, vor Honoratioren und Geschäftsfreunden, Rotationern und Monteuren, Chauffeuren und Lehrjungen. Und dem Herrn Pastor.
Raste los und riß die Papierbahnen auf ihren verschlungenen Weg. Warf Stück um Stück die ersten Exemplare des General-Anzeigers aus. Mit einer Nachricht »in eigener Sache«, schwarz umrandet. Der Nachricht vom Tode des Hermann Freyhoff, ihres Meisters. Des Mannes, der sie bestellt, ihre Möglichkeiten gekannt, ihr Programm überdacht, ihren Triumph vor Augen gehabt hatte.
Eine unheimliche Maschine. Was sollte man von ihr halten? Dem schrecklichen Zusammentreffen von Anfang und Ende, Auftakt und Tod? War alles nur ein Zufall, oder mehr? War es Fügung? War es ein Zeichen?
»Ich mußte ran«, sagte Onkel Carl. »Die Ärmel hochkrempeln. Mußte sehen, wie ich weiterkam.«
Aus dem Lokalredakteur, der sich über Jahre um ein gutes Blatt, die Seiten vier und fünf, bemüht hatte, um »Geschlossenheit der Darstellung« und »Übersichtlichkeit«, war über Nacht der Buchdruckereibesitzer geworden, Herausgeber des »Oranienburger General-Anzeigers«; ein Mann, der im Verband der Brandenburgischen Zeitungsverleger Sitz und Stimme hatte. Ein Mann, der Meinung machte. Ein Mann von Ansehen. Mit sechsunddreißig Jahren.
»Leute, erst mal richtig hinsehen! Über die Sache nachdenken! Und dann erst schreiben!« hatte er hinten in der Redaktionsstube, zwischen Schere und Kleistertopf, den Volontären Franke und Hummel so manches liebe Mal gepredigt. »Ruhig Blut! Die Gedanken beieinanderhalten!«
Vorbei, vorbei ... Zur Besinnung kam er nun selbst nicht mehr. Weder zum Richtighinsehen noch zum Nachdenken ... Vorn im Kontor, wo er nun saß, wo der Geldschrank stand und die Wanduhr tickte, der Cherusker sein Schwert reckte und die unerledigte Post auf ihn wartete.
Er lauschte und grübelte. Konnte noch immer nicht glauben, daß er saß, wo einst Vater Eduard gesessen hatte. Und Hermann ...

Mein Gott, Bruder Hermann. Mit Verantwortung beladen, die ihm nun in den Kleidern hing und sich nicht abschütteln ließ.
»Ich hatte nur den guten Metz, den Buchhalter. Stand ja im übrigen allein auf Posten ... Kein Wunder, wenn die Geschäfte, die ich machte, nicht immer die besten, nicht immer goldrichtig waren.«
Onkel Carl musterte mich durch die Nickelbrille, strich über sein kurzes, gescheiteltes Haar. Überrascht, daß ich noch immer vor ihm saß. »Junge – ich mußte schon mal was riskieren. Bin auch in Sachen geschliddert, die nicht die feinsten waren.«
Mit mir konnte er reden. Er kannte mich fast so gut wie Onkel Gustav; hatte mir schon, als ich neun wurde, die wohlfeile Ausgabe der Abenteuer des Robinson Crusoe geschenkt; neben dem Viktoria-Kochbuch der größte verlegerische Erfolg seines Vaters. Ich wurde nun schon sechzehn, ging in die Untersekunda und hoffte, Ostern in die Oberstufe zu kommen.
Er wurde leiser: »Der Mensch wird mürbe, lieber Felix. Ist manchmal schon froh, einen Strohhalm zu erwischen.«
Der arme Onkel Carl! Im Felde hatte er die Geschütze donnern lassen und bis zum Ende an den Sieg geglaubt. Hatte seine Batterie unbeschadet, auf sich gestellt, zurück über den Rhein geführt. Mit aller Munition, die geblieben war. Und prüfte nun den Flügelhelm des Cheruskers. Berührte ihn behutsam mit dem kleinen Finger. Prüfte, ob er bestaubt war, lauschte ... Horchte, ob die Maschine lief.
Seine Sorgen beunruhigten auch mich. Mehr, als er ahnen konnte, denn ich war gekommen, ihn um hundert Mark zu bitten. Auf ihn hatte ich gesetzt, überzeugt davon, daß er nach einigem Hin und Her die Brieftasche ziehen und die Sache bald wieder vergessen würde. Wäre ich sonst, anstatt in die Schule zu gehen, über Birkenwerder nach Oranienburg gefahren?
Ich hatte den Schulfreunden versichert, es würde für meinen Onkel ein Leichtes sein, schnell mal einen Hunderter lockerzumachen. Er fackele nicht lange, wenn es um eine gute Sache ginge. Für Schiller und Shakespeare habe er eine Menge übrig. Am Ende auch für Belly.
Wir brauchten Rupfen für die Kulisse unserer Einstudierung des Einakters »Monsieur Herkules«. Silbergrauen Rupfen, den Grabs, zugleich Darsteller des Athleten Cäsar, bemalen sollte. Wir hatten

schon alles vor Augen: links das Pult des Hotelportiers, rechts die kleine Bar, dahinter die breite, geschwungene Treppe. Grabs war bereit... aber noch mußte er warten.

Nicht nur Grabs, auch Knitter und Schönfeld, Brinke und Laufenberg, die weiteren Mitspieler, wußten, daß ich den Unterricht nur schwänzte, um an das Geld zu kommen. »Wenn's weiter nichts ist!« hatte ich behauptet. Und mußte nun mit ansehen, wie Onkel Carl den kleinen Finger zum Licht hielt, um ihn in schneller Bewegung, als sei er ertappt worden, wieder in der Faust verschwinden zu lassen.

»Es wird schon«, sagte er. »Es wird wieder.«

Ich hätte ihn eine Woche später besuchen sollen. Es war unmöglich, ihn an diesem Tage, so wie er da vor mir saß, um Geld anzugehen. Wenn auch die Klasse hinter mir her war, schon seit Tagen drängte, ich sollte endlich fahren und das Geld heranschaffen. Sogar Dr. Achilles, unser Deutschlehrer, meinte, es sei nun an der Zeit, dem Stück auch zu einer »angemessenen Ausstattung« zu verhelfen.

»Du staunst, daß ich gekommen bin?« fragte ich leichthin. »Außer der Reihe, an so'm Vormittag?«

»Nicht die Bohne.« Er schob ein paar Briefe beiseite. »Was willste?«

»Nichts Besonderes. Bloß... weißte, unsere Klasse... Wir proben da ein Theaterstück... Eine Posse, verrückt von vorn bis hinten.« Ich zögerte, denn es kam mir so vor, als sei er schon wieder nicht mehr bei der Sache. Er lauschte. Lauschte in die Stille.

»Ein Stück von Belly. Mit sieben Rollen, fünf männlichen und zwei weiblichen. Tatsache, wir bringen auch Meechens auf die Bühne... Wird 'n Ding! Wir dachten, du könntest uns die Theaterzettel drucken lassen?«

Seine Hand fuhr zum Ohr. »Her mit dem Text! Sollt ihr haben. Papierreste liegen noch rum. Mehr, als mir lieb ist.«

Ich hatte den endgültigen Text nicht zur Hand, denn noch immer stand nicht fest, wer das Zimmermädchen Hanne spielen sollte. Bärbel Bechthold oder eine andere.

Schönfeld, der die Rolle ihres Partners, des Hausdieners August, übernommen und sie probehalber auch schon mal geküßt hatte, hielt sie für begabt. Aber Knitter und Laufenberg meinten, sie wäre für diese Rolle zu hübsch. Und leider auch zu dumm.

»Also nächste Woche! Du bringst den Text, und wir machen was aus der Sache. Schöne Umrandung, ein paar Wippchen.«
Er schob sich aus dem Stuhl: »Keine Zeit mehr. Ich muß noch rüber nach Lehnitz.«
Onkel Carl war es inzwischen gewohnt, Wege machen zu müssen, die er früher nicht nötig gehabt hatte. Wege, um an Bargeld zu kommen, Außenstände einzutreiben oder Stundungen zu erwirken; um zu drohen, zu bitten oder zu betteln. Er kam nur noch selten dazu, für die Sonntagsausgabe eine seiner beliebten Betrachtungen, seiner Schmonzetten zu schreiben: Gedanken über das scheinbar Nebensächliche, letztlich so Wichtige im Leben, das den Menschen erhebt und erbaut. Das einzige, was er wirklich konnte. Was ihn beflügelte wie den alten Onkel Felix in Schwedt.
Zu den Fahrten, die er immer wieder einmal unternehmen mußte, ob er nun wollte oder nicht, gehörte die Fahrt nach Lehnitz, der Besuch bei Hans Hinkel.
Hans Hinkel und die Gebrüder Strasser, Gregor und Otto, hätten ihm weiterhelfen können. Es waren die Gründer des »Nationalsozialistischen Kampf-Verlags«, für den er schon gedruckt hatte, als kaum ein Mensch wußte, was die Nationalsozialisten eigentlich wollten. Sie hätten ihm helfen können, hätten sie endlich ihre Schulden bezahlt. An die dreißigtausend Mark. Aber sie konnten sie nicht bezahlen: Der mächtige Dr. Gregor Strasser hatte in seinen Auseinandersetzungen mit dem ebenso mächtigen Dr. Joseph Goebbels unerwartet den kürzeren gezogen. Adolf Hitler hatte dem Streit seiner Kampfgefährten ein Ende gesetzt, Goebbels in Berlin auf den Schild heben lassen und die Kampfschriften der Gebrüder Strasser für »parteischädigend« erklärt. So stapelten sich nun schon seit geraumer Zeit die Reste in den Lagerräumen des Onkels, nahmen Platz weg, und niemand wußte zu sagen, wem sie nun eigentlich gehörten. Wertlos, wie sie waren.
»Ich wußte schon damals, goldsicher war die Sache nicht«, sagte Onkel Carl. »Aber Gregor Strasser ist Offizier gewesen. Und Reichstagsabgeordneter des Völkischen Blocks. Ein Ehrenmann, wie ich glaubte, der unserem Vaterland wieder auf die Beine helfen, die Franzosen aus dem Rheinland komplimentieren, die Kriegsschuldlüge aus der Welt schaffen wollte.«
»Wollen unsere Lehrer auch. Einer wie der andere.«
Der Onkel hatte sich vertan. Er hatte national, aber nicht national-

sozialistisch gedacht: hatte Unterschiede noch nicht erfaßt, die erst in späteren Jahren deutlich werden sollten. Hatte vor allem nicht vorausgesehen, daß die Männer der so erfolgreichen, mit jeder Wahl einflußreicheren NSDAP, der Nationalsozialistischen Deutschen Arbeiterpartei, sich gegenseitig in die Haare geraten, sich bekämpfen, verleumden, schließlich auch umbringen würden.
Er hoffte auf sein Geld.
Hans Hinkel würde ihm, so glaubte er, die Treue halten. Gregor Strasser dagegen, der vor Jahren schon seine Apotheke verkauft hatte, um unabhängig an die Seite Adolf Hitlers treten zu können, hatte ihn sitzenlassen. Ihn, seinen Drucker.
»Ich habe Wechsel akzeptiert, weißt du ja... geblendet, wie ich war.« Der Onkel stand in der Tür, den Hut in der Hand. »Hinkel will mich sprechen. Mal sehen, was es gibt.«
Die Maschine war schuld. Über ihrem Appetit hatte er Vorsicht und Zurückhaltung außer acht gelassen. Er hatte mit den Kämpfern zu Lehnitz paktiert, um den Hunger der Maschine zu stillen, sie gnädig zu stimmen. Sie satt zu machen: Mit den Blättern des Kampf-Verlags.
Dreißigtausend Mark! Hätte er über sie verfügen können, so wäre alles gut gewesen. Er hätte sich Luft schaffen, für Ordnung in den Büchern sorgen und auch endlich wieder das Unternehmen voranbringen, »Seide spinnen« können.
An den Nationalsozialisten war ohnehin nicht vorbeizukommen. Als Drucker. »Übermorgen rücken sie mit 107 Mann in den Reichstag ein!« sagte er, als wir in den Hof gingen. »Wer ist denn noch stärker als sie? Doch bloß noch die Sozialdemokraten.«
Er schritt schnell aus, grüßte nach rechts und nach links. Ein Mann der Tat, der keine Sorgen zu haben schien. Im Gegenteil, der neuen Erfolgen entgegensah.
Vor den Garagen blieben wir stehen und warteten, bis Thinius den Wagen vorgefahren hatte. Onkel Carl wollte mich bis zum Bahnhof mitnehmen. »Die Braunhemden werden nun mitregieren. Das wird was geben!«
Wir stiegen in den blankpolierten Unglückswagen. Die Wolken spiegelten sich in seinem dunkelgrünen Kühler. Nickel glänzte.
»Die Nazis haben es geschafft.« Der Onkel sank hinten in das Polster. »Dreißigtausend Mark... Da werden sie sich doch wohl nicht lumpen lassen? Einem kleinen Drucker gegenüber?«

Onkel Carl war fünfundzwanzig gewesen, als am 2. August 1914 der Erste Weltkrieg ausbrach. Als mobil gemacht wurde und der Kaiser verkündete, er kenne nun keine Parteien mehr, nur noch Deutsche.

Die Wogen der Begeisterung, die durch alle Lande gingen, das Gefühl, einig und stark zu sein, der Jubel der Deutschen hatte auch ihn erfaßt. Auch er war entschlossen, ins Feld zu ziehen, für Recht und Freiheit zu kämpfen, das Vaterland vor dem drohenden Ansturm der Franzosen, der Russen und der Engländer zu schützen. Auch sein Herz schlug höher, obwohl er noch nicht gedient, noch keinen Schuß abgegeben hatte.

Er zog den Bauch ein, stellte sich in der Fülle seiner Erscheinung vor den Spiegel, prüfte Haltung und Statur und beschloß noch zur gleichen Stunde, sich der Garde anzuschließen. Gottlob, Gardemaß hatte er. War einsneunzig groß; und sein Speck, daran zweifelte er nicht, würde sich schon bald auf einem der Exerzierplätze rund um Berlin verlieren.

Vater Eduard war vor einem Jahr gestorben. Er hatte die Leitung des Verlages und der Druckerei seinem Ältesten, dem erst dreißigjährigen Hermann, übertragen. »Haltet zueinander! Steht euch bei!«

Hermann hätte Bruder Carl nun viel zu gern in der Redaktion gesehen, aber auch er konnte ihn nicht halten. Das Vaterland rief, die Fahnen wehten. Kein junger Mann, den es in diesen Wochen des Aufbruchs, der Siegeszuversicht, des Taumels zu Hause gehalten hätte: in den vier Wänden, hinter dem Ofen.

Hinaus –! »Jeder Stoß ein Franzos', jeder Schuß ein Ruß', jeder Tritt ein Brit'!« Der Kaiser erklärte: »Wir ziehen das Schwert mit reinen Händen.«

Wer noch keinen Gestellungsbefehl hatte, meldete sich als Kriegsfreiwilliger. Was lag also für meinen Onkel, der ein wenig hermachen, der zur Garde wollte, näher, als zunächst Major von Krosigk ins Vertrauen zu ziehen? Den Kommandeur der Gardejäger zu Potsdam? Herr von Krosigk schätzte die Publikationen des Verlages, hielt »Die Erziehung des Hundes«, interessierte sich für das Waidwerk und die Aufzucht edler Pferde. Auf ihn schien Verlaß. Aber leider, er winkte ab. Nervös, das Monokel im Auge. Der Ansturm junger Herren von Adel auf sein exzellentes, von höchster Stelle protegiertes Bataillon sei so heftig, versicherte er, daß er

den an sich hochgeschätzten Herrn Redakteur schon bitten müsse, von einer Bewerbung Abstand zu nehmen.
Peinliche Minuten, betroffenes Schweigen. So verzichtete Onkel Carl auch darauf, sich noch anderenorts in Potsdam umzusehen. Etwa beim 1. Garderegiment zu Fuß, einer zwar größeren, aber nicht minder umworbenen Einheit. Sie führte ihre Traditionen auf die Langen Kerls zurück, die Lieblinge des Soldatenkönigs, den Drill des 18. Jahrhunderts. Kein Wunder, daß der Kommandeur auf hohem Roß saß: Chef dieses Regiments war seine Majestät der Kaiser und König höchstpersönlich.
Der Onkel kühlte seinen Durst an diesen heißen, stolzen Tagen in so mancher der überfüllten Kneipen, in denen die Siege, die da bevorstanden, schon begossen wurden; speiste in feinen Restaurants, die zum Abschied wohlhabenderer Vaterlandsverteidiger unter drapierten Fahnen Helgoländer Hummer auftragen ließen; sang mit den anderen: »Lieb Vaterland, magst ruhig sein –!« und faßte den Entschluß, sein Glück anderswo, bei den Gardeschützen in Berlin-Lichterfelde, zu versuchen.
Die Garde sollte es sein. Immerhin, er war nicht irgendwer. Einer der jungen Grafen von Bassewitz, ein Leutnant, Liebhaber kriegstüchtiger Brieftauben, der erst unlängst im Kontor zu Oranienburg vorgesprochen hatte, konnte vielleicht helfen... Doch auch diese Hoffnung sollte sich zerschlagen. Und mit ihr die schöne Hoffnung, eine grüne Uniform tragen zu dürfen und statt der Pickelhaube einen Tschako. Mit Kokarde, schwarzweißrot. Man nahm den Onkel bei den Gardeschützen zwar näher in Augenschein, behandelte ihn auch zuvorkommender als die vielen anderen, die sich in den Fluren drängten, aber der Stabsarzt sagte: »Zu dick, mein Lieber!«
Der Bauch des Onkels war in der Tat nicht zu übersehen, splitternackt, wie er da vor seinen Betrachtern stand. Aber Hand aufs Herz: ein junger Bauch ließ sich regulieren! Onkel Carl schwor: »In sechs Wochen ist er weg!«
In sechs Wochen... In zwölf sollte der Krieg vorüber, der Operationsplan im Westen abgewickelt, die Umfassung des Feindes geglückt, Frankreich geschlagen sein! Man quittierte sein Versprechen mit der Antwort: »Auf später denn!«
Blieb das 5. Garderegiment zu Fuß. Seine Tradition war bescheidener als die des Ersten. Aber wer von den Freunden, den Geschäfts-

leuten in Oranienburg wußte es schon? Sie ging nicht auf die großen Könige zurück, auf Friedrich Wilhelm I. oder den Alten Fritz. Das Regiment, das in Spandau lag, war erst zu Zeiten des Kaisers, im Jahre 1896, aufgestellt worden. An seine Fahnen hatten sich noch keine Siege heften können. Keine Kugel hatte sie durchlöchert, kein Pulverdampf geschwärzt... Trotzdem war der Andrang Freiwilliger in Spandau so groß wie in Potsdam. Und das Ergebnis der Bemühungen des Onkels, dem hier kein Fürsprecher zur Seite stand, sollte ernüchternd sein. Der Oberstabsarzt nahm den Kneifer ab: »Mann –! Mit der Schwarte!«

Onkel Carl erkannte, daß er dem Vaterland nützlicher sein konnte, wenn er sich vorerst in der Redaktion des General-Anzeigers niederließ, an der Seite des Bruders die ersten Schlagzeilen über den Vormarsch im Westen und die Schlappen im Osten zurechtrückte, Korrekturen las und am Giebel des Hauses die Fahne entrollte, sobald eine Siegesdepesche eingelaufen war.

Er trauerte der Garde, der er so gern angehört hätte, nicht länger nach. Der Garde in ihrem Glanz, ihrem Schwung und Elan... Der Garde, die schon bald in Dreck und Morast steckenbleiben, in Feldgrau verbluten, in den Stellungskämpfen untergehen sollte.

Denn früher als gedacht setzte sich der unbeirrbare Wille des Onkels, dem Vaterland zu dienen, in ganz anderer, großartiger Weise durch. Er riß, sobald es auf den Abend zuging und die Leute aus den Werkstätten, den Betrieben und vom Felde heimkamen, die letzten Meldungen der Telegraphen-Union an sich, trat hinaus auf den Balkon des Verlagshauses, gegenüber dem Gasthof »Hohenzollern«, und hob den Arm: wartete, bis die schnell anwachsende Menge Ruhe gab und verkündete mit fester, weithin reichender Stimme, was es an den Fronten Neues gab. Im Westen und im Osten.

Die Deutschen hatten Luxemburg überrannt und eingenommen, um die Eisenbahnlinien nach Frankreich in die Hand zu bekommen. Der Einmarsch in Belgien, das neutral hatte bleiben wollen, war vollzogen. Der Kampf war in Bewegung gekommen. Am 16. August 1914 hob der Onkel die Stimme: »Deutsche Männer und Frauen! Lüttich gefallen! Die Forts nach heftigen Gefechten genommen!«

Jubel brach aus. Tränen der Freude mischten sich ein. Die mächtige, uneinnehmbar scheinende Festung in deutscher Hand! Man sang »Heil dir im Siegerkranz!«, schwenkte die Hüte, die Mützen. Mein Onkel, der Redakteur mit der festen, mitreißenden Stimme, der aus dem Stegreif in drei, vier Sätzen zu sagen wußte, was hinter den Meldungen stand, was alle Herzen bewegte, wurde zum Helden des Tages. Eine Woche später: »Brüssel besetzt!« Man jubelte ihm zu, dem Mann dort oben, hoch oben auf seinem Balkon, als sei er es gewesen, der die Streitkräfte angeführt, den Stabsplan ausgearbeitet, den Willen in die Tat umgesetzt hätte.

Schweigend nahm man kurz darauf seine Mitteilung hin, daß Großfürst Nikolai Nikolajewitsch mit zwei Armeen in Ostpreußen eingedrungen sei. Nahm es hin, denn die Franzosen wichen zurück. Sieg im Westen! Sieg, Sieg! Ende August war die Marne erreicht, Paris bedroht.

Ergriffenheit und Freude kannten keine Grenzen. Schon im Kriege 1870/71 war Paris von den Vätern erreicht, eingeschlossen und belagert worden... Paris in der Reichweite der deutschen Geschütze? Hatte man recht gehört? Niemand wollte weichen, niemand nach Hause gehen. Und noch ehe der Onkel Näheres bekanntgeben konnte, sangen die Männer, die Frauen und Kinder: »Ich bete an die Macht der Liebe.«

Onkel Carl auf seinem Balkon hielt ein und tat einen tiefen Schluck. Der Pikkolo von vis-à-vis hatte ihm, wie schon so manches Mal, wenn es unten hoch herging, einen Humpen Bier heraufgebracht. Mit den besten Empfehlungen... Der Wirt des »Hohenzollern« wußte: Wurde gesungen, geweint und gelacht, so füllten sich schon bald seine Gaststuben, flossen Bier und Wein, knallte dann und wann sogar ein Sektkorken.

20. September 1914: Kapitänleutnant Weddigen, Kommandant von U 9, versenkte vor der niederländischen Küste die britischen Panzerkreuzer HOGUE und ABUKIR und CRESSY. Onkel Carl schleuderte ihre Namen, deren Aussprache er zuvor im Kontor geübt hatte, hinaus in die Abenddämmerung. Sie schlugen ein wie die Torpedos. Die Bürger von Oranienburg schienen zunächst gelähmt, fassungslos zu sein – und rissen sodann, wie auf ein geheimes Zeichen, die Arme in die Luft: Hurra, Hurra, Hurra! Sie umarmten einander, konnten die Heldentat des Sechsundzwanzigjährigen kaum fassen. Ja – wenn es so war! Wenn ein Deutscher mit ein paar Mann die britische Flotte das Fürchten lehren, ihr schwere Wunden schlagen konnte! Otto Weddigen konnte es. Drei

Wochen später versenkte er den Panzerkreuzer HAWK in der Nordsee.
Blockade? Wer glaubte noch daran? An eine Aushungerung durch die britische Flotte? Die U-Boote Seiner Majestät kämpften das Festland frei. Wehe dem, der es wagte, die Verbindungslinien der Verbündeten zu gefährden!
»HAWK!« rief Onkel Carl mit donnernder Stimme in die Stille. Und fügte hinzu: »So geht's weiter!«
Es waren die wohl schönsten, die erhebendsten Monate im Leben des Onkels. Sein Herz weitete sich; er war mit sich und seinem Dasein zufrieden. Was hätte er dem Vaterland schon nützen können, wenn er auf dem Kasernenhof geschwitzt, sich im märkischen Sand abgerackert hätte? Sprung auf! Marsch! Marsch! Und dann an die Front gegangen wäre? Welch ein Glück, daß Major von Krosigk zu Potsdam hinreichend mit den jungen Herren von Adel beschäftigt war! Daß auch die Gardejäger ohne ihn auskommen wollten, nur wenig Freude an seinem Auftritt gehabt hatten! Er hatte Wichtigeres zu tun: Er beschränkte sich nicht darauf, die Depeschen, die er mit auf den Balkon nahm, zu verlesen. Wortgetreu, so, wie das Hauptquartier sie verfaßt hatte. Er tat ja mehr. Er gab ihnen zusätzlich Wirkung, weitete sie aus, unterstrich das Wesentliche: mit meist verhaltener, dennoch durchdringender Stimme. Onkel Carl war ein Zeitungsmann. Er kommentierte, ließ aus dem Stegreif eigene Erkenntnisse und Schlüsse mit einfließen. Hob das Rechte in das rechte Licht.
Ein Patriot ... Bis er schließlich, nach einer letzten, wohlgesetzten Pause beide Arme hob, um das Ende seines Auftritts anzukündigen, sich verneigte und gemessen zurücktrat, in das Halbdunkel der Guten Stube.
Er glaubte an den Sieg. Daran, daß Gott dem Reich und Österreich-Ungarn zu ihrem Recht verhelfen werde. Daß der Kaiser wisse, was er tue. Und Bethmann Hollweg, sein Kanzler, ebenfalls. Zudem stand ihm vor Augen, was die Franzosen den Deutschen über die Jahrhunderte hinweg angetan hatten: Die Unternehmungen des Sonnenkönigs, die Raubkriege Ludwigs XIV., die Verwüstungen der Pfalz, die Zerstörung des Schlosses zu Heidelberg. Er wollte es nicht vergessen. Auch nicht die Siegeszüge des großen Napoleon, der die Quadriga vom Brandenburger Tor hatte holen und nach Paris schaffen lassen ... Denn Onkel Carl

war in Argwohn gegenüber den Franzosen erzogen worden. Er hatte auf der Schulbank viel Schlechtes und nur wenig Gutes über sie erfahren.

Mit dem siegreichen Vormarsch der deutschen Truppen stiegen auch die Einnahmen der Druckerei. Der Verkauf des Viktoria-Kochbuchs ging zwar zurück, das Werk geriet mehr und mehr in Vergessenheit, aber die Kriegs-Extrablätter, die Hermann und Carl schon bald herausbrachten, das Stück zu fünf Pfennig, füllten die Kasse. Die wenigsten Oranienburger wollten bis zum nächsten Morgen warten, um zu erfahren, was es im Westen Neues gab: in Lothringen, an der Marne und in den Kämpfen um Antwerpen. Sie wollten schon gegen Mittag wissen, was sich am Vortage getan hatte.

Wie konnten Hermann und Carl da am 3. September 1914, diesem denkwürdigen Tag, ohne ein erstes und ein zweites Extrablatt auskommen? Mit der Nachricht von der Flucht der französischen Regierung aus Paris? Ihrem dramatischen Aufbruch nach Bordeaux? O Deutschland hoch in Ehren! Die Fahnen wehten straßauf, straßab. Böllerschüsse krachten.

Bis die Extrablätter seltener wurden, den Siegen die ersten Niederlagen folgten; der Krieg auch für die Heimat zum Kriege wurde. Generaloberst von Moltke ließ an der Marne haltmachen. Gab Befehl, die siegreichen, bis dahin unaufhaltsam vordringenden Verbände hinter die Aisne zurückzunehmen. Warum nur, warum –? War ihr Nachschub gefährdet, ihre Angriffskraft gebrochen? Der Siegeswille erlahmt? Onkel Carl wagte sich nicht hinaus auf den Balkon. Wenn die Leute auch standen und warteten.

Es sollte noch schlimmer kommen. Vor Verdun fraßen sich die deutschen Angriffe fest, wütete ein Gemetzel; zugleich ging der Wettlauf zum Meer verloren. Die Front erstarrte. Der Angriffsplan brach zusammen.

Trotz allem, der Onkel hatte noch manchen schönen Auftritt. Es gelang, die Russen aus Ostpreußen wieder zu vertreiben. Hindenburg schlug sie bei Tannenberg und an den Masurischen Seen. Zu Zehntausenden gerieten sie in Gefangenschaft. Man atmete auf... Der Zweifrontenkrieg hatte ein Ende.

Aber gesungen wurde nicht mehr. Die Gefechte im Osten und Westen hatten inzwischen zu viele Opfer gefordert. Zu viele

Gefallenen-Anzeigen erschienen auch im General-Anzeiger... Zudem war es auf dem Balkon kühler geworden. Regen fiel, die ersten Schneeschauer folgten. Man war in seinen Gedanken bei den Vätern und Söhnen, den Männern, die sich fernab in die nasse Erde wühlen, sich vergraben, in Unterstände verkriechen mußten. So kamen dem Onkel die Worte nicht mehr so leicht über die Lippen wie an den ersten warmen Abenden. Er fröstelte. Und trat schließlich nicht mehr hinaus auf den eisigen Balkon: Kapitänleutnant Weddigen war mit den Seinen vor dem Feinde geblieben. Sein U-Boot war nahe den Orkney-Inseln gesunken, untergegangen mit Mann und Maus.

Ein Kommentar aus Berlin war gleich mit eingelaufen. Von Otto Weddigen, dem Helden, geboren zu Herford, war die Rede. Von seiner tapferen Schar, deren stolzes Boot seit Kriegsbeginn Tod und Schrecken auf seiten des Gegners verbreitet habe. Es liege nun – so hieß es – »auf kühlem Meeresgrunde«. Kommandant und Mannschaft ruhten dort »zu letztem, langem Schlaf«, Opfer des »wohl schlimmsten und gefühllosesten Feindes der Deutschen«, den »heiliger Haß verfolgen« werde... »Dazu verhelfe uns Gott«. Onkel Carl hielt den Text in Händen, aber er wollte nicht mehr. Wollte nicht vom Balkon rufen, daß es wieder einmal an der Zeit sei, die Fahnen auf Halbmast zu setzen. Er zog sich in seine Redaktionsstube zurück; betroffen, der Sprache des Hasses nicht mächtig.

Kurz darauf wurde er eingezogen. Nicht zur Garde, sondern zum Ersatzbataillon des Fußartillerie-Regiments Nr. 10 nach Straßburg. Abgenommen hatte er ohnehin schon. Mit einem verschnürten Pappkarton machte er sich auf die weite Reise; Wurstbrote im Beutel, einen halben Napfkuchen und zwei Flaschen Wein.

Einer, der sein Vaterland über alles liebte und sich nun daranmachte, es zu verteidigen.

Mit den Proben für die Posse »Monsieur Herkules« kamen wir nur mühsam voran. Es lag an Bärbel Bechthold, Untersekundanerin am Kleist-Lyzeum, der Dr. Achilles, unser Deutschlehrer, die Rolle des Zimmermädchens Hanne anvertraut hatte. »Mit den schönsten Hoffnungen«, wie er uns versicherte, denn sie spreche nicht nur ein gefälliges Deutsch und ließe sich vorzeigen, sondern besuche auch regelmäßig die Aufführungen des »Theaters der Höheren Schulen«.

Seine Hoffnungen täuschten. Bärbel Bechthold konnte sich zwar sehen lassen, war jedoch entschlossen, ihre Rolle nur so zu spielen, wie es ihr gefiel: in Erinnerung an ihr jüngstes, bisher größtes Theatererlebnis, eine Aufführung der »Agnes Bernauer«. Sie wollte ihre Rolle zum Wohle des Ganzen überhöhen, mehr aus ihr machen, als in ihr steckte, ihr den Reichtum ihrer Gefühle, die Fülle ihrer Empfindungen in einer gewissen Besessenheit mit auf den Weg geben. Von meinen Regieanweisungen wollte sie nicht viel wissen.

Rief ihr Partner, der leicht angesäuselte Hausdiener August: »Stell dich nur nicht so unschuldig! Was ich sehe, das sehe ich!«, so fuhr sie zusammen, warf die rotblonde Pracht ihrer Locken in den Nacken und horchte in unbestimmte Fernen, ob weitere Kunde zu erwarten sei. Um schließlich, nach quälenden Sekunden, die Frage hervorzustoßen: »Na – was siehst du denn?« Ganz so, als rückten schon die Schergen des Herzogs an, um sie in die Donau zu werfen.

Ich wagte nicht auszusprechen, was ich empfand. Noch saß ich unten in der ersten Bankreihe unserer Aula und knabberte, was ich nur selten tat, an den Fingernägeln. Unmöglich, sie schon jetzt vor den Mitspielern zurechtzuweisen, denn Schönfeld, der den August spielte, traf sich neuerdings fast täglich mit ihr in der Eiskonditorei Ricci, um ergänzende Rollenstudien zu treiben. Und Grabs hatte die beiden am vorletzten Sonntag in einer Luftschaukel im Lunapark gesehen.

Auch Brinke, der den Schulamtskandidaten Maus zu spielen hatte, hielt von ihren Darbietungen mehr als ich und hatte von ihr erfahren, daß sie entschlossen sei, spätestens nach dem Abitur zur Ufa zu gehen.

So beschloß ich, mich vorerst zurückzuhalten und nur einzugreifen, falls ihr Eigensinn oder ihre Eitelkeit den Ablauf der Handlung gefährden sollten. Es lag nahe, denn die Eitelkeit verriet sich in jeder ihrer Bewegungen und brachte sie fast immer um die Wirkung ihrer Auftritte.

Gab August, den Schönfeld gar nicht schlecht spielte, mit kläglicher Armbewegung zurück: »Ich sehe, daß Mamsell Hanne mit aller Welt schön tut, ganz so, als ob unsereiner nichts wäre«, so hob sie sich auf die Zehenspitzen, breitete die Arme aus, löste sich von irdischer Unzulänglichkeit und verkündete: »Ein Zimmermädchen muß zu jedem Gaste freundlich sein! Darf niemand vor den Kopf stoßen!«

Ein schönes Bild, das sie darbot. An und für sich. Sie trug einen weiten, bestickten Rock, eine weiße Bluse und schon einen Büstenhalter. Die Blicke der Mitspieler hingen an ihrer Erscheinung. Entrückt wie sie. Und waren sicher, daß sie es noch weit bringen würde.

Selbst Kulicke, unser Schuldiener, der hinten im Halbdunkel ein Stückchen Kautabak in den Mund schob, fühlte sich angesprochen und kam um ein paar Bankreihen näher. Er sollte darauf achten, daß niemand von uns vom Podium fiel, das nur notdürftig aus Tischen zusammengerückt worden war. Und sollte nach Beendigung der Probe die Aula wieder abschließen.

Ich mußte unterbrechen. »Wundervoll!« rief ich. »Bärbel, ganz wundervoll! Aber vielleicht solltest du deine Gefühle nicht schon jetzt verpulvern? In den ersten drei, vier Szenen? Verstehst du –? Die Regeln der Schauspielkunst verlangen, daß ein Akteur zunächst in größter Ruhe an die Sache herangeht ... dem Publikum Zeit läßt, sich ins Bild zu setzen.«

»Wie bitte?«

»Mit größerer Zurückhaltung kommst du weiter. Die Leute sollen doch zunächst einmal dahinterkommen, wer du bist. Und entdekken, was du vorhast. In welche Dinge du verwickelt bist.«

»So –? Meinst du?«

Ich hielt mich zurück, so gut es ging. »Hat Lessing geschrieben. Weißt du sicher auch. In seiner Hamburgischen Dramaturgie.«

Sie wurde ärgerlich. »Hat er geschrieben? Wirklich?« Ihre Augen blitzten. »Biste ganz sicher?«

Kulicke war inzwischen bis in die erste Reihe vorgedrungen, fast an meine Seite. Als einziger Zuschauer. Er nickte mir zu, als kenne er die Klassiker so gut wie Dr. Achilles. Dabei hatte er für mich nur etwas übrig, weil ich ihm gelegentlich ein paar rumänische Briefmarken mitbrachte. Carol, gestempelt.

»Schlecht war sie nicht«, mischte sich Brinke ein. »Sie war bestimmt bis hinten zu hören. Dafür werden viele dankbar sein.«

Zum Glück hatte ich in meinem Freund Knitter, der den zerstreuten Gymnasialprofessor Mahlmann spielen sollte, einen Bundesgenossen. Auch in Laufenberg, der für seinen Auftritt als Zirkusdirektor Schreier schon in schwere Schaftstiefel gestiegen war. Er wollte, daß es donnerte, wenn er die Szene betrat.

Beide, Knitter und Laufenberg, standen auf meiner Seite. Bärbel Bechthold sollte sich nicht so haben, weniger auf die Tube drükken, fanden sie. Im 5. Auftritt könnte sie sowieso noch zeigen, wozu sie fähig sei. In ihrer großen Szene: »Schockschwerenot! August –! Mußt du alles wissen? Mit dir ist's nicht auszuhalten! Nicht einen Tag!« Laufenberg stampfte mit dem Stiefel auf: »Und dann ab durch die Mitte! Wie's in der Regieanweisung steht! Das gibt Applaus!«

Ich kam trotzdem nicht weiter. Bärbel wollte schon jetzt und nach jedem ihrer Auftritte ein Ab-durch-die-Mitte haben. Und sofort zurückkommen, bis vorn an die Rampe, um einen Knicks zu machen. Das hatte sie mir schon angedroht.

Mein Herz klopfte. Trotzdem blieb ich die Ruhe selbst: »Wer zurückkommt und wann er zurückkommt, bestimme ich! Ich ganz allein! Wollt ihr wie die Kaninchen umherspringen? Aus der Mitte, von links und von rechts? Dem Stück seinen natürlichen Lauf nehmen? Es um seine Spannung bringen?«

»Schon gut, Lessing.« Schönfeld wurde ungeduldig.

»Wollt ihr die Stichworte verpatzen, euch gegenseitig umrennen? Den Abend schmeißen?«

Inge Lenz, die sich bis zu diesem Augenblick im Hintergrund gehalten hatte, erschien vor dem Podium. Auch sie kam vom Kleist-Lyzeum, aus der Untersekunda des Dr. Faber, und hatte die Rolle der Ernestine übernommen. Die vielleicht komischste Rolle: Tochter des Gymnasialdirektors, der sie gern unter die Haube bringen will. »Was der Regisseur sagt, wird gemacht«, erklärte sie. »Sonst geh' ich nach Hause.«

Inge Lenz war ein mageres, hochaufgeschossenes Mädchen mit fröhlichen Augen. Sie machte mit, weil in ihrer Klasse kein häßlicheres Mädchen zu finden gewesen war. In der Aufführung sollte sie hohe Schnürstiefel tragen, einen Dutt und darüber einen Hut mit Strohblumen.

Bärbel Bechthold war, wenn es sein mußte, zu ersetzen. Inge Lenz war unersetzlich. Sie beherrschte ihre Rolle bereits wie am Schnürchen, vorwärts und rückwärts. Und blieb Bärbel Bechthold in der Hingabe an die Möglichkeiten ihres Textes stecken, so soufflierte sie. Auch die übrigen Rollen hatte sie schon im Kopf. »Was siehste denn dauernd nach?« fragte sie mich, sobald ich ins Rollenbuch sah. »Ist doch klar, wie's weitergeht! Kann doch nicht anders weitergehen!«

Es war ein gutes Stück. »Nicht umzubringen«, wie Dr. Achilles erklärt hatte. Sturmerprobt, denn es war bereits im Jahre 1862 am Wallner-Theater in Berlin uraufgeführt worden. Und bis in die zwanziger Jahre auf den Spielplänen, auch denen zahlreicher Liebhaberbühnen, geblieben. Georg Belly hatte es geschrieben, ein junger Mann, der eigentlich Buchhändler hatte werden wollen. Die Verleger hatten sich um das Stück gerissen: allen voran der Leipziger Theater- und Musikverlag Otto Teich, der schließlich die Bühnenrechte erwarb, und der Verlag von Philipp Reclam, der es als vielgefragten Lesestoff in seine Universal-Bibliothek aufnahm.

Nichts könne an diesem Einakter schiefgehen, hatte Dr. Achilles mir, als er mich mit der Regieassistenz betraute, versichert. Es sei denn, das Gymnasium stürze ein.

Schon der Schauplatz machte sich gut: die Halle eines kleinen Hotels, irgendwo in der Provinz. Vor allem aber die Handlung: Gymnasialdirektor Mahlmann ist mit seiner Tochter Ernestine abgestiegen, um die Bewerbung des mit dem Frühzug aus Kassel erwarteten Lehramtskandidaten Maus entgegenzunehmen. Auch Zirkusdirektor Schreier ist eingetroffen, der den ebenfalls mit dem Frühzug aus Kassel anreisenden hochberühmten Cäsar, Kunstreiter und Jongleur, für sein Unternehmen gewinnen will... Hanne und August, Zimmermädchen und Hausdiener, einem verliebten, zerstrittenen Paar, bleibt es überlassen, für das nun unvermeidliche Durcheinander zu sorgen: der schüchterne Maus gerät in die Fänge des Zirkusdirektors, und Cäsar zeigt dem Gymnasialdirektor, wie man auf den Händen läuft... Bis schließlich und endlich Maus in den Schuldienst und an die Seite der glücklichen Ernestine findet, Cäsar als »Monsieur Herkules« in die Galavorstellung Schreiers und August in die Arme seiner Hanne.

Bis zum Ende des 3. Auftritts hatten wir uns durchgekämpft, mit Hängen und Würgen. Zirkusdirektor Schreier stampfte heran, musterte Hanne und fragte beifällig, wie alt sie denn sei. »Zwanzig.« Er ergriff ihre Hand und zog sie näher: »Hübsches Alter, aber schade... nichts mehr für mein Geschäft. Mal den Arm in die

Höhe heben!« Sie tat, wie befohlen: »Ist's so recht?« Er prüfte ihre Muskeln: »Gut, sehr gut! Aber zu spät!« Und wandte sich beiseite: »Schade! Das Persönchen hätte sich bilden lassen.«

Bärbel sollte ihm den Erfolg dieser Szene lassen. Sie sollte verlegen zu Boden blicken und sagen: »Was er nur meinen mag?« Aber sie hatte Größeres im Sinn. Noch immer stand ihr das Schicksal Agnes Bernauers vor Augen, der schönen Baderstochter. Sie riß sich von ihm los, eilte zur Rampe und rief mit bebender Stimme: »Was er nur meinen mag? Was nur – was?«

Wohl oder übel mußte ich nochmals unterbrechen. »Schon viel besser!« versicherte ich. »Aber weißt du, Bärbel... vielleicht solltest du hier noch nicht nach vorn springen... ruhig stehen bleiben, wo du stehst... Und keine Mätzchen machen.«

Sie taumelte. Und verlegte Sekunden später ihr Spiel in die Wirklichkeit: Sie sank, noch ehe einer von uns ihr beistehen konnte, auf den einzigen Stuhl, den Kulicke schon auf die Bretter gestellt hatte, legte einen Arm über die Lehne, den Kopf hinein und weinte. Weinte zum Steinerweichen.

Wir standen auf festen Beinen, einer wie der andere. Aber den Tränen eines so schönen Mädchens waren wir nicht gewachsen. Nicht einer von uns.

»Mätzchen... hätt'ste nicht sagen dürfen«, tadelte Grabs, der den starken Cäsar spielen und die Kulissen malen sollte. Grabs, der noch immer auf den Hundertmarkschein von mir wartete. Er senkte die Stimme, als hätten wir unversehens eine Tote zu beklagen: »Du mußt dich entschuldigen. Los, geh hin –!«

Ich war sicher, Bärbel Bechthold hatte jedes seiner Worte mitbekommen und schöpfte bereits frische Kräfte. Ihre Locken fielen durcheinander. Das Schluchzen ließ nach.

Entschlossen schob ich mein Rollenbuch in die Tasche. »Es ist immer dasselbe«, erklärte ich. »Kritik wird von Schauspielern nur schwer ertragen. Ihre Empfindlichkeit steigt in dem Maße, in dem sie die Grundsätze ihrer Kunst vernachlässigen.«

»Lessing. Wissen wir.« Grabs blieb unerbittlich. »Aber wo steht, daß man einer Schauspielerin, die ihr Bestes gibt, über den Mund fahren, sie beleidigen darf?«

Kulicke war enttäuscht. Er hatte mehr erwartet und mal richtig lachen wollen. Wie in dem Film »Schrecken der Garnison«. Er knöpfte die Weste auf und streckte die Beine aus.

»Beleidigen? Wer ist hier beleidigt worden?« Inge Lenz kletterte auf das Podium. »Seid ihr denn alle übergeschnappt?« Sie wies auf Bärbel Bechthold: »Merkt ihr nicht, daß sie sich bloß mal sammeln will? Wie jede sensible Künstlerin? Wartet ab, gleich macht se weiter!«

Was sollte ich tun? Grabs, der auf Rupfen und Farben wartete, wollte, daß ich hingehen und mich entschuldigen sollte. Schönfeld und Brinke wollten es auch. Aber Inge Lenz, die Bärbel besser kannte als wir alle, war dagegen. Sie hatte, so kam es mir vor, sogar das Gefühl, ich könnte einen Fehler machen, wenn ich nachgeben und zu Kreuze kriechen würde.

Die übrigen schwiegen. Sie traten von einem Bein auf das andere. Und Kulicke zog die Uhr aus der Tasche.

»Mittwoch geht's weiter!« rief ich schließlich, um zu retten, was noch zu retten war. »Wer will, kann schon Klamotten mitbringen, sich 'n bißchen kostümieren! Dann macht's mehr Spaß.«

Mehr Spaß ... Ich war nahe daran, ihn ganz und gar zu verlieren.

Auf Onkel Carls Schreibtisch stand ein Strauß frisch geschnittener Georginen. Die Blüten leuchteten, ein Feuerwerk in Orange, Lila und Rot. Tante Martha, die sich nur selten im Allerheiligsten, dem Kontor, blicken ließ, hatte ihn, bevor sie zum Markt ging, hingestellt. Sie hütete Haus und Herd, zog die Kinder groß, Dietrich, Ulrich und Bernhard, und bewunderte ihren großen, starken Mann, der sich in bewegten Zeiten abrackerte, um den Söhnen dereinst ein gesundes, weithin beachtetes Verlagsunternehmen zu hinterlassen.

»Alles in Ordnung?« fragte er, als ich ihm den Entwurf des Theaterzettels entgegenstreckte. »Sitzt der Text? Kann er jetzt in Druck?«

Der Zettel war noch immer unvollständig. »Ein Name fehlt noch, kann nichts dafür«, antwortete ich. »Aber Freitag rufe ich dich an ... Dann hast du ihn.«

Er legte das Blatt beiseite und ließ die Hand darauf fallen. »Du hast zu wenig Dampf gemacht, mein Junge. Bist nicht gehörig hinterher gewesen.«

Er sagte es so hin, ohne zu ahnen, was ich hinter mir hatte und interessierte sich weder für das Grußwort des Oberstudiendirek-

tors noch für die historischen Hinweise, die Dr. Achilles dem Werk des Autors mit auf den Weg geben wollte. »Der Mensch muß ran –! Muß sich schlagen ein Leben lang.«
Meinte er mich? Oder wollte er, so wie er da vor mir saß, am Ende sich selber auf die Sprünge helfen? Seinen eigenen Enttäuschungen, seinen Nöten und Niederlagen entrinnen?
»Bärbel Bechthold ist schuld«, erklärte ich. »Hättest sie erleben sollen! Dabei sein sollen, wie sie mit dem Kopf durch die Wand wollte – und dann die gekränkte Leberwurst spielte!«
Sie interessierte ihn nicht. Er war in seinen Gedanken schon weiter. »Kannst mir glauben, dem Menschen wird nichts geschenkt. Du weißt ja, auch ich muß ran. Hab' da meine Pläne.«
Seine Fliege saß flotter als an früheren Tagen. Und täuschte ich mich nicht, so war auch Hermann der Cherusker schon dahintergekommen, daß ein letzter Anlauf, eine Attacke des Onkels bevorstand, um im Aufwind, der die Nationalsozialisten erfaßt hatte, doch noch an sein Geld zu kommen. Er wirkte straffer, entschlossener, für das Kommende gerüstet.
»Du sagst es nicht weiter? Sagst auch zu Hause noch nicht, daß ich Land sehe?«
Ich zog die Knie an und rückte näher. Stolz darauf, ins Vertrauen gezogen zu werden. Und froh darüber, die hundert Mark schon fast in der Tasche zu haben. »Weißte doch. Ist doch klar.«
»Ich gehe aufs Ganze«, sagte er, und zog die Hand von meinem Theaterzettel, ohne weiter darüber nachzudenken, wie ich Bärbel Bechthold wohl loswerden und den Streit, in den die Mitschüler untereinander geraten waren, schlichten sollte.
»Ich fahre schweres Geschütz auf«, kündigte er an. »Baller mal richtig los! Schluß mit den Fisimatenten.«
Zum Glück stand Dr. Achilles auf meiner Seite: Heulsusen hätten nichts auf der Bühne zu suchen, das gab er zu. Man müsse sie zum Tempel hinausjagen, und zwar beizeiten ... Zumindest, wenn man sich um hohe Kunst, sozusagen die Vollendung schauspielerischer Darbietung bemühe. Er hatte seinem Kollegen Dr. Faber bereits angekündigt, daß ich an einem der nächsten Tage bei ihm im Kleist-Lyzeum vorsprechen würde, um nach einer Ersatzkraft für Fräulein Bechthold Ausschau zu halten. In der gebotenen Zurückhaltung, dem erforderlichen Takt ... Er seinerseits – so ließ er mich wissen – wolle sich in dieser Sache nun nicht weiter engagie-

ren. Jugend gehöre zu Jugend. Sie finde am leichtesten zur rechten Zeit das rechte Wort.

»Ich schreibe an Adolf Hitler«, sagte der Onkel. Er legte die Hände fest ineinander, als könne er es selbst noch nicht glauben. »Wäre doch gelacht, wenn das nichts hilft.«

An Hitler wollte er schreiben. Den blassen Mann mit dem Schnurrbärtchen, der sich nur selten in Berlin sehen ließ. An den Mann, der es geschafft hatte, daß sich seine Anhänger nun mit erhobenem Arm und den Worten: »Heil Hitler!« begrüßten. Den Mann, der nie lachte, das Eiserne Kreuz Erster Klasse trug und weit unten im Süden, in München, lebte.

Die Stirn des Onkels legte sich in Falten. »Was bleibt mir anderes übrig? Hitler ist ein mächtiger Mann geworden. Und er hat die Hand auf der Parteikasse.«

Ich staunte. »Dem willste schreiben?«

»Noch heute. Ich habe nur die Eröffnung des Reichstages abgewartet. Alle sind meiner Meinung, alle Mitarbeiter ... Auch der Vorstand der Stadtsparkasse.«

Der neue Reichstag war am Tage zuvor, am Montag, dem 13. Oktober 1930, zu seiner ersten Sitzung zusammengetreten. Die nationalsozialistischen Abgeordneten waren im Gänsemarsch einmarschiert; in Braunhemden mit Hakenkreuz-Armbinden. In Schaftstiefeln oder Nagelschuhen mit Wickelgamaschen.

Während die Abgeordneten aller Parteien nach dem Alphabet aufgerufen wurden, hatten sich nicht weit vom Reichstagsgebäude Trupps junger Nationalsozialisten in Zivil darangemacht, die Schaufensterscheiben jüdischer Geschäfte zu zertrümmern, zu plündern und den Verkehr zwischen Potsdamer Platz und Dönhoffplatz lahmzulegen. »Man weiß noch nicht genau, ob es die Nazis gewesen sind«, sagte der Onkel. »Hitler hat es bestritten ... Er hat vor der Auslandspresse angekündigt, er werde jeden Nationalsozialisten, dem nachgewiesen werden sollte, dabeigewesen zu sein, aus der Partei ausstoßen.«

»Ihm wirst du schreiben? Ihm selber?«

»Wenn man wüßte, was Auwi sich denkt!« »Auwi« war August Wilhelm, Prinz von Preußen. Er saß während der Eröffnung des Reichstages auf der Mitteltribüne und erhob sich zum Gruß, als die Braunen einmarschierten. »Wenn man nur wüßte!« Der Onkel holte tief Luft. »Wüßte, woran man ist!«

Es war nicht möglich, den Onkel zu unterbrechen, ihn schon jetzt zu fragen, ob er hundert Mark übrig hätte. Für unsere Untersekunda... Fragen mußte ich ihn, aber ich spürte, sein Plan, an Hitler zu schreiben, machte ihm zu schaffen.
»August Wilhelm! Ein Hohenzoller! Es ist kaum zu begreifen.«
Der Onkel nahm die Brille ab: »Wie so vieles... Vieles, das es bisher einfach nicht gegeben hat.«
»Wenn sie dir Geld schulden, müssen sie blechen.«
»Dreimal zehntausend Mark! Kein Pappenstiel, mein Junge. Ich hab' sie für den Sieg dieser Partei hergegeben, ob sich Strasser und Goebbels nun in die Haare geraten sind oder nicht. Hab' sie vorgeschossen... Mußte als Drucker für den Kampf-Verlag einstehen. Mit meinem Namen, meiner Reputation.«
Von seinem Pech wurde bei uns zu Hause oft gesprochen. Zumal, wenn Besuch aus Schwedt oder aus Nauen am Familientisch saß und die Kaffeetassen dampften. »Der arme Carl!« hieß es. »Hat sich einseifen lassen. Hat sich auf Leute verlassen, die nichts sind und nichts haben.«
Diese Leute trugen inzwischen Gold auf ihren Uniformen. Goldene Tressen, goldene Sterne. Saßen in nagelneuen Wagen, und der eine oder andere von ihnen hielt sich in der Nähe des Tiergartens ein Reitpferd. Sie waren im Begriff, nach vorn zu rücken; hatten, so hieß es, im Reichstag Verantwortung übernommen. Für Volk und Vaterland.
So hoffte der Onkel, doch noch an sein Geld zu kommen. An gutes Geld, das sie ihm schuldeten.
Hatten sie wirklich Verantwortung übernommen? Der »Berliner Lokal-Anzeiger« war sich nicht sicher. Die Rechten mochte er zwar, aber die Nazis? Der Lokal-Anzeiger zweifelte. Man müsse abwarten, den Dingen zunächst ihren Lauf lassen.
Das »Berliner Tageblatt« dagegen sah ein Unwetter aufziehen. Eine »wenig erfreuliche Wandlung« habe sich vollzogen, hieß es auf der ersten Seite. Sowohl Nationalsozialisten als auch Kommunisten, ein Drittel aller Abgeordneten, seien nun darauf aus, die parlamentarische Arbeit zu stören, seien entschlossen, das Parlament zu mißbrauchen, es für den von ihnen geplanten Umsturz zu benutzen.
Das Tageblatt fragte, was dem Kabinett Brüning in dieser Lage denn noch bliebe? Bei fünfzehn Parteien? Nur noch der Weg, mit

viel Geschick und ohne Bindung an Fraktionen eine Mehrheit für sein Reformprogramm zu erkämpfen. Allein, auf sich gestellt.
Ich staunte noch immer, unfähig, das Spiel der Kräfte zu erfassen.
»Hitler willste schreiben? Einfach so –?«
»Warum nicht?« Der Onkel kniff die Augen zusammen, und ein gut Teil seiner Zuversicht ging verloren. »Was denkst du? Aus der Lamäng.«
Was im »Berliner Tageblatt« stand, gefiel ihm nicht. Er lehnte es ab, die Nationalsozialisten mit den Kommunisten zu vergleichen, ihnen den Plan eines Umsturzes nachzusagen; wenn sich beide auch darin glichen, daß sie ihre Ziele mit Fäusten und Schlagringen verfochten, Waffen versteckt hielten und bedenkenlos gegen die Schupo, Hüterin der Ordnung, angingen. Die Nazis seien keine Vaterlandsverräter, meinte er. Sie seien »aus anderem Holz«. Er hielt sich an August Wilhelm, den vierten Sohn des im Exil lebenden Kaisers. »Er steht zu den Nazis, ist in ihrer Partei.« Was Auwi tat, mußte richtig sein. »Ein Mann von Ehre.«
Sollte er an der Haltung eines Prinzen des Hauses Hohenzollern zweifeln? Der im Kriege seinen Mann gestanden hatte? Onkel Carl glaubte, wie so viele, an die vaterländische Gesinnung der Nationalsozialisten. An ihr Ziel, den Vertrag von Versailles zunichte zu machen, die Schmach der Kriegsschuldlüge abzuschütteln. Glaubte an den ehrlichen Willen des Frontsoldaten Hitler, das Reich aus seiner Not in eine bessere Zukunft zu führen.
Also war es richtig und an der Zeit, ihm zu schreiben. Höchste Zeit, wie er meinte, ihn um die Begleichung der Schulden zu bitten. Nun, nachdem die Partei zu Geld gekommen sei und mehr und mehr einflußreiche Förderer tief in die Tasche griffen.
Ich wurde bald sechzehn. Den Zitronengeschmack der rot umrandeten Kleber »Deutschland, erwache!« hatte ich noch auf der Zunge. Hatte auch Egon, den Erdnußverkäufer, nicht vergessen. Den schon erwachsenen Freund, der gut zu uns gewesen war und Zeit für uns gehabt hatte. Den jungen Mann mit den brennenden Augen, der nirgends unterkommen, keine Arbeit finden konnte, sehen mußte, wie er weiterkam ... Erst satt wurde, als er in einer der Sturmabteilungen, in der SA, untergekommen war. Aber was die Nationalsozialisten, die viele noch immer die »Völkischen« nannten, eigentlich wollten, wußte ich nicht.
Im Friedrichswerderschen Gymnasium wurde schon seit längerem

so getan, als gäbe es sie nicht. Wer eine ihrer Parolen aufgriff, sie ins Treppenhaus schrie, wenn es hinab in den Schulhof ging, »Deutschland, erwache!« oder »Juda, verrecke!«, wurde mit zwei Stunden Arrest bestraft. Und im Wiederholungsfall von der Schule gewiesen.

»Juda, verrecke!« Das waren so Worte, scheinbar ohne jeden Sinn. Worte, die hin und her flogen, sich abgenutzt hatten. Kaum gewogen, nicht wirklich ernst genommen wurden. Auch die jüdischen Mitschüler lachten; sie blieben Freunde der anderen, so wie die anderen ihre Freunde blieben. Denn noch schwelte der Brand, war ein Feuersturm unvorstellbar.

Die Nationalsozialisten wollten »an die Macht«. Das wußten wir, hörten wir Tag für Tag. Aber wir ahnten nicht, was »Macht« bedeutete, was sich, sollten die Nationalsozialisten sie bekommen, mit ihr machen ließ. »Macht« – das war auch so ein Wort, abgegriffen, scheinbar ohne jeden Sinn.

»Ich muß ran«, sagte der Onkel. »Kann die Dinge nicht laufenlassen.« Unversehens war er etwas kleiner geworden, in sich zusammengesunken. »Ich muß ihm schreiben. Was bleibt mir anderes übrig?«

Im Hause war es noch still. Die Redakteure kamen erst gegen Mittag, um bis in die Nacht hinein zu arbeiten. Die Wanduhr tickte, der Geldschrank lauerte ... Und plötzlich wurde mir klar: Der Onkel wollte im Grunde gar nicht ran, der seit Tagen schlaflose, gehetzte Onkel. Wenn er nur gekonnt hätte ... Er wäre viel lieber aus dem Hause gestürzt, davongelaufen. Durch die Straßen, in den Schloßpark. Und weiter, über Wiesen und Felder. Seine Brille blitzte, als sei alles in guter Ordnung. Aber seine Augen waren in Aufruhr. Wenn er nur gekonnt hätte: Er hätte sich davongemacht und alles hinter sich gelassen. Die Rotationsmaschine, die Kontoauszüge, die Notizen, die er aus Lehnitz mitgebracht hatte.

Er ließ die unteren Knöpfe der Weste aufspringen. »Deine Theaterzettel werden auf holzfreies Papier gedruckt, picobello!« versprach er. »Auf Reste des Kampf-Verlags, beste Qualität.« Er lächelte: »Sie wollten ja hoch hinaus, die Herren. Wollten nicht nur die Proletarier, wollten auch die gehobenen Stände gewinnen.«

Es war ein flüchtiges, unsicheres Lächeln. Ohne den Glanz der früheren Jahre; etwa, wenn er mir zuwinkte, mich mit nach hinten nahm in die Druckerei und sich an einer der Setzmaschinen niederließ, um meinen Namen zu gießen ... Wenn er an der Seite des Meisters über die Tasten fuhr, Matrizen aus geheimnisvollen Verstecken herabpurzeln ließ, sie ordnete, weiterschickte ... Zur Seite, in die Tiefe, zum Guß. Und ich Augenblicke später die heiße Zeile in Händen hielt, heiß entgegengenommen aus seiner Hand. Ich glaube, er wollte gar nicht durch dick und dünn, um die Sache voranzubringen. Er war auch darin dem Vater nachgeschlagen: Gustav Hermann Eduard, geboren zu Potsdam im Mai 1844.

Dieser Eduard Freyhoff war ein wunderbarer Mann. Unermüdlich um den Gang der Geschäfte besorgt, doch mehr noch um die Ungebundenheit, den heiteren Flug seiner Seele. Ein Mann, der ungern nach der Uhr sah und gemeinhin nur das Nötigste tat. Für den General-Anzeiger schrieb er viel lieber über die ältesten, im Havelland noch blühenden Rosenstöcke, als über die Gründung deutscher Kolonien in Südwestafrika. Er versorgte seinen »Praktischen Wegweiser für Bienenzüchter« viel lieber mit neuen Erkenntnissen über die Herkunft der deutschen Honigbiene, als seine »Landwirtschaftliche Offertenzeitung« mit den amtlichen Verlautbarungen der Kreisverwaltung Niederbarnim; Hinweisen, ohne die seine ländlichen Leser indes nicht auskommen konnten. Ein liebenswerter Mann. Er mißtraute der Hektik des Tages, zumal, wenn frisch eingelaufene Nachrichten aufregend schienen. Er fühlte sich nur selten gedrängt, sie überstürzt in sein Blatt, vielleicht gar auf Seite eins, zu nehmen. Um so selbstverständlicher löste er sich von andrängenden Pflichten, wenn ein Abonnent des »Praktischen« auf der Schwelle erschien: »Lieber Freund! Mein Bester –!« Nahm sich augenblicklich die Zeit, mit ihm die jüngsten Erfolge in der Mobilisierung träger Bienenvölker zu erörtern, Probleme ihrer Aufmunterung, die den Bienenvätern zwischen Königsberg und Aachen, Flensburg und Kempten nicht gleichgültig sein konnten. Und war auch bereit, das Gespräch gegenüber im »Hohenzollern« fortzusetzen, bei kaltem Braten, ein wenig Burgunder. In der gebotenen Sorgfalt, um beispielsweise hinter die Geheimnisse der Graubündner Rauchmaschine zu kommen, einer Apparatur, mit der sich bei rechter Handhabung faule Bienen mit fleißigen Bienen vermischen ließen.

Vater Eduard blieb auch bei der Sache, wenn es um die vertrackten Fragen des Bienenrechts ging; die Entscheidung etwa, zu welchem

Zeitpunkt ein Bienenschwarm, der sich auf und davon gemacht hatte, als herrenlos betrachtet, also von jedermann verfolgt und okkupiert werden durfte. Eine Entscheidung, die nicht leicht zu treffen war. Ja – hätte in Preußen das »unbedingte Verfolgungsrecht« gegolten, wie im Königreich Sachsen und weiten Teilen der Schweiz! Aber die preußischen Gerichte stützten sich auf altes schwäbisches Recht. Sie vertraten den Standpunkt, ein Bienenschwarm gehöre da hin, wo er her käme; ohne je den sicheren Nachweis seiner Herkunft in das Urteil aufnehmen zu können. Fragen also, deren Ergründung Zeit und Sammlung erforderte. Übrigens auch, weil Eduard die bestehende Rechtsunsicherheit unter Einbeziehung jüngster Entscheidungen der österreichischen Gerichte in seinem »Praktischen« auszubreiten wünschte.

War Vater Eduard bei einer Sache, so blieb er bei ihr. Aber nur, wenn sie Kopf und Herz bewegte. »Ran« wollte er eigentlich nie, gab sich meist schon zufrieden, wenn die Druckmaschinen zu den gewohnten Zeiten klapperten, ihr vertrautes Lied sangen, sich schüttelten, ächzten und stöhnten. Hinten, wo der Obstgarten begann.

Auch Onkel Carl suchte Abstand. Auch er mißtraute den Ungereimtheiten seines Gewerbes. Hätte er sonst nicht längst zu einem Feldzug gegen das agrarische Notprogramm geblasen? Die märkischen Bauern wachgerüttelt, die den Weizen nicht scheffeln konnten wie die Gutsherren jenseits der Elbe? Hätte er sich nicht wenigstens lustig gemacht über den nicht hinreichenden Beimischungszwang von Roggen- und Kartoffelmehl zum Weizenmehl? Der Regierung entgegengeschleudert, daß es viel zu spät sei, die Roggenpreise zu stützen? Die Preise für Kunstdünger zu senken, die Einfuhr von Futtermitteln einzuschränken? Zu spät jedenfalls, um seinen Bauern über den Winter zu helfen? Seinen treuen Lesern, die auf mageren Böden saßen, verlassen, zwischen Sand und Moor?

Onkel Carl war seinem Vater nachgeschlagen. Er fürchtete die Auseinandersetzung.

Viel lieber mietete er bei der Reichspost einen Omnibus oder auch zwei, um interessierten Abonnenten die Schönheiten der Mark, das Land ringsum von seinen besten Seiten zu zeigen. »Die Menschen sehnen sich hinaus«, sagte er so manches Mal. »Da muß man ihnen helfen.« Und beauftragte seinen Herrn Wenzel, einen unternehmungsfreudigen, umsichtigen Mitarbeiter, »Kreisblatt-Fahrten« über Land, hinaus ins Grüne, vorzubereiten. Über Lindow nach Schloß Rheinsberg beispielsweise, und weiter, entlang der stillen, versteckten Seen nach Fürstenberg – und weiter! In großem Bogen nach Templin, wo es Aal mit Gurkensalat wie sonst nirgends gab, und schließlich durch die Heide zurück. »Die Leute zahlen eine Pauschale, erledigt!« kündigte er an. »Alles inbegriffen! Frühstück und Mittagessen, Eintrittsgelder und Betreuung. Sie werden staunen!«

»Steig ein –!« sagte er eines schönen Tages zu mir. Er selber saß vorn neben dem Chauffeur, ließ durch das Rhinbruch steuern, über dem in der aufsteigenden Sonne noch die Nebel hingen, und übernahm im Städtchen Neuruppin die Führung. Froh, dem Kontor entronnen zu sein.

Er schwenkte den weißen Hut: »Meine verehrten Damen, meine Herren!« – und erinnerte die Reisegesellschaft an Gustav Kühn, den Drucker, seinen großen Kollegen, der hier einst seine so berühmt gewordenen Neuruppiner Bilderbogen herausgab. Bunte Blätter, die vor mehr als hundert Jahren in Bildgeschichten erzählten, was in der Welt an Schrecklichem und Schönem, Haarsträubendem und auch Erbaulichem geschehen war. Bilderbogen, die zeigten, daß Neger tatsächlich schwarz waren, von Kopf bis Fuß, und daß Räuber noch immer gerädert wurden; auch wie. Die für die Kleinen Späße bereithielten, Streiche und Tollheiten, die sie in den engen Stuben außer Rand und Band geraten ließen.

»Zu Millionen hat er sie gedruckt. Da drüben, in der Lithographischen Anstalt!«

Im Schatten der Klosterkirche, nicht weit vom Neuruppiner See, wurde zu Mittag gegessen; an langer Tafel, die schon gedeckt und mit Feldblumensträußen geschmückt war. »Die Kirche, na ja... Sehr alt, und recht bescheiden.« Auch der Onkel ließ es sich schmecken. Wer über die Gründung der Kirche und den Brand von 87 Genaueres erfahren wolle, könne ja bei Fontane mal nachlesen. »Habe es nicht präsent.«

Es gab Falschen Hasen, mit Speckscheiben belegt, frisch aus dem Ofen. Und für jeden eine Flasche Selters oder eine Flasche Bier; inbegriffen.

»Lieblich weht's vom See herüber, leise, langsam...« zitierte Onkel Carl und wischte die Blume von der Oberlippe. »Gehört hierher – weiß nicht weiter. Schöne Sache, von Hesekiel. Kennt ihn einer?«

Die Rotationsmaschine war weit. Meilenweit. Hier quälte sie ihn nicht.

Und die Abonnenten des General-Anzeigers wurden immer vergnügter. Sie ließen auf eigene Rechnung weitere Biere kommen, lobten die Glossen meines Onkels und vor allem sein Wochenblättchen »Fahrt ins Wochenende«. Mit Inseraten, die dem Wandersmann und auch den Wirten weiterhelfen sollten.

Die Abonnenten wußten nichts von seinen Nöten. Ahnten nichts von den zur Neige gehenden Papiervorräten und nichts von den fälligen Wechseln, als Onkel Carl noch schnell vor der Löwen-Apotheke haltmachen ließ, dem Geburtshaus Theodor Fontanes.

»Sein Vater hat die Apotheke 1818 gekauft, für 15 000 Taler... Auf Pump«, teilte er mit. »Hatte kaum Tisch und Bett zurechtgerückt, da kam der kleine Theodor zur Welt. Gewecktes Kind! Großer Mann! Brauche es nicht zu erzählen.«

Onkel Carl liebte fröhliche Menschen um sich und führte gern das Wort. Das mündliche Wort: kaum geformt, schon verklungen. Der arme Onkel, den das Schicksal an eine Maschine gekettet hatte. Der von Sorgen getriebene Mann, der den Brief an Hitler gar nicht schreiben wollte. Der vor mir saß, groß und stark, eingezwängt zwischen Hauptbuch und Geldschrank, und nichts von den Georginen sah, in die sich eine späte Biene verirrt hatte.

»Hundert Mark brauchst du?« fragte er.

Endlich war es heraus, hatte ich es gesagt.

Er putzte die Brille. »Viel Geld, mein Junge. Viel Geld.«

Die Biene machte sich keine Sorgen um ihren Heimflug. Sie summte zwischen den Blüten, tauchte tief in sie ein, am Ziel ihrer Wünsche.

»Ein schöner Batzen«, sagte er. »Mehr, als ich bei mir habe.« Seine Hand hob sich, und er verlor mich für Sekunden aus den Augen. Lauschte.

»Onkel Carl!« Ich rief ihn zurück, in seinen Armstuhl. »Ich hab' schon allen gesagt, daß du uns hilfst!«

Auf dem Schulhof des Kleist-Lyzeums wimmelte es von Mädchen, kleinen und großen. Die einen jagten einander nach, mit

fliegenden Zöpfen, die anderen promenierten im Kreise, Arm in Arm, und wieder andere standen abseits und diskutierten, bereit, die Welt zu verändern.
Ein Gewimmel, das mich in Verlegenheit brachte. »Eine wird schon darunter sein«, versicherte Dr. Faber, der mit mir am Fenster des Lehrerzimmers stand. »Eine fischen wir raus... wäre doch gelacht.«
Er legte das Pergamentpapier, aus dem er seine Frühstücksbrote gegessen hatte, sorgfältig beiseite. »Hinten rechts, sehen Sie die Gruppe? Neben der Pumpe? Schülerinnen meiner Klasse.«
In ihrer Mitte stand Inge Lenz, die Darstellerin der Ernestine. Die einzige, die »Monsieur Herkules« schon vom ersten bis zum achtzehnten Auftritt hersagen, herunterschnurren konnte, ohne steckenzubleiben. Bis hin zu den Schlußworten des Gymnasialdirektors Mahlmann: »Dem Himmel sei Dank! Die Höllenverwirrung hat ein Ende!«
Für mich schien sie erst zu beginnen. Inge Lenz hätte mir helfen, mir im Vertrauen sagen können, welche ihrer Mitschülerinnen am ehesten für die Rolle der Hanne in Frage gekommen wäre; aber sie hatte geschwiegen. Hatte bloß gelacht: »Mußt du selber rausfinden.«
So stand ich nun mit Dr. Faber im Lehrerzimmer, einem halbdunklen, mit grünen Gardinen ausgestatteten Raum, in dem es nach verstaubten Landkarten, aufgespießten Schmetterlingen, Kaffee und Zigaretten roch. Ich war, obwohl ich mich in der Tür verbeugt hatte, von keinem der Anwesenden, keiner der Damen, keinem der Herren, die da beieinandersaßen, eines Blickes gewürdigt worden.
»Herr Dr. Achilles läßt grüßen«, sagte ich leise. »Er meinte, Sie würden schon eine wissen. Eine, die ganz gerne mitmacht.«
»Gewiß, ganz gewiß«, bestätigte er. »Der Haken ist, Fräulein Bechthold fühlt sich beleidigt. Sie hat die Klasse hinter sich gebracht.«
Dr. Faber hatte einen schwarzen, struppigen Schnurrbart, der über die Lippen hing. Und kugelrunde, flinke Augen, die überall und nirgends waren. »Wir müssen vorsichtig zu Werke gehen«, warnte er. »Sonst haben wir den Salat.«
Es läutete. Die Schulglocken schrillten auf allen Fluren, in den Treppenhäusern, auch unten im Hof. Das Gewimmel dort

erstarrte, und wie auf einen Wink hin wendeten sich alle, die Mädchen mit den Zöpfen und die Mädchen, die schon heimlich einen Lippenstift in der Tasche hatten, den Portalen zu; verschwanden schneller und lautloser, als ich es für möglich gehalten hätte.

Dr. Faber hatte uns Bärbel Bechthold empfohlen, ohne die ihr zugedachte Rolle näher zu kennen. Nun mußte ich ihn in seine Klasse begleiten, sollte ich vor seine neunundzwanzig Schülerinnen hintreten, um seinen Irrtum wiedergutzumachen. Meine Beine waren schwer. Mein Herz klopfte.

Zum Glück fiel mir Roger Robins ein, der größte aller Dompteure. Sein Auftritt, den ich erst vor ein paar Wochen im Zirkus Busch erlebt hatte: die Überlegenheit, mit der er in Lackstiefeln, die Peitsche hinter dem Rücken, vor sechzehn Tigerinnen auf und ab spaziert war. Seine lässige Art, ihren Zorn zu übersehen, ihr Grollen zu überhören, sich leicht zu verneigen... Ein Herr in rotem Frack, der das Fauchen der wilden Katzen kaum wahrzunehmen, von ihren Tatzen, die sie hinter seinem Rücken erhoben, nichts zu wissen schien... Roger Robins, der sie alle beherrschte. Sechzehn Bestien, von denen zu jeder Vorstellung mindestens drei – wie ich von meinem Vater wußte – schlecht aufgelegt waren, Kopfschmerzen hatten, am liebsten über ihn hergefallen wären. Ich riß mich zusammen.

Mach's wie Roger Robins! nahm ich mir vor. Bleibe eiskalt, ungerührt! Vor der Klassentür zog ich den Gürtel fester und knöpfte die Jacke zu. Laß dir den Bammel nicht anmerken! Tu so, als machten dir neunundzwanzig Mädchen nichts weiter aus. Nimm für die Rolle der Hanne die Beste, die Beste von allen – und Schluß!

Neunundzwanzig Sekundanerinnen erhoben sich von ihren Plätzen. Absätze klapperten, Kleider raschelten. »Wir haben einen Gast«, sagte Dr. Faber. Kurz angebunden, fast gelangweilt. »Sie wissen, es geht um die neue Besetzung... Um die Posse ›Monsieur Herkules‹.« Und schob mich nach vorn.

Wohl oder übel blieb ich vor der mittleren der drei Bankreihen stehen, während er sich am Katheder niederließ. Neunundzwanzig Sekundanerinnen machten es sich bequem und musterten mich.

»Sie sind im Bilde?« erkundigte sich Dr. Faber und schlug das Klassenbuch auf. »Oder hat eine von Ihnen in der letzten Stunde gefehlt?« Er ließ seine Blicke umherspringen, neugierig darauf, wie die Stimmung der jungen Damen wohl sein mochte. Und sagte beiläufig: »Fräulein Bechthold sah ja Gründe, ihre Rolle niederzulegen... in der an sich vielversprechenden Inszenierung meines Kollegen Achilles. So ist es nun unsere Aufgabe –«

Es quietschte. Irgendwo ganz hinten. Mochte sein, es war das Scharnier eines der Klappulte. Konnte aber auch sein, eine der Schülerinnen wollte sich über mich lustig machen, den Regieassistenten des Dr. Achilles, dem Bärbel Bechthold gezeigt hatte, wie man Theater spielt. Und wie man, wenn es sein muß, seine Rolle hinschmeißt.

»Unsere Aufgabe ist es nun, darüber nachzudenken, wer von Ihnen einspringen könnte«, fuhr Dr. Faber fort. »Wer das Zeug dazu hätte, ein fröhliches junges Ding... eben das Zimmermädchen zu spielen. Eine der tragenden Rollen.«

Bärbel Bechthold saß nicht weit von mir. In der dritten Bank rechts. Sie betrachtete mich aus schönen, etwas müden Augen, als wüßte sie nicht recht, wo sie mich hintun sollte. Im übrigen schien sie etwas an meinem Anzug auszusetzen zu haben.

Es quietschte ein zweites und ein drittes Mal; als schössen Schwalben an den Fenstern vorüber. Laute, wie ich sie vom Friedrichswerderschen Gymnasium nicht kannte. Waren es Zeichen sich anbahnender Verständigung, heimlichen Einvernehmens? Oder bloß Versuche, mich aus der Fassung zu bringen? Ein Heben der Tatzen? So, wie ich dastand: ohne Manege, verlassen, vielleicht schon verloren?

Dr. Faber tat so, als habe er nichts gehört. »Fräulein Bechthold verfügt über vorzügliche schauspielerische Anlagen. Wir wissen es alle«, sagte er. »Aber leider, das Burschikose... das Deftige kommt ihr nicht so über die Lippen.«

Wenn sie gekonnt hätte! In einem Satz wäre sie über die Bänke hinweg gewesen, hätte mich zerrissen. Vor dem Katheder zerfleischt.

Aber sie konnte nicht. So senkte sie die Augenlider und musterte mich verstohlen, als hätte ich irgendeinen Knopf offengelassen.

»Nun gut!« Dr. Faber vermerkte kurz entschlossen seine Anwesenheit im Klassenbuch, schlug es zu und trat an meine Seite. »Heraus mit der Sprache! Welche der Damen hätte denn Lust, in der prekären Lage meines Kollegen einzuspringen? Unverzüglich, ohne Wenn und Aber? Hätte Lust, sich in der alten, so schönen Kunst des Possenspiels zu üben?«

Schweigen.

Neunundzwanzig Augenpaare hefteten sich auf meinen Anzug aus dem Konfektionshaus Arnold Müller und schienen sich daranzumachen, jedes Karo zu zählen. Kreuz und quer.

Dr. Faber hob sich auf die Zehenspitzen: »Kinder, was habt ihr denn mal wieder? Ziert euch nicht, macht keene Menkenke!« Mit Daumen und Zeigefinger zupfte er an seinem Schnurrbart. »Eine wird doch wohl unter euch sein, die mal zeigen möchte, was sie kann? Mal aus sich raus will? Und rüber in die Bochumer Straße, zu den netten jungen Herren?«

Seine Hand fiel auf meine Schulter: »Lieber Freund, Sie haben das Wort!«

Es war soweit. Roger Robins, der Herr im Frack, hatte mir gegenüber den Vorteil, täglich mit den Tigerinnen proben, sie zu ihren Kunststücken zwingen, auch einmal gegeneinander ausspielen zu können. Ich aber stand da, verwundbar und unerfahren, ohne Peitsche, und sollte nun mit meiner Nummer beginnen.

Ich gab mich so zwanglos, wie es mir eben möglich war. »Also, verlaßt euch drauf: es geht um eine dolle Rolle!« rief ich und holte tief Luft. »Ida Wüst hat sie schon gespielt! Und Grete Weiser auch! Wer die spielt, also wirklich ... der kann sich was drauf einbilden!«

Neunundzwanzig Augenpaare zählten die Karos meines Anzugs, glitten über Revers und Taschen, Nähte und Knopflöcher. Entschlossen, unerbittlich.

»Tatsache, kann er!« wiederholte ich. »Geb' ich Brief und Siegel drauf!«

Mein Anzug saß, wie er sitzen mußte. Ganz nach Vorschrift hatte ich auch nur den mittleren der drei Jackenknöpfe geschlossen. Aber – mein Atem stockte: hatten sie die Mängel meiner Hose bemerkt? Ich wußte selbst, daß sie etwas zu kurz geworden war, unten nur saß, wenn es oben nicht stimmte, oder oben, wenn ich unten im Freien stand.

Bärbel Bechthold musterte jede Falte. Und ihre Nachbarin tat es auch. Alle Mädchen taten es, alle neunundzwanzig. Stumm und rücksichtslos, ohne jede Zurückhaltung.

Was hätte Roger Robins in meiner Lage getan? Meine Hose steckte nicht in Lackstiefeln, war auch nicht nach Maß geschneidert worden. Hätte er die Peitsche erhoben, sie knallen lassen? Die neunundzwanzig Bestien, die ich vor mir hatte, hüteten sich, in Gegenwart von Dr. Faber zu fauchen. Wagten auch nicht, ihre Krallen zu zeigen.

Sie brachten mich lediglich um mein Selbstvertrauen. Wohl auch um meinen Verstand, denn plötzlich riß ich den Jackenknopf auf, entschlossen, die Hose hochzuziehen. Vergebens, sie saß schon oben.

»Fräulein Binder, wie wär's mit Ihnen?« fragte Dr. Faber. Seine Stimme erreichte mich aus weiter Ferne. »Fräulein Binder!« Ich fuhr zusammen und machte die Jacke schnell wieder zu. »Wie wär's?«

Eine Kleine mit abstehenden Ohren schraubte sich in die Höhe. Neunundzwanzig Augenpaare gaben mich frei.

»Woll'n Sie? Oder woll'n Sie nicht?«

Gertie Binder wollte. Sie streifte eine Haarsträhne aus der Stirn und nickte. Sprachlos vor Glück.

Erst auf dem Heimweg wurde mir klar, daß ich eine Niederlage erlitten, mich in den Hinterhalt hatte locken lassen. Ich schlenderte am Spreeufer entlang und sah zu, wie Kähne entladen, Heringsfässer gerollt und Briketts gestapelt wurden. Warum hatte ich die Arena zu früh verlassen, einen überstürzten Rückzug angetreten? Mich nicht einmal bei Dr. Faber bedankt?

Wahrscheinlich hatte mein Bruder recht. Er hörte sich die Geschichte an und sagte: »Weiber können gemein sein.«

Gertie Binder war fast so gut wie Grete Weiser. Sie flog über die Bretter, den Staubwedel in der Hand. Sie lachte und weinte, attackierte ihren August in Liebe und Zorn, trieb ihn in die Enge, munterte ihn auf.

»Manometer!« Schönfeld, der ihn zu spielen hatte, kam kaum zur Besinnung. Er hatte alle Mühe, ihr zu folgen, Schritt zu halten. Er geriet durcheinander, verhaspelte sich und verlor den Faden. »Meechen, mach halblang!« stöhnte er. »Ich komm' aus der Puste!«

Ihre Beine waren kurz und ihre Bewegungen schnell. Blieb sie plötzlich stehen, wie angewurzelt, den Wedel hoch über dem Kopf: »August, mit dir ist's nicht auszuhalten!«, so beherrschte sie

die Szene. »August – weiß nicht, woran ich bin! Hab' dir doch jerne!«
Schönfeld ging zwar nach der Schule noch immer zu Ricci, um mit Bärbel Bechthold ein Vanilleeis zu essen, aber mein Freund Knitter, der den alten Mahlmann spielte, schwor, ihn auch schon mit Gertie Binder gesehen zu haben. »Im Kintopp! Beede, janz alleene.« In dem Film »Am Rande der Welt« mit Brigitte Helm.
So schön wie Brigitte Helm war sie nicht. Auch nicht so durchsichtig, so kühl und stolz. Aber sie brachte Leben in unser Spiel, beflügelte unsere Phantasie; von heute auf morgen hatten sich die zwölf knarrenden Tische, die Kulicke zur Bühne zusammengerückt hatte, in die Halle des Hotels »Zur Goldenen Gans« verwandelt. Wir glaubten, auf weichen Teppichen zu stehen, unter einem Kronleuchter, waren sicher, unsere Aula weit hinter uns gelassen zu haben.
»Schön isse nich«, flüsterte Brinke mir ins Ohr, der mit seiner Rolle des Kandidaten Maus noch immer nicht zurecht kam. »Aber wenn ick se so sehe... süß isse.«
Sogar Grabs, der als Cäsar nicht viel mit ihr zu tun hatte, mußte zugeben, daß sie besser, weit besser als Bärbel Bechthold war. »Sie macht nich so viel Schmonzes. Is, wie se is«, lobte er. »Zucker!«
Rief Grabs, das Rollenbuch vorsichtshalber noch in der Hand: »Bon... Und jetzt zu Tisch! Ich hab' rasenden Hunger!«, so riß sie schon die Tür zum Speisezimmer auf, die es gar nicht gab, wies auf die Table d'hôte, die nicht vorhanden war, und machte einen Knicks: »Zu gefallen, mein Herr!« Und schon stiegen uns, ihren ersten Bewunderern, die Düfte eines Schmorbratens in die Nase. Gertie Binder konnte zaubern und wußte es nicht.
Leider reichten ihre Kräfte nicht hin, auch Grabs zu verzaubern: Er wollte die Türen sehen, durch die sie wirbelte. Er wartete noch immer auf den Rupfen für die Kulisse. Und auch auf Farben.
»Wo haste das Geld?« Er zog mich beiseite. »So geht's doch nich weiter! Wird höchste Eisenbahn!«
Wir blickten über die Tische, auf die kahle Wand, vor der bei den Verfassungsfeiern das Schulorchester saß. »Wenns weiter nischt is, haste gesagt! Weißte noch?« schimpfte er. »Haste gesagt! Und ich hab' mich drauf verlassen.«
Sollte ich ihm gestehen, daß Onkel Carl gar nicht so viel Geld besaß, wie ich angenommen hatte? Überhaupt nicht in der Lage

war, schnell mal die Brieftasche zu ziehen? Weil der feine weiße Staub auf dem Helm des Cheruskers, der Staub, auf den alles ankam, zu oft auf sich warten ließ? Grabs hätte mich ausgelacht. Sollte ich von der Rotationsmaschine erzählen? Für die das Futter fehlte? Von ihrer Gier, die unvorstellbar war? Ihren Versuchen, den Onkel zu ruinieren? Nein – sein Schicksal ließ sich nicht in Worte fassen. So unbegreiflich, so unheimlich, wie es war.

»Der Hunderter muß her«, forderte Grabs. Er fuhr mit dem Arm durch die Luft, als hielte er den schweren Pinsel schon in der Hand. »Malen muß ich, verstehste? Geht nicht ohne.«

Sollte ich ihm anvertrauen, daß mein Onkel inzwischen an Hitler geschrieben, den Eilbrief mit dem Nachtzug auf die Reise nach München geschickt hatte? In der Erwartung, nun endlich einen Scheck über dreißigtausend Mark zu bekommen? Es wäre über Grabs' Verstand gegangen.

»Weiß ich doch«, antwortete ich. »Wissen wir alle. Auch mein Onkel ... Er hat die Hand schon an der Brieftasche ... Hat sie bloß noch nicht aufgemacht.«

»Die Kohlen müssen her!«

»Meine Rede.«

»Und wann sind se in Berlin?« Grabs fuhr sich in die Haare, strich sie mit allen zehn Fingern zurück. »Wann sind se hier, damit wir losziehen und einkaufen können?«

Ich wußte es nicht.

Er drängte: »Wann –? Mensch, sag doch, wann?«

»Dienstag.«

Er fuhr hoch: »Na, denn –! Warum haste das nicht gleich gesagt?« Er hielt den Pinsel schon wieder in der Hand. »Die Treppe, weißte ... die Treppe! Ick träum' schon von ihr, kannse schon ruff und runter loofen ... im Schlaf.« In weitem Schwung malte er sie in die Luft. »Die Treppe – mein lieber Schulli! Wird'n Ding!«

Ich sah sie vor mir, sprachlos vor Staunen. Sah auch links die Loge des Hotelportiers, Telefon und Schlüsselbrett. Und rechts die Bar, halb versteckt hinter den Wedeln einer Zimmerpalme. Ich wußte selbst nicht recht, wie ich dazu gekommen war, »Dienstag« zu sagen. Einfach so hin. Ohne zu überlegen.

»Dienstag«, wiederholte er. »Is'n Wort.«

Dienstag? Ich hätte auch »Freitag« sagen können. Oder »In zwei Wochen«. Oder »Weiß ich doch selber nicht.«

Grabs war zufrieden. Er ließ den Pinsel wieder sinken. »Kann dir schon aufs Gramm verraten, wieviel Farbe wir brauchen. Alles schon ausgerechnet. Alles kalkuliert.« Er streckte sich: »Mittwoch kann's losjehn!«
»Großartig.« Ich griff nach seinem Handgelenk: »Rupfen muß es sein? Willste unbedingt haben?«
»Was denn sonst?«
Ich ließ ihn nicht los: »Warum nimmste nich Papier? Ist doch viel billiger! Und die Farben kommen nochmal so gut!«
»Papier –?« Er wußte nicht, ob er mich ernst nehmen sollte. »Haste Papier gesagt? Weißte, was das heißt? Da kannste kleistern, tagelang! Bahn neben Bahn auf die Leine hängen! Wie nach der großen Wäsche!«
»Wenn sich's lohnt?«
»Geht nicht ... Versteh doch, daß das nich geht!« Und schon griff er von neuem nach dem Pinsel, der gar nicht da war. Seine Augen flogen zur Decke, hoch hinauf, und auch zu den Seiten, wo Schiller und Goethe in ihren Nischen vor sich hindämmerten. Er umfing den Raum in seiner Weite, zog ihn an sich, riß ihn aus seiner Leere. Malte ihn aus, so wie er ihn sich wünschte.
»Monsieur Herkules«, dieses schöne Stück, sollte allen, die es sehen würden, unvergeßlich bleiben. Dieses Stück von Georg Belly, geboren 1836 zu Stolp in Pommern. Unvergeßlich, weil er, Ferdinand Grabs, geboren 1914 zu Berlin, entschlossen war, es mit der schönsten Kulisse auszustatten, die es je gehabt hatte.

Onkel Carl stand schon in der Toreinfahrt, als ich die Bernauer Straße entlang kam; unter dem denkwürdigen Balkon, von dem aus er einst die Depeschen des Hauptquartiers, die Siege der anno 1914 in Feindesland vordringenden Soldaten, verkündet hatte.
»Es gibt Neues!« rief er mir entgegen.
Er trug den hellen Flanellanzug und hatte eine burgunderfarbene Fliege umgebunden. »Ich habe durchladen lassen!«
Die Unruhe, die ihn in den letzten Tagen verfolgt hatte, schien verflogen. Zuversicht beflügelte ihn, neue Pläne trieben ihn voran. »Die Rotation wird ihr Futter bekommen. Noch vor Weihnachten. Junge, sie wird laufen wie noch nie!«
Er zog mich über den Hof, in das alte Seitengebäude, in dem die

Anzeigenverwaltung und der Versand untergebracht waren. »Ich weiß jetzt, was ich zu tun habe!«

Eine Begrüßung, die ich nicht erwartet hatte und nicht vergessen sollte. Der Onkel war seinen Grübeleien entronnen, der Furcht, von seiner Maschine besiegt zu werden; hatte wieder Tritt gefaßt – obwohl es schlechter um ihn stand als je zuvor. Er mußte nun alles daransetzen, um den drohenden Konkurs abzuwenden, zu retten, was zu retten war.

»Alle lassen grüßen«, sagte ich ahnungslos. »Und ich soll bei Tante Martha und Tante Ella vorbeisehen.« Tante Ella, die Witwe des verunglückten Onkels, war meine Patentante.

Er stieg über die steile Treppe voran und öffnete die Tür zum Lager. Es roch nach Pappe und Leim. Bis zur Decke stapelten sich Bücher und Broschüren, Ratgeber für den Bienenzüchter und den Hundefreund, Sonderausgaben der »Keramischen Rundschau« und Schriften des Kampf-Verlags: Appelle an das »Gewissen der Nation«, Aufrufe, dem »Weimarer Spuk«, dem »Treiben der Systemgrößen« ein Ende zu setzen; Druckerzeugnisse, deren weiterer Vertrieb von der Parteileitung untersagt worden war.

Er zog zwei Stühle zum Fenster. »Junge, du willst doch selbst mal zur Zeitung ... Weißt du, womit die »Berliner Morgenpost« ihr Geld gemacht hat? Wie die Ullsteins ihr um die Jahrhundertwende auf die Beine geholfen haben?« Er stützte sich auf die Schenkel und sah mich durchdringend an: »Mit kleinen Anzeigen! Winzigen Dingern, drei Pfennig das Wort!«

Ich hatte erwartet, er würde mir hier in der Stille, der Abgeschiedenheit, in der wir saßen, den Hundertmarkschein überreichen. Unsicher antwortete ich: »Tatsächlich?«

»Ich werde es wie die Ullsteins machen! Hier auf dem Lande! Und so wie sie zu Gelde kommen.« Er triumphierte: »Wer eine Milchschleuder verkaufen will oder einen Stier, Teller aus dem Biedermeier oder einen jungen Dackel – her zu mir! Wer eine Waschkommode sucht, Zaunpfähle, eine Hechtangel – er ist mein Mann! Verstanden?«

Kleine Anzeigen brachten den Berliner Zeitungen schon seit Jahren große Geschäfte. »Verstehe.«

»Ich führe kleine Anzeigen ein! Werde die Werbetrommel rühren, Agenten in Trab setzen ... Mich ganz schön aufrappeln!«

Unter den Regalen entdeckte ich eine Mausefalle. Sah im Hof, wie der Stoewer poliert wurde. Und erfuhr, daß Onkel Carl auch den redaktionellen Teil reformieren, wieder mehr für die Bauern tun und neue Leser unter ihnen werben wollte. »Bis hinauf nach Wusterhausen. Ach was – bis Kyritz!«

Die Märker sollten stärker an sein Blatt gebunden werden. Sie sollten sonntags auf der letzten Seite ein »Kluges Alphabet« für den Landmann finden, und in Zukunft auch umfassender über die Pläne der Grünen Front unterrichtet werden.

»Hat Hitler schon geantwortet?« fragte ich, als er endlich eine Pause machte. Besorgt, er könnte plötzlich aufspringen, seine seidene Fliege festziehen und mit dem Stoewer davon fahren.

»Was denkst du?« antwortete er. »Postwendend.«

Und schon kam er auf weitere Pläne zu sprechen. Auf Geschäfte, die er sich in Zukunft von Ausflüglern und Sommerfrischlern, Gastwirten und Hotelinhabern versprach. »Wir haben da einen Vorsprung, sind nicht mehr zu schlagen!« Er wurde immer lebhafter. »Warte ab, bald bringen wir die ersten Inserate aus dem Spreewald und der Märkischen Schweiz! Die Oranienburger wollen ja raus – sie wissen bloß nicht, wohin.«

Allmählich wurde er ruhiger. »Kann sein, ich hatte in letzter Zeit das eine oder andere aus den Augen verloren, gehetzt wie ich war, gepiesackt von Wechseln ... Aber jetzt – jetzt geht's voran!«

»Haste die Dreißigtausend?« Ich fragte leise, weil ich nicht wußte, wer im Nebenraum saß. »Haste sie –?«

»Bewahre. Keinen Sechser.« Er klopfte auf seine Jackentasche: »Hier steckt der Wisch. Die Antwort aus München. Wäre ich sonst so aufgekratzt?«

Er wuchs über sich hinaus, setzte sich über die offenbare Aussichtslosigkeit seiner Lage hinweg. Hatte sich gefangen, entschlossen, das Heft wieder fest in die Hand zu nehmen. Zu kämpfen.

Über die Antwort, die Hitler ihm hatte zukommen lassen, ist in der Familie noch oft gesprochen worden. Bis es den Freyhoffs in Schwedt und in Nauen und auch in Berlin nützlicher erschien, sie zu vergessen und Onkel Carl sie unter dem Buchstaben »H« in seinen Akten verschwinden ließ.

Denn aus Adolf Hitler sollte schon zwei Jahre und drei Monate später der Reichskanzler und bald darauf der »Führer« aller Deutschen werden. Der Alleinherrscher, dessen Häscher auf der Lauer lagen. Als Hauswarte, Blockwalter, Parteianwärter.

»Nichts haste bekommen?« Ich glaubte, mich verhört zu haben. »Überhaupt nichts?«

Der Onkel hatte Hitler geschrieben, daß er durch die Männer des Kampf-Verlags hinters Licht geführt und um sein Geld gebracht worden sei. Hatte ihm dargelegt, daß er ihnen vertraut habe, und hatte die Bitte ausgesprochen, ihm nun – nachdem die NSDAP in der Reichtstagswahl so gut abgeschnitten habe – den Schaden aus der Parteikasse ersetzen zu lassen.

»Dein Geld ist futsch?« Ich sah ihn betroffen an. »Ein für allemal?«

Er nickte. »Endlich weiß ich, was ich zu tun habe.«

Ich fing an, zu begreifen.

Onkel Carl konnte wieder frei atmen, weil er den schlechten Handel durchschaut, ihn hinter sich gebracht hatte. Weil er auf sich selbst zurückgefallen war und nun aus eigener Kraft seinen Mann stehen mußte.

Hitler lehnte es ab, für die Schulden seiner »alten Kämpfer« einzustehen. Sie gingen, wie er dem Onkel durch seinen Privatsekretär mitteilen ließ, auf »Ungeschicklichkeiten« zurück. Sache des Onkels wäre es gewesen, auf sein Geld bedacht zu bleiben. Habe er es eingebüßt, so sei das seine Sache.

Wir alle – in Schwedt, in Nauen und in Berlin – wußten: Der Privatsekretär hatte nicht nur von »Ungeschicklichkeiten« des Onkels geschrieben, sondern auch von »Dummheiten«. Er hatte zu Papier gebracht, was Hitler ihm diktiert hatte. Hitler hatte ihm ja schon so manches diktiert: beispielsweise sein Buch »Mein Kampf« auf der Festung Landsberg am Lech. Ihm, seinem Kriegskameraden aus dem 16. Bayerischen Infanterie-Regiment. Der Privatsekretär, der seine Unterschrift unter das Schreiben gesetzt hatte, hieß Rudolf Hess.

Nein, Dummheiten waren es nicht gewesen. Der Onkel – ein Drucker, der im Lohndruck druckte, für den Inhalt nicht verantwortlich war – hatte seinen Auftraggebern vertraut, auf ihr Ehrenwort gesetzt; allerdings übersehen, daß es unter diesen Männern – Männern, die an der Front gestanden hatten wie er – keine Ehre mehr gab.

»Herr Hitler läßt grüßen«, schrieb Rudolf Hess. Und wünsche, von der Sache nichts mehr zu hören. Wo käme er hin, wollte er sich in Zeiten hoher Verantwortung mit den Geldgeschichten »irgendwelcher Geschäftsleute« befassen?

Onkel Carl riß das Fenster auf und drückte die Flügel beiseite. »Bin wieder auf dem Posten!« Er holte tief Luft. »Aus dem General-Anzeiger mache ich das schönste Blatt des Havellandes! Es wird viele neue Leser bekommen, zufriedene Leser! Auf einmal weiß ich wieder, was sie erwarten. In Zeiten wie diesen.«

Im Hof wurden Drucksachen verladen, Prospekte einer Landmaschinen-Handlung, Kino-Plakate, Einladungen zum Schützenfest, Verlobungsanzeigen und Danksagungen. Der Mittagsfahrer kontrollierte die Ladung. Gegen zwei begann seine Tour.

»Richtig –!« Onkel Carl unterbrach sich: »Dein Geld!« Behutsam schloß er das Fenster, drückte es an und legte die Riegel herum. »Ich habe es nicht. Wo soll ich's hernehmen? Tante Martha und ich... Wir alle müssen uns jetzt einschränken, jede Mark in der Firma halten.«

»Ist doch klar.«

»Müssen jeden Groschen zweimal umdrehen... Kann dir nicht helfen.«

»Macht nichts«, antwortete ich. Und mußte schlucken.

»Junge – tut mir leid.«

Im Hof quittierte der Fahrer den Empfang der Ladung, schlug die Türen zu und ließ den Motor an. Tauben flüchteten auf die Dächer.

»Ich weiß, du bist schlecht dran«, sagte der Onkel. »Aber vielleicht kann ich dir trotz allem helfen. Da sind noch die Papierrollen der Strassers, was soll ich damit? Sie sollten dir doch wie gerufen kommen? Breite Rollen, schwere Dinger... Dahinten! Feinste Ware – geleimt!«

Er versprach, sie schnellstens in unsere Aula schaffen zu lassen. »Ich werde dich doch nicht hängen lassen!« Mühsam zog er eine der Rollen ans Licht. »Nimm schon immer eine mit. Zeig' sie herum.«

»Na schön.«

»Was hast du? Staat wirst du machen mit dieser Ware! Dieser Qualität! Deine Freunde werden begeistert sein!«

Er kannte Grabs nicht. Keinen seiner Träume. Kannte nicht die wunderbare Treppe, die sich nur auf leichtem Rupfen so schön, so unvergleichlich in die Höhe schwingen, unsere Aula verzaubern konnte. Aber was half es?

Ich dankte Onkel Carl. Drückte einen Kuß auf seine Backe und

stemmte die Rolle hoch. Trug sie hinab in den Hof; wie ein Soldat, der sein Gewehr geschultert hat.
Rückte sie vor der Toreinfahrt, unter dem Balkon, noch einmal zurecht und schleppte sie zum Bahnhof.

7 Zygmunt, der Pole

Jahre vergingen. Die Beziehungen zu meinen Onkeln lockerten sich. Ihr Einfluß nahm ab, er schwand dahin, ohne daß es mir zunächst bewußt geworden wäre. Sie blieben die gleichen, aber ich wurde erwachsen. Und schließlich verlor ich sie Ende der dreißiger Jahre, in den Strudeln des herannahenden Krieges, mehr oder weniger aus den Augen.
Bis auf einen, den ich bis dahin noch gar nicht gekannt, von dem ich in Kindertagen nur von ungefähr gehört hatte: Onkel Zygmunt. Die Geschichte von meinen Onkeln bliebe unvollkommen, käme ich nicht auch auf ihn zu sprechen. Und damit auf Erlebnisse, die ich in den ersten Februartagen des Jahres 1940 in Posen hatte.

Der Mann, der mir in der zweiten Etage eines alten, gepflegten Miethauses die Tür öffnete, hieß Stanislaw Petka. Er steckte in einem Schafspelz, hatte den Kragen hochgeschlagen und zog die gefütterte Kappe vom Kopf: »Willkommen!«
Der Zweite Weltkrieg hatte begonnen. Polen war überrannt und besetzt worden; und Poznán, die bis zum Ende des Ersten Weltkrieges für mehr als ein Jahrhundert deutsche Stadt Posen, gehörte aufs neue zum Reich. Als Hauptstadt des Warthelandes.
»Ich hoffe, Sie hatten eine angenehme Reise«, sagte Herr Petka. »Und sind gut durch die Kontrollen gekommen. Proszę Pana, treten Sie ein!«
Er führte mich rechterhand in ein Vorderzimmer, einen kalten Raum, der nur notdürftig von einer Stehlampe erleuchtet war.

Hinter den vereisten Fenstern stand das Licht der Straßenlaternen.
»Nehmen Sie Platz!«
Ich hatte die Reiseerlaubnis erhalten, nachdem mein Passierschein von der in Berlin zuständigen Ortsgruppenleitung der Partei mit dem Vermerk »Keine Bedenken« versehen worden war. »Reist, um Familiendokumente sicherzustellen.«
Ich verkroch mich in meinen Mantel. Die Kälte schnitt. Sie saß auch im Nacken und ließ die Handgelenke erstarren.
»Machen Sie es sich bequem!« Stanislaw Petka zog die Kappe wieder über den Kopf. »Wir wohnen nur noch hinten, in der Küche und den Kammern«, entschuldigte er sich lächelnd. »Für die Galgenfrist, die uns bleibt.« Es war ein spitzes, in der Kälte mißglücktes Lächeln. »Meine Frau läßt schönste Grüße sagen! Josepha, meine Tochter, auch. Leider ist es schon spät.« Er blickte zu Boden, betrübt, ein schlechter Gastgeber zu sein. »Die Damen sind nicht in der Verfassung, zu empfangen.«
Herr Petka und die Seinen mußten in dieser oder einer der folgenden Nächte damit rechnen, abgeholt, zum Güterbahnhof geschafft und in das Generalgouvernement abtransportiert zu werden: in das weder der Sowjetunion noch dem Reich zugeschlagene, unter deutscher Verwaltung stehende Restgebiet Polens. Sie mußten, wie so viele, Posen verlassen, um Neuankömmlingen Platz zu machen, Volksdeutschen aus den Baltischen Staaten.
Diese Balten trafen seit Wochen, wie zwischen Berlin und Moskau abgesprochen, in Sonderzügen ein. In einem ihnen fremden Land, müde und abgekämpft. Mit Koffern und Taschen, Körben und Rucksäcken. Sie sollten sich im »Warthegau« niederlassen, das Land sollte wieder deutsch werden.
Und die Russen wollten freie Hand in Estland, Lettland und Litauen haben, diesen noch bis vor kurzem unabhängigen, selbständigen Staaten; waren schon im Begriff, sie in die Union der Sozialistischen Sowjet-Republiken einzugliedern.
Ich war in unserer Familie der einzige gewesen, der sich die Möglichkeit verschaffen konnte, zu reisen. Noch war ich nicht eingezogen, war bei der letzten Musterung »garnisonverwendungsfähig Heimat« geschrieben worden, während mein Bruder schon bei einer Luftnachrichteneinheit in Schlesien stand und mein Vater, der so gut mit Stahl und Beton umgehen konnte, »dienstverpflichtet« und in die Eifel zum Bunkerbau abkommandiert

worden war. Es gab kein Wenn und kein Aber: Auch die Alten mußten ran. Für »Führer, Volk und Vaterland«.

Onkel Zygmunt hatte uns einen Brief geschrieben: »Seht zu, daß einer von euch kommt! So schnell wie möglich!« Einen erstaunlichen Brief, denn es war, soweit ich weiß, der erste und der letzte, den er je an seinen Bruder Mieczyslaw, meinen Vater Max, geschrieben hat. »Noch in dieser Woche! Er soll sich bei meinem Freunde Petka melden. Familienpapiere an sich nehmen, die nicht verloren gehen dürfen.«

Ein Brief, der mir naheging: Mein Onkel Zygmunt war ja erst zwei Jahre alt gewesen, als sich mein Vater lange vor dem Ersten Weltkrieg auf und davon gemacht hatte. Ohne voraussehen zu können, daß er sich damit auf die deutsche Seite der Familie schlug, während sein Bruder Zygmunt im weiteren Verlauf der Ereignisse Pole werden sollte. Offizier in einem Jagdgeschwader.

»Ihr Onkel läßt vielmals grüßen«, sagte Herr Petka. »Sie kennen ihn noch nicht? Ein feiner Mann... Freund vieler Freunde.« Er berichtete, daß er den Brief in seinem Auftrag einem deutschen Urlauber mitgegeben und jenseits der Grenze in einen Briefkasten habe stecken lassen.

»War das Beste.« Ich blickte hinauf zu den hohen Fenstern, in denen die Lichter bunter Eisblumen spielten. Betroffen von der Trostlosigkeit ringsum, den Folgen, die der Krieg hier im Lande nach sich zog.

»Haben Sie es weit?« erkundigte sich Herr Petka. »Ich hoffe, Sie sind gut untergekommen?«

Ich hatte vom Quartieramt ein Hotelzimmer in der Nähe des Bahnhofs zugewiesen bekommen. Schmal, zu den Gleisanlagen hinaus, aber geheizt. Auf drei Nächte. Ich konnte, wie ich nun feststellte, froh sein, Herrn Petka noch angetroffen zu haben.

»Wir hätten schon über alle Berge sein können«, sagte er. »In Belzec, oder was weiß ich wo.«

Ich rieb die Ohren und schlug den Kragen hoch. »Schön, Sie noch getroffen zu haben.«

»Wann werden wir reisen?« fragte er. »Meine kranke Frau, Josepha und ich?« Seine Nase wurde noch spitzer. »Pan Bóg wie! Vielleicht schon in ein paar Stunden! Oder erst übermorgen. Oder in einer Woche. Der Himmel weiß es.« Unruhig wanderten seine Augen über die dunkle Tapete, hinüber zur Anrichte, auf der altmodisches

Porzellan stand. »Wohnungen wie diese... drogie Panie, die bekommt nicht jeder. Es muß schon, denke ich, eine bessere Familie kommen.«

Stanislaw Petka hatte, wie er mitteilte, noch vor kurzem die Konten wohlhabender Grundbesitzer geführt, Gutachten überwacht, die es nun nicht mehr gab. Er hatte Besitz verwaltet, der inzwischen beschlagnahmt worden war, der neu verteilt, in Pacht oder »zu treuen Händen« vergeben wurde. Denn trotz der noch geschlossenen Grenze: Glücksritter aus dem Reich waren schon zur Stelle, um sich umzutun, Freunde in den Ämtern zu gewinnen, Gönner in Parteiuniformen auf ihre Seite zu ziehen, sie in der gebotenen Verschwiegenheit an ihren Geschäften zu beteiligen.

»Ich wünschte, ich könnte Ihnen helfen«, sagte ich. Suchte wohl auch, in aller Unwissenheit, nach Vorschlägen. Bedrückt saß ich ihm gegenüber, ungefährdet, den deutschen Paß in der Tasche.

Er winkte ab. »Was wird, weiß keiner.«

Die Standuhr schlug neun. Aus einer dunklen Ecke, schleppend, als habe sie viel Zeit. »Und wo finde ich meinen Onkel?«

»Sobald Sie gegangen sind, werde ich das Notwendige tun. Erwarten Sie Nachricht in Ihrem Hotel... Morgen, gegen Mittag.«

Ich wußte, Onkel Zygmunt wollte mir Dokumente aus alter Zeit übergeben. Papiere, die schon Markus Vinzenz, sein Urgroßvater, gehütet hatte. Urkunden, die nun, wie er geschrieben hatte, bei uns sicherer sein würden als bei ihm, nach allem, was in Polen geschehen war.

Markus Vinzenz: Erst zu dieser Stunde, in der guten Stube des Stanislaw Petka, erfuhr ich, daß er einst der erste preußische Landrat zu Bromberg gewesen war. Nach der Dritten Teilung Polens. Gewählt von den Mitständen, bestätigt durch König Friedrich Wilhelm II., den »Dicken Willem«.

Markus Vinzenz, mein Ur-Urgroßvater: ein preußischer Landrat. Wer hatte es von den Freyhoffs in Schwedt geahnt, als mein Vater an der Oder »buddelte«, anno 1909 das Clärchen kennenlernte und auf den Rat meines Onkels Eugen aus dem Vornamen Mieczyslaw den Namen Max machte? Wer von den Freyhoffs in Potsdam, in Nauen oder Oranienburg?

Ein preußischer Beamter... Mein Vater hatte es nie erwähnt, wohl gar nicht gewußt. Weil es sein Vater, der sich mit den Seinen recht und schlecht durchschlagen mußte, verschwiegen hatte; nichts

wissen wollte von den bewegten Tagen der Väter, den Herren in polnischen, in sächsischen und preußischen Diensten, die auf ihren Gütern saßen, vierspännig fuhren, den Wodka liebten – und ihren Besitz nach den napoleonischen Kriegen eingebüßt hatten.
Stanislaw Petka war überrascht, daß ich so wenig, so gut wie gar nichts von Markus Vinzenz wußte, dem Vater meiner Väter. »Es gibt ein Bild von ihm«, teilte er mit. Zögernd, als wolle er abwarten, was ich dazu sagen würde. »Ein Ölbild ... Es hängt hier ganz in der Nähe. Ein paar Straßen weiter.«
Ein Bild meines Ur-Urgroßvaters.
»Es hängt in einer Wohnung, die ich gut kenne ... viel zu gut.« Herr Petka hob das Kinn aus dem struppigen Pelz: »Die Bewohner sind schon seit November fort. Balten sind eingezogen ... Ein passables Bild. Wenn ich nicht irre, hat es ein Pendant ... gehört ein Damenbildnis dazu. Wäre schade, die Bilder gingen verloren.«
»Dank für den Hinweis! Ich werde mich darum kümmern.«
»Proszę Pana! Sie kennen die Verhältnisse nicht! Sie sind verwikkelter, als Sie glauben ... Worum geht es? Um ehemals polnischen Besitz, über den noch nicht endgültig verfügt worden ist. Um Kunstbesitz! Er ist in die Hände Volksdeutscher übergegangen, die nun verpflichtet sind, ihn anzumelden, um Überlassung nachzusuchen ... So liegen die Dinge. Ungefähr so.«
»Ich muß sehen, was sich machen läßt.« Onkel Zygmunt hatte also geschrieben, um nicht nur Dokumente, sondern auch diese Bilder für uns zu retten. Ehe es zu spät sein, keine Verbindung zwischen ihm und uns mehr möglich sein würde. »Wo wohnt mein Onkel?« fragte ich. »Ist es weit?«
Herr Petka hob die Hände: »Mal hier, mal dort.« Und zeigte von neuem sein spitzes, verlegenes Lächeln. »Lebt frei wie ein Vogel ... Er heißt auch nicht mehr so, wie er hieß – heißt ganz anders.«
Zygmunt, der Pole. Ein Onkel, der kein festes Dach mehr über dem Kopf hatte. Der bereit war, mir Vertrauen zu schenken. Ein Onkel, der seinen Namen abgelegt hatte.
»Stehen Sie morgen beizeiten auf«, empfahl Herr Petka. »Gehen sie zur Gauleitung, verschaffen Sie sich die Erlaubnis, die Bilder anzusehen ... kto wie? Vielleicht gleich mitzunehmen.«
Die Kälte saß nun auch im Rücken, kroch in alle Glieder. »Mal sehen.« Ich preßte mich gegen die Stuhllehne, noch unschlüssig, wie ich vorgehen sollte.

»Vor allem, kein Wort über Ihren Onkel!« Herr Petka hob sich aus dem Sessel, geübter als ich. »Nichts wissen Sie von ihm, gar nichts.«

Im Entree hielt ich seine Hand. »Und bitte, empfehlen Sie mich den Damen! Ich wünsche Gutes, viel Gutes!«

Er verbeugte sich. Sein Aufzug war jämmerlich, seine Haltung vollendet.

Ich hatte Mühe, durch das Gewühl der Wartenden, Volksdeutscher aus dem Baltikum, bis zu Amtswalter Kühn vorzudringen, dem allmächtigen Leiter der Erfassungsstelle für Wohnraum und Kleinbetriebe. An seiner Tür stand »Kein Zutritt«. Auskünfte und Weisungen wurden von seinen Mitarbeitern im Erdgeschoß erteilt, jungen Parteigenossen aus dem Reich, die für ihren Einsatz im Osten vorerst vom Militärdienst freigestellt worden waren.

Herr Kühn war im Begriff, sich ein Kännchen Kaffee aufzubrühen, als ich nach kurzem Anklopfen, ohne seine Aufforderung abzuwarten, eintrat. Ein offenbar gewagter Entschluß, denn sein Gegenüber, ein buckeliger, schon älterer Mann, der aus Posen stammen und ihn als Ortskundiger beraten mochte, fuhr zusammen.

»Heil Hitler!« sagte ich. Wie vorgeschrieben. In bestem Deutsch, als Reichsdeutscher.

Herr Kühn stellte den Elektrokocher, in dem er Wasser erhitzt hatte, auf das Fensterbrett, ordnete die Schnur und fragte, ohne mich näher ins Auge zu fassen, wer mir, in drei Teufels Namen, die Erlaubnis gegeben hätte, bei ihm einzutreten.

Vor dem Fenster funkelten Eiszapfen, die Sonne stand schräg über den Dächern. Der Alte starrte mich an: Mitleid mischte sich mit Mißtrauen, Staunen mit Bestürzung.

»Ein Gruß aus Berlin!« meldete ich. »Von meinem Ortsgruppenleiter!« Und fügte hinzu, ich sei gekommen, um mich vorzustellen. Ihn um Rat und Hilfe zu bitten.

Der Ton, in dem ich es sagte, war unbefangen. Mein Auftritt knapp, meine Haltung aufrecht, fast militärisch. Nur zu gut wußte ich, wie man sich in Ämtern und Parteidienststellen einführen, von Fall zu Fall anpassen, auch verstellen mußte.

Er drückte den Deckel auf die Emaillekanne und goß ein. »Hilfe?

Hilfe brauchen Sie? Und kommen, mir die Zeit zu stehlen?« Er trug auf gelber Uniform das Goldene Parteiabzeichen, ein von Eichenlaub umrahmtes Hakenkreuz, Zeichen seiner frühen Zugehörigkeit zur Partei, seines Einsatzes für sie in den Jahren des Kampfes, ehe sie zur Macht gekommen war.

»Nur drei Minuten!« Ich drückte die Hacken zusammen und rührte mich keinen Zentimeter weiter. Es mußte doch eine Wohltat für ihn sein, einen jungen Reichsdeutschen vor sich zu sehen, einen Mann von Haltung, und endlich einmal keinen dieser unruhigen, unzufriedenen, vom Transport in zugigen Waggons übernächtigten, nach Heu und Schweiß riechenden Balten.

»Hilfe?« wiederholte er, für den ersten Augenblick aus dem Konzept gebracht. Er konnte, wie ich hoffte, nicht übersehen, daß ich die Hände an meinen Mantel angelegt hatte, angedrückt wie an eine Hosennaht. Ihm Respekt erwies.

Er schlürfte seinen Kaffee. »Hilfe? Wer hier alles Hilfe sucht! Unterstützung erwartet! Aus dem Reich daherkommt, um sich schnell mal umzusehen!« Seine hellen, mißtrauischen Augen trafen mich: »Wir schmeißen sie raus. Verstehen Sie –? Einen wie den anderen. Raus mit ihnen.«

Sollte ich nicken, ihm zustimmen? Oder besser schweigen? Noch abwarten?

Der Alte ordnete seine Papiere, hakte sie ab und brachte eine Schachtel Zigaretten zum Vorschein. »Ist es erlaubt?« fragte er Amtswalter Kühn. Beide steckten sich eine der langen, halb gestopften Papirossy an.

»Ich stamme aus einer Beamtenfamilie«, sagte ich. Unbeirrt, ohne die Stimme zu heben. »Einer meiner Vorfahren war hier mal Landrat. Zu früheren, preußischen Zeiten. Hatte auch so seinen Ärger...« Schon stand ich neben ihm, an seinem Schreibtisch, und legte meinen Passierschein vor. »Ist schon lange her – ziemlich lange. Es war nach der Dritten Polnischen Teilung. Vor 1800.«

»Sind Sie gekommen, um mir Geschichtsunterricht zu geben?« Er blies den Rauch zur Decke. »Wissen Sie, daß ich Sie verhaften lassen kann? Vom Fleck weg?« Sein Ton wurde schärfer: »Was geht mich dieser Wisch an? Dieses Gefasel? Aus Berlin, wo keiner weiß, was hier los ist?«

Ich trat einen Schritt zurück, ihm scheinbar ganz ergeben; ganz so, als wüßte ich, wie schwer er es hatte: mit den Umsiedlern aus

Reval, aus Dorpat und aus Riga. Den Bittstellern, die mehr wollten, als ihnen zustand. Die vorgaben, mehr besessen zu haben, als man ihnen hier in Posen geben konnte. Mit Leuten, die erklärten, einen Flügel, einen Bechstein gehabt zu haben; Landwirten, die behaupteten, mehr als dreitausend Büchern nachzutrauern, Pastoren, die Tränen fortwischten, weil ihre alten Bibeln zurückgeblieben waren.

Beteuerungen und Einsprüche, denen Amtswalter Kühn nachzugehen, über die er in erster und letzter Instanz mit wenigen Federstrichen zu entscheiden hatte.

Seine Ungeduld verriet, wie mühsam es für ihn sein mußte, seine Besucher von der Größe der Epoche, in der sie lebten, zu überzeugen; sie an ihre Pflicht zu erinnern, ohne Klage ihren Mann zu stehen, Verzicht zu üben ... Angesichts des Freiheitskampfes aller Deutschen, der gerade erst begonnen hatte, noch dauern würde.

All das Lästige stand auf seiner Stirn geschrieben. Auch, daß er das wenigste von alledem, das da auf ihn einstürmte, erfassen, in seinen Zusammenhängen erkennen, seiner Tragik ermessen konnte. Und wohl auch nicht wollte. Dazu war sein Koppel zu blank, die eigene Verstrickung zu vollkommen.

Von woher mochte er, dieser kleine dicke Mann mit den kalten, unbeteiligt wirkenden Augen kommen? Nach Posen versetzt, verschlagen worden sein? Ausgestattet mit weitreichenden Vollmachten? Aus Cottbus vielleicht, aus Tecklenburg oder Wesel. Als alter Kämpfer, bewährter Gefolgsmann der Bewegung.

»Wir haben hier eigene Gesetze«, sagte er. »Können uns nicht verzetteln.« Seine Stimme wurde plötzlich, ohne daß ich den Grund erkennen konnte, milder: »Wer hier aus der Reihe tanzt, verschwindet.« Endlich nahm er meinen Passierschein und prüfte den Stempel, hielt ihn zum Licht: »Drei Tage Aufenthalt? Sehen Sie zu, daß Sie vorankommen!«

»Selbstverständlich.« Ich hatte mich auf die Kante eines Rohrstuhls gesetzt und blickte in die Tasten der nagelneuen Schreibmaschine. Die Type »SS« war nicht zu übersehen. »Donnerstag fahre ich wieder.«

»Wird Ihnen auch nichts anderes übrigbleiben.«

»Deshalb wollte ich Sie bitten –«

Zum ersten Mal sah er mir in die Augen: »Bitten? Mich –? Um ein krummes Ding? Haben Sie sich das auch sorgfältig überlegt?«

»Um die Genehmigung, zwei Ölbilder, die hier hängen, an mich zu nehmen. Bilder des genannten Landrats und seiner Frau. Meiner Ur-Urgroßeltern.«
Er wandte sich an sein Gegenüber: »Lohmeyer, haben Sie das gehört? Abstauben! Immer dasselbe.«
Ich ließ mich nicht beirren. »Für Zwecke der Familienforschung.«
»Ach, nicht doch?« Er drückte seine Zigarette aus. »Beutegut, wenn ich recht verstehe. Von dem Sie Wind bekommen haben. Zeug, auf das Sie Anspruch erheben.«
»Mit Nachdruck.« Meine Ruhe verließ mich nicht. Sie durfte mich nicht verlassen. »Posen war bis 1917 deutsch«, erklärte ich. »Und als die Deutschen damals ausgewiesen wurden, sind diese Bilder zurückgeblieben. Von polnischer Seite enteignet worden.«
Er stutzte. »Verlaß drauf? Lohmeyer, wie sehen Sie die Sache?«
Der Alte nickte. »Ist so gewesen. Die Polen gaben damals kein Pardon. Hundert Mark durfte der einzelne mitnehmen, keinen Pfennig mehr. Zwei Kochtöpfe, eine Bratpfanne pro Familie. Und dann ab nach Skalmirczize, zunächst ins Lager.«
Für Amtswalter Kühn war die Sache damit erledigt. Er griff nach einem Blatt Papier und begann zu schreiben. »Wo hängen die Bilder? Straße, Hausnummer –?« Die Sonne blendete ihn, er drehte seinen Stuhl zu mir: »Wie Sie das so alles wissen? So genau?«
»Haben wir in Berlin schon immer gewußt.« Ich drückte das Kreuz durch, saß noch aufrechter. »Ahnenforschung, Herr Kühn. An Posen kamen wir ja nicht vorbei. Ariernachweis ... Und jetzt haben wir endlich die Möglichkeit, an die Bilder ranzukommen.«
Er überflog, was er geschrieben hatte. Blies auf das Blatt, um die Tinte zu trocknen. »Ich glaube Ihnen kein Wort. Ölbilder sind 'ne teure Sache. Rembrandt, und so ... Aber zum Kuckuck, Sie gefallen mir.«
»Danke.«
Er griff nach dem Stempel. »Nehmen Sie den Schrieb! Tun Sie, was Sie vorhaben!«
Ich stand auf, zögerte: »Kann ich da so ohne weiteres hingehen? Die Polen sind schon raus aus der Wohnung. Balten sind drin.«
»Na, wenn schon!« Er wurde ungeduldig. »Soll ich Ihnen eine Eskorte mitgeben? Zwei Mann unter Gewehr?« Er wies zur Tür: »Erledigt.«

Es hieß: Raus!
Ich faltete den Zettel zusammen. »Nochmals Dank. Vielen Dank.« Kein Zweifel, wenn er gewollt hätte, hätte er mich festhalten, meinen Passierschein einziehen, einen Fall aus meinem Ersuchen machen, die Sache weiterleiten können. Er hatte, wie auch die anderen Beamten, Weisung durchzugreifen. Sich nicht für dumm verkaufen zu lassen.
In der Tür drehte ich mich sicherheitshalber noch einmal um: »Heil Hitler!«
Er hob kaum den Arm. »Ich kenne Berlin!« rief er mir nach. »War mal im Haus Vaterland! Potsdamer Platz!« Und wandte sich schon wieder an Herrn Lohmeyer: »Muß der Mensch erlebt haben! Jubel und Trubel... Weiber... Musike vom Keller bis unters Dach!«

Justyna war geschminkt. Puder lag auf ihrem Gesicht, und die Lippen waren dunkelrot nachgezogen. Man sah sofort, daß sie eine Polin war. Trotzdem hatte niemand etwas dagegen, daß ich ihr einen Stuhl zurechtrückte und eine Tasse Kaffee bestellte. Noch war es den Polen erlaubt, deutsche Gaststätten zu betreten, sich im Alltag so zu bewegen wie bisher; noch gab das deutsche Militär, dessen Kommandeur im Schloß residierte, den Ton an: noch nicht die erst allmählich nachrückende Polizei.
Es saßen ohnehin nur wenige Gäste im Frühstückszimmer des Hotels. Ein paar Reichsbahner in blauen Uniformen, die nicht wußten, wie sie den Vormittag totschlagen sollten, Karten spielten und die hübsche Bedienung nicht aus den Augen ließen, ein Geschäftsmann, der Formulare ausfüllte, und zwei Frauen in fast gleich geschnittenen Kostümen, Reichsdeutsche offenbar, die Erlaubnis erhalten hatten, ihre nach Posen versetzten Männer zu besuchen. Man hörte – konnte nicht überhören –, daß sie nach Bettwäsche Ausschau halten wollten, nach Handtüchern und Kinderkleidung, Textilien aus Lodz.
Justyna war noch jung. Vielleicht neunzehn Jahre alt. Ihr Pelz, der in meinem Rücken an einem Haken hing, roch nach Parfum. Sie war gekommen, um mich abzuholen, mir zu zeigen, wo ich den Onkel finden konnte.
Ich wußte längst, daß es schöne Polinnen gab. »Halt die Augen offen!« hatte mir schon ein guter Freund in Berlin geraten, Kalle,

der nicht eingezogen werden konnte, weil sein linkes Bein etwas zu kurz geraten war. »Sie sind 'ne Sünde wert!« Aber ich hatte nicht erwartet, daß sie so schön wie Justyna sein könnten.

»Wir müssen durch die Altstadt«, sagte sie. »Am Rathaus vorbei und dann über die Warthe.«

Merkwürdig, ich hätte nicht einmal sagen können, was an ihr so schön, so anziehend war. Ihre Augen blickten drein wie tausend andere auch. Dunkel, ein wenig verschwommen. Ihre Nase war viel zu klein, und an ihren Ohren leuchteten Korallen, die nichts hermachten; Imitationen, wie es sie bei uns in den Einheitspreisläden gab.

»Eine Stunde brauchen wir.« Sie tauchte ein Stückchen Zucker in den Kaffee, der nach Zichorie roch, weil es keine Bohnen mehr gab, und schob es in den Mund. Ich glaube, es war das geheime Verstehen all ihrer Züge miteinander, das mich fesselte.

»Stimmt es, daß es hier versteckte kleine Klubs gibt?« fragte ich geradeheraus, ohne abzuwarten. »Treffpunkte, wo noch getanzt und Chopin gespielt wird?«

Sie leckte die Fingerspitzen ab. »Wer hat Ihnen denn das erzählt? Chopin steht auf der Liste. Verboten.«

Sie konnte mir nichts vormachen. »Die Polonaise c-moll! Wird nicht mehr gespielt? Diese grandiose Sache?« Ich fuhr mit den Händen über die Tischkante, als wollte ich zu den ersten Takten ansetzen. »Auch nicht die Polonaise As-dur?«

Musterte Justyna mich, so schienen ihre Augen zusammenzurükken, sich ein wenig schräg zu stellen. Ihre Vorfahren mochten von weither gekommen, weit im Osten über Steppen geritten sein. »Chopin ist unerwünscht.«

»Wird aber trotzdem gespielt. Man muß nur wissen, wo.« Ich hatte es in Berlin, nicht weit von der Gedächtniskirche, im »Taribari«, erfahren. Von Urlaubern, die für ein paar Tage aus Polen gekommen waren. Alles von Chopin werde gespielt, hatten sie erzählt, geflüstert: werde »angerissen«, auch die »wildesten Sachen«, die Revolutions-Etude, zu Verbrüderungsszenen zwischen jungen Besetzern und Besetzten. In Zirkeln, die nicht jedem offen stünden, zu denen man Zugang finden müsse.

»Chopin darf nicht mehr gespielt werden.« Sie blieb dabei. »Nirgends. Weder hier noch im Generalgouvernement. Wir sollen ihn vergessen.«

Für Sekunden schloß sie die Augen, ließ sie spüren, daß sie mehr wußte, als sie sagte. Es machte sie noch anziehender.
Ich vergaß den Onkel, die Familienpapiere, die ich an mich nehmen sollte, die Bilder des Landrats und seiner Frau. »Ich hätte heute abend Zeit«, erklärte ich. »Und morgen auch.«
Sie überhörte es, griff nach ihren Handschuhen und der Handtasche. »Ach, co tam! Gehen wir.«
Nachdenklich half ich ihr in den Mantel, tauchte für Sekunden in ihr Parfum. Von wem mochte sie es haben? Ihrem Freund? Ihrem Verlobten, der längst in deutscher Kriegsgefangenschaft war? Oder weit hinter Warschau in einem Lager der Russen saß? Wir wußten nicht viel voneinander. Viel zu wenig, um uns näher kommen zu können.
»Wie geht es meinem Onkel?« Erst jetzt fragte ich, in der offenen Tür, der eisigen Luft, die uns entgegenschlug.
Ihr Atem quoll: »Er freut sich, Sie kennenzulernen. Freut sich, daß Sie gekommen sind. Freut sich sehr!«
Der festgetretene Schnee knirschte. Er brach unter den Schuhen wie Glas. »Sibirische Kälte!« Ich schlug den Kragen hoch. »Eine Stunde, sagten Sie?«
Justyna hatte ihr Kopftuch unter dem Kinn verknotet. Mit kurzen, festen Schritten ging sie neben mir. »Wir müssen pünktlich sein! Trudno! Sie kennen Ihren Onkel nicht!«
»Wie sollte ich? Ich kenne nur ein paar Fotos von ihm«, antwortete ich, als wir über die Eisenbahnbrücke gingen. »Alte Fotos. Mein Onkel in polnischer Uniform.«
»Nasz kochany Zygmunt! Er kann sie momentan nicht tragen.« Sie hängte sich ein, um nicht auszurutschen. »Aber später ... später wird er sie wieder anziehen.«
»Glauben Sie? Sie glauben wirklich –?«
Justyna bekreuzigte sich. »Die Jesus-Kapelle!« rief sie. »Wir sollten mehr Zeit haben, mein Lieber, viel mehr Zeit! Was könnte ich Ihnen alles zeigen!«
»Ich bleibe bis übermorgen.«
»Und erzählen –! Haben Sie mal was von Wladyslaw Jagiello gehört? Dem König, der nicht wußte, wie er der Welt beweisen sollte, daß er ein frommer Mann war? Der die gestohlenen Hostien wieder herbeischaffte? Ist eine lange Geschichte und schon lange her ... Fünfhundert Jahre mindestens.«

Nichts, gar nichts hatte ich von ihm gehört.
»Matko Boska! Ach, kommen Sie weiter.«
Sie sprach mit jedem Satz schneller, und ihr bis dahin wohlgeordnetes Deutsch geriet durcheinander, vermischte sich mit polnischen Anmerkungen, polnischen Hinweisen. »Nasza Polska! Polen ist das schönste Land der Erde. Verlassen Sie sich darauf!«
Sie zog den linken Handschuh aus und schob die Hand in meine Manteltasche. »Sehen Sie, Poznán! Welch schöne Stadt! Und mehr als tausend Jahre alt.«
Ein paar Ecken weiter blieb sie plötzlich stehen. Ihr Gesicht war gerötet, ihr Pelzkragen bereift: »Falls es Sie interessiert, mein Lieber? Dort, das Geschäft, ten maly sklepik! Frau Mroczek hat noch englische Seife unter dem Ladentisch, französischen Cognac... Alles, was die Deutschen suchen.«
Ich zog sie weiter. »Kennen Sie meinen Onkel gut? So gut wie den Herrn Petka?«
Sie faltete ihre Hand in meine. Fast wären wir ausgerutscht. »Co Pan sobie myśli! Und ob ich ihn kenne! Ein großartiger Mann.«
»Er hält sich versteckt, habe ich gehört. Wohnt mal hier und mal dort. Wie es so kommt.«
»Wundert Sie das? Du lieber Himmel – soll er sich festnehmen, soll er sich verschleppen lassen?«
Unsere Hände kamen nicht mehr los voneinander. Ich konnte es kaum begreifen: Eine Geliebte schien neben mir zu gehen, ein Mädchen, das ich schon lange kannte.
»Er hat kein Zuhause mehr?«
»Ein Zuhause? Wie stellen Sie sich das vor? Wer von uns hat hier noch ein Zuhause? Das ist vorbei.« Plötzlich sprach sie nur noch polnisch, hatte mich für Augenblicke vergessen. Und schloß: »Kinder sind wir. Unter Gottes weitem Himmel.«
»Na ja.« Sie war mir zu feierlich geworden. »Aber Sie haben recht, mein Onkel hat es bestimmt nicht leicht. Die halbe Nacht habe ich über ihn nachgedacht... Ich konnte sowieso nicht schlafen, denn ab Mitternacht wurde rangiert. Er ging mir nicht aus dem Kopf. Wahnsinn, das ganze.«
Sie machte von neuem halt und zog ihren Handschuh wieder an. »Falls Sie ein Huhn mitnehmen wollen? Frisch gerupft? Hier hinten im Hof! Ein Laden, den kaum einer kennt.«
»Nicht schlecht. Vielleicht morgen.«

Auch die Ballade g-moll würde nachts gespielt, hatte ich in Berlin erfahren. Allerdings müsse man eine polnische Geliebte haben, als Deutscher, um mitgenommen zu werden. In die Vorstadt, in einen der Keller, von denen die Polizei nichts wußte. Ich hätte gern noch einmal gefragt, aber Justyna hatte es eilig. Wohl oder übel mußte ich ihr folgen. So gut es ging, denn meine Schuhe waren viel zu leicht.

»Fragen Sie auch nach Gänsefett!« rief sie. »Und sagen Sie, Justyna ließe grüßen!«

Allmählich wurden die Straßen wieder breiter. Sie öffneten sich, und von neuem blies uns der Wind ins Gesicht. Ostwind, der den trockenen Schnee hochriß, wo er ihn packen konnte.

»Zygmunt ist der jüngste Bruder meines Vaters«, sagte ich, als wir wieder Schritt gefaßt hatten. »Der einzige, den es zu Hause gehalten hat. Der Älteste ging nach Bukarest, mein Vater nach Berlin.«

Sie schob ihren Arm wieder unter meinen: »Tak, tak. Das sind so Geschichten.«

»Mein Vater weiß nicht einmal, daß ich hier bin. Hier in Posen. Wie sollte er –? Er baut am Westwall und hat seit kurzem eine Feldpostnummer.«

»An der französischen Grenze?«

»Vor den Augen der Franzosen.« Wir falteten die Hände wieder ineinander und setzten den Weg schweigend fort. Justyna ... Wo mochte sie herkommen? Was mochte ihr durch den Kopf gehen? Ob sie wirklich nicht wußte, wo abends getanzt, getrunken, Chopin gespielt wurde?

»Ich bleibe bis übermorgen. Noch zwei Abende«, wiederholte ich, ohne auf eine Antwort zu warten. Meine Ohren glühten, meine Füße waren erstarrt. Ich hätte Stiefel mit auf die Reise nehmen sollen. Vielleicht auch meine dunkelblaue Jacke, Hemd und Fliege. Als wir die letzte der Brücken hinter uns hatten, blieb Justyna stehen, rückte ihr Kopftuch zurecht und klopfte den Schnee von meinem Mantel. Der Wind traf uns nun mit ganzer Gewalt, fegte über die Felder heran, warf uns fast um. »Da lang!« sagte sie.

Ich begriff nicht. Erfaßte zunächst nicht, was sie meinte. Der Abschied kam zu plötzlich.

»Den Deich entlang. An dem Wäldchen vorbei! Hinten, das Fischerhaus.«

Die Frau des Fischers hatte Zakąska auf den Tisch gestellt, Happen dunklen Brotes, auf denen Speckwürfel und Räucheraal lagen. Sie rüttelte den Rost des Kachelofens, rückte die Stühle zurecht und ging.

Hinter den niedrigen Fenstern, die im Westen den Strom, im Osten das weite, in der Kälte erstarrte Land zeigten, funkelte der Schnee. Selbst ein paar Krähen, die dicht beieinander im Geäst alter Weiden saßen, schienen gelähmt, zu keinem Flügelschlag fähig zu sein.

Ich hatte mir Onkel Zygmunt anders vorgestellt: größer, breiter. In seinem Auftreten entschlossener, in seiner Haltung militärischer. Hatte einen Fliegeroffizier vor Augen gehabt, wie sie im »Illustrierten Beobachter« gezeigt wurden, »drahtig«, von Wind und Wetter gebräunt. Einen Mann, der schon auf den ersten Blick für sich einnahm, dem man ansah, daß er zupacken, den Steuerknüppel halten, kämpfen konnte.

Es waren ungeordnete, oberflächliche Erwartungen gewesen. Was wußte ich zu jener Zeit von den sich rührenden Kräften, von gültigen Maßstäben? Zu wenig. Ich konnte weder ahnen noch einschätzen, was es bedeutete, nun schon seit nahezu sieben Jahren von Nachrichten aus dem Ausland, unentbehrlichen Unterrichtungen ausgeschlossen zu sein. Das »um seine Freiheit ringende deutsche Volk« hielt nur Berichte in Händen, die ein Freigabeverfahren durchlaufen hatten, las nur Kommentare, die zensiert, konnte sich nur mit Informationen auseinandersetzen, die gefiltert, verfälscht, zurechtgerückt worden waren; es erfuhr auch nichts von den kritischen Stimmen derer, die das Land verlassen hatten, emigriert oder ausgebürgert worden waren.

Onkel Zygmunt ergriff meine Hand, hielt sie fest, zog mich näher. Vor mir stand ein Mann in mittleren Jahren, auf den ersten Blick unscheinbar. Er hätte Magistratsbeamter, Steuereinnehmer, vielleicht auch Gymnasiallehrer sein können. Ein Mann, von denen es viele gab, der nichts von sich hermachte, den man schnell wieder vergessen konnte.

Ich sollte ihn nie vergessen.

Wir umarmten uns, ohne einander allzu nahe zu kommen. Und schon saß ich auf der Ofenbank, um die Schuhe auszuziehen. Ich lehnte den durchfrorenen Rücken an die warmen Kacheln, rieb die Füße und sah zu, wie er nach einer Flasche griff, den Korken

herausdrehte, an ihrem Inhalt schnupperte und eingoß. Wodka.
Wie viele Fragen hätte ich ihm an jenem Tage stellen, wie vieles, das mich bedrückte, erwähnen sollen! Widersprüche, Zweifel, die sich seit langem in meinen Überlegungen eingenistet, sich festgesetzt hatten. Statt dessen wärmte ich den Rücken... Und sollte erst Jahre später entdecken, daß das zu jener Stunde unausgesprochen, ungesagt Gebliebene ein zähes Leben hatte, sich nie wieder ganz vertreiben ließ, sich in meinen Erinnerungen breit machte, wann immer es ihm gefiel.
Polnischer Wodka. In die kleinen dicken Gläser ging kaum mehr als in einen Fingerhut. Onkel Zygmunt stieß mit mir an: »Na zdrowie!« Es klang, als stießen Kieselsteine aneinander. »Laß dir's bekommen!«
Er wollte von großen Worten nichts wissen. Er holte nicht weit aus, wie mein Onkel Cajou. Er sagte zunächst nur das Nötigste: »Gut, daß du hergefunden hast!« Und verschwieg, daß er gehetzt, verfolgt war, Mut gebraucht hatte, sich mit mir zu treffen; es zu wagen, durch mein Kommen, vielleicht auch unvorhersehbare Ungeschicklichkeiten, die Abwehr auf seine Spur zu lenken. Freunde, vielleicht sogar Familienangehörige, zu gefährden.
»Es wird noch kälter werden!« sagte er. »Sieh dir die Krähen an! Es sitzt ihnen schon in allen Federn.« Die schweren, schwarzen Vögel hoben sich wie Scherenschnitte gegen den Himmel ab.
»Ich soll grüßen«, sagte ich. »Von allen. Kannst du dir ja denken.«
»Wer von euch kennt mich schon?« In sein Gesicht kam Leben: »Aber du bist nun da! Das ist die Hauptsache.«
Er lachte, freute sich wirklich, mich zu sehen. Mich in die warme Stube des Fischers geholt zu haben und mit mir sprechen zu können. Der Onkel, den ich nur von Bildern kannte, jung, schlank, in Uniform. Und von einem Kinderfoto her: eine Geige unter dem Kinn, den Bogen in der Hand.
Musik mochte zu ihm passen. Mochte ihn begleitet haben, bevor er sich hinter der Maske des Steuereinnehmers, des Gymnasiallehrers verstecken mußte. Er lachte und goß noch einmal ein. Bis zum Rande, fast über den Rand, ohne hinzusehen: »Felix, stary!«
»Ich heiße nicht mehr Felix«, erklärte ich ihm. »Schon lange nicht mehr.« Ich blickte in seine lebhaften, aufmerksamen Augen. »Ich heiße wieder Christian... wie ganz früher, als kleines Kind. Gefällt mir besser.«

Neben dem Ofen tauchte ein Kater auf, so grau wie die Kacheln.
»Mikuś, alter Halunke!« Der Onkel winkte mich an den Tisch.
»Mikuś ist mager geworden. Du solltest ihn sehen, wenn wieder Frühling ist! Wenn er Fische fängt ... geschickt wie ein Bär.«
»Zum Wohl, Onkel Zygmunt!«
»Wie geht es meinem Bruder?« fragte er. »Und deiner Mutter? Deinen Geschwistern –?«
Ich mußte erzählen, erzählen. Daß mein Vater nun schon seit langem am Westwall buddelte, ein Reitpferd und eine Pistole bekommen hatte. Daß mein Bruder bei den Preußen stand, jenseits der Oder als Luftwaffengefreiter diente. Vom »Eintopfessen«, das allen Deutschen einmal monatlich verordnet worden war: Um das so Ersparte in die Parteikassen zu holen.
Immer wieder langten wir zu und kippten einen Wodka nach. Noch nie hatte ich so guten Aal gegessen. Er schmeckte nach Kienäpfeln, Tannennadeln, durchsonnten Wäldern. Noch nie so guten Speck aus der Räucherkammer.
Onkel Zygmunt blickte, wenn er nachschenkte, wie von ungefähr hinaus in den Schnee. Wäre ein Freund, ein Feind dahergekommen, er hätte ihn schon von weitem erspäht; lange, bevor er das Haus erreichen konnte. Und mir schien, auch der Fischer war im Hause. Über uns ächzte von Zeit zu Zeit die niedrige Decke, wurden Schritte hörbar.
Denke ich zurück, erinnere ich mich an die Berichte, die ich wenig später von den Unternehmungen polnischer Widerstandskämpfer hören sollte, so zweifle ich nicht, daß auch Waffen im Hause waren. Hinreichend, um seinen Bewohnern die Flucht ermöglichen, sie decken zu können.
»Ich gehe nach England«, sagte der Onkel. Er schien sich schon darauf zu freuen. »Als Nachzügler.« Seine Hand fuhr über die Augen, die hagere, vorspringende Nase. »So bald wie möglich. Sobald hier alles getan ist.«
»Nach England?« Ich empfand die Ehre, ins Vertrauen gezogen zu werden, zu ihm zu gehören. »Über das Protektorat? Böhmen und Mähren? Ungarn –?«
Wenn alles getan sein würde, wollte er gehen. Anders als sein Freund Stanislaw Petka, der die Ausweisung, den Abtransport in das Generalgouvernement erwartete. Was hatte Zygmunt noch zu tun? Hier in Posen?

Häftlinge, zumal Bauern, die wegen Landfriedensbruchs vor Gericht gestellt werden sollten, verschwanden gelegentlich, wurden befreit. Eisenbahngeleise verschoben sich, Güterzüge entgleisten; Waffen kamen den Besatzungssoldaten abhanden. Geheimsender verbanden polnische Widerstandsgruppen in den besetzten Gebieten, den russischen und den deutschen, untereinander, ermöglichten auch Kontakte zu Gruppen im Generalgouvernement. War Onkel Zygmunt an solchen Aktionen beteiligt?

Er lockerte die Krawatte, das wollene Hemd stand offen. »Unsere Sache ist nicht verloren«, sagte er. »Sie braucht Zeit.«

Worte, die ich nicht vergessen habe. Zeit? Wo wollte er sie, wo sollte das geschlagene, wieder einmal geteilte Polen sie hernehmen? Die Russen hatten sich den Osten des Landes genommen, in Krakau amtierte ein deutscher Generalgouverneur, der Westen zählte bereits zum Reich.

Zeit? Wo alles so gut für die Machthaber in Berlin stand, das schnelle Ende des Feldzuges gegen Polen sie noch selbstbewußter gemacht hatte?

»England wird siegen.« Er sagte es leichthin. Und war in Gedanken schon weiter: »Justyna hat ein Päckchen für dich. Mit den Familienpapieren. Du wirst verstehen, ich kann sie nicht länger gebrauchen. Wo sollte ich sie lassen?«

Feierlich stellte ich mein Glas aus der Hand: »Ich werde sie hüten.«

»Was weißt du von Polen, Christian? Seiner Geschichte? In den guten Tagen hat es von der Ostsee bis ans Schwarze Meer gereicht, von der Oder bis vor Moskau.«

»Hat mir Justyna schon erzählt. War vor vierhundert Jahren oder so.«

Seine Augen leuchteten auf: »Was will das besagen?«

Er schien mit der Zeit sorglos umzugehen. Sorgloser als ich: Für mich zählten schon zwei Tage. Ich dachte an den übernächsten Tag, den Tag meiner Abreise, und fragte mich, ob Justyna noch mit mir gehen und Chopin hören würde. »Sie ist hübsch«, sagte ich. »Sie kann sich sehen lassen.«

Er schien kaum hinzuhören.

»Durch die halbe Stadt bin ich mit ihr gelaufen, Hand in Hand... Zum Schluß hat sie mir den heiligen Nepomuk gezeigt. Sie gefällt mir. So ein Mädchen findet man selten.«

»Kann schon sein.«

»Ganz selten! Wer ist sie eigentlich?«
Er zögerte keine Sekunde: »Eine von uns.«
Die Krähen flogen auf. Ein wildes Geflatter. Sie stürzten sich unter unseren Fenstern in den Schnee. Die Frau des Fischers hatte ihnen ein paar Abfälle zugeworfen, unten aus der Küchentür.
»Eine von euch?« Ich verstand ihn nicht, hätte gern mehr erfahren. Aber er wollte offenbar nicht mehr sagen.
Die Sonne stand nun hoch über den Weiden, blaß, fast durchsichtig. Trotzdem blendete sie den Onkel, er rückte ein Stückchen zur Seite. »Polen hat einmal viel Macht gehabt«, sagte er. »Wir haben sie vertan. Haben sie hingenommen wie auf ewig gegeben. Aus Gottes Hand. Haben uns geliebt und gestritten, unfähig, sie festzuhalten.«
Polnische Geschichte... Von ihr war im Friedrichswerderschen Gymnasium kaum die Rede gewesen. Nur ganz am Rande. Die brandenburgische reichte hin: bis zurück zur Eroberung Brennabors an der Havel, dem Anrücken der Reiterheere Heinrichs I., anno 928. Ein übriges taten die gelegentlichen Exkursionen zur Siegesallee, zu den Marmorstatuen der Hohenzollern, die nicht weit vom Brandenburger Tor in Reih und Glied standen, kalt und abweisend.
Nach England wollte der Onkel gehen; auf Umwegen. Vielleicht über Nordafrika? Noch wußte ich nicht, daß es in London bereits eine polnische Exilregierung gab und General Sikorski im Begriff war, polnische Kampfverbände aufzustellen, die schon bald an der Seite der Westmächte in die erwarteten Kämpfe eingreifen sollten.
»Ihr könnt den Krieg nicht gewinnen«, sagte Onkel Zygmunt. »Es ist aussichtslos.«
Ich war nicht darauf vorbereitet, hier in der abgelegenen Stube des Fischers über die Kriegslage, über die Einschätzung der sie bestimmenden Kräfte, mehr zu erfahren als zu Hause, zu hören, wie sie sich aus der Sicht unserer Gegner, der Feinde und auch der Neutralen, ausnahm. Ich spürte allmählich den Wodka; aber der Kopf blieb klar.
»Du ahnst nicht, was sich bei uns so tut«, antwortete ich. »Wo du hinsiehst, Soldaten. Jedes zweite Wort: Rüstung. Immer neue Panzer, neue Flugzeuge... Stukas.«
»Ihr habt den Krieg schon verloren.« Er drehte sein Glas, blickte auf die Tischplatte. »Die halbe Welt steht gegen euch.«

Was wußten wir in Deutschland schon? Wir waren in jenen Tagen so gut wie sicher, daß England und Frankreich schon bald Frieden mit uns schließen würden. Zu einem Angriff auf die Maginot-Linie würde es, so nahmen wir an, kaum noch kommen. Die Westmächte würden nachgeben, würden Deutschland den Polnischen Korridor lassen, auch den Russen lassen, was sie sich genommen hatten, und schon bald würden die Friedensglocken läuten.

»England wird siegen«, wiederholte der Onkel. Und warf dem Kater ein Stückchen Aal hinüber.

England? Von seinen Inseln aus? Unter Churchill, über den an den Bunten Abenden des Reichsrundfunks Witze gerissen, Spottlieder gesungen wurden? Der – wie es in den Zeitungen hieß – mit dem »Ausverkauf des britischen Weltreichs« begonnen hatte, der sich der Kritiker im eigenen Lande kaum erwehren, sich im Parlament nur mit Mühe durchsetzen konnte?

»England wird siegen.« Worte, die noch heute in meinen Ohren klingen. Nichts von ihrem Gewicht, ihrer Bedeutung, die sie damals für mich gewannen, verloren haben.

Gewiß: Von einem Sieg der Westmächte, ihren weitreichenden Verbindungslinien, ihren Rohstoffquellen, den »unbegrenzten Möglichkeiten« der Vereinigten Staaten, die in die Kämpfe eingreifen könnten, war in den ersten Tagen nach Ausbruch des Krieges gesprochen worden. Mehr oder weniger offen. Hinter vorgehaltener Hand. Aber diese Stimmen waren schon bald leiser, zurückhaltender geworden; sie waren nach dem Sieg über Polen und der Zusage der Sowjets, Getreide und Treibstoff zu liefern, nahezu verstummt.

Frieden – vielleicht schon zum Sommer. Das war die Hoffnung.

Der Kater ließ sich Zeit, den Bissen zu prüfen. Seine Nase war tief ins Gesicht gerutscht, aber noch hielt er den Kopf erhoben, auf Würde bedacht. Aus runden Augen sah er zum Onkel auf.

Den Krieg verlieren? Zermürbende Kämpfe? Kapitulation?

Ich stützte mich auf den Tisch und drückte mich in die Höhe. Ob ich noch fest auf den Beinen stehen konnte? Nach Aal und Wodka? Wodka und Speck? Ich ging zum Ofen und umfaßte die Kacheln. Keine meiner Bewegungen fiel mir schwer. Ich fühlte mich leicht und wach, durchwärmt und wohl; aber ich war verwirrt, unversehens in Grübeleien über Krieg und Frieden, Schuld und Anma-

ßung geraten zu sein. Prag war schon in Friedenszeiten genommen worden. Nun auch Warschau. War viel gewonnen? Oder schon alles verloren?
Über uns knarrten die Dielen. Von neuem rührte sich das alte, im Schnee versunkene Haus. Onkel Zygmunt legte seine Hand auf meinen Arm, eine harte Hand, von der ich mir kaum vorstellen konnte, daß sie einmal den Geigenbogen geführt, in Noten geblättert hatte. »Ach mój przjacielu! Du sitzt mit einem Polen zusammen.«
»Ich weiß.«
»Und bist ein Deutscher. Warum sollen wir nicht offen miteinander reden?«
Ich wollte so vieles entgegnen. Wollte ihm eingestehen, daß ich genug davon hatte, mich durch die Tage zu schlagen, von früh bis spät ein unüberlegtes Wort fürchten, lügen zu müssen, mich um mich selbst zu bringen.
Kein Wort kam über meine Lippen.
Ich hörte das Ticken der Uhr an seinem Handgelenk, so still war es um uns geworden. »Paß gut auf dich auf! Und auch auf die Papiere.« Er zog die Hand zurück. »Ich denke, bei dir sind sie gut aufgehoben.«

Mikuś, der Kater, war auf den Tisch gesprungen. Er saß jetzt neben dem Onkel und leckte sich die Pfoten. »Mój drogi, du machst mir Spaß!« Er kraulte ihn im Genick, zog ihn näher. »Was habt ihr von meinem Bruder Kazimierz gehört?«
»Von Onkel Cajou? Er schreibt gelegentlich. Weihnachten immer.«
»Mój braciszek! Es geht ihm also gut. Na zdrowie!«
Kein Tropfen blieb in den Gläsern, wie das so sein mußte. Ich durfte dem Onkel nicht nachstehen. »Ja, es geht ihm gut. Ich glaube, besser als uns allen.«
»Vor Jahren ist er mal hier gewesen. Er hat die Gräber der Eltern besucht ... deiner Großeltern.«
Mir wurde bewußt, daß ich noch nie über sie nachgedacht hatte, nicht einmal wußte, wann sie gestorben und wo sie begraben worden waren. Also in Posen ... Hier, in dieser Stadt: Großmutter Konstancja und Großvater Wladyslaw.

»Onkel Cajou wollte mich adoptieren«, sagte ich. »Vor ungefähr fünfzehn Jahren.« Plötzlich stand er noch einmal vor mir, einen Brillanten auf der Krawatte. Du bist ein kluger Junge, sagte er. Hast deine fünf Sinne beisammen! Und nahm mich noch einmal in die Arme. Wie damals, um abzudampfen auf Nimmerwiedersehen.

»Er wollte mich mitnehmen, als ich zehn war. Nelly sollte mir in Bukarest Sprachen beibringen, Rumänisch und Französisch ... Und wenn ich nicht irre, auch besseres Benehmen.«

»Lucia und Nelly, die Täubchen!« Onkel Zygmunt blickte in die krummen Weiden, zu den Krähen hinüber. »Beide so hübsch, so auf sich bedacht, so lieb ... Und sind beide sitzengeblieben.«

Der Wodka half meinen Erinnerungen auf die Sprünge: Lucia und Nelly, damals ... Am Kurfürstendamm, im Schuhsalon Elite. Ich hörte sie zwitschern, erregt und erwartungsvoll. Umgeben von Bergen teurer Schuhe, zarter Gebilde in Gold und Rosa, Violett und Schwarz. »Stimmt«, sagte ich. »Alle beide haben nicht geheiratet. Warum wohl?«

Onkel Zygmunt lächelte, seine Backenknochen traten hervor. Er lächelte traurig, als trüge er die Schuld. »Wunderst du dich? Du hast Cajou doch gekannt.«

»Schon –«

»Kein Mann ist den jungen Damen gut genug gewesen – so wundervoll, so vollkommen wie er. Sie haben ihren Vater angebetet. Keine von ihnen wollte ihn aufgeben, ihn der anderen lassen.«

Das Gezwitscher verstummte. Meine Neugier wuchs: »Warum ist Onkel Cajou eigentlich von zu Hause ausgerückt? Mit achtzehn, als er die Schule hinter sich hatte?« Endlich wollte ich dahinterkommen. »Einfach so los – nach Bukarest? Und zwei Jahre später mein Vater auch? Auf und davon, über alle Berge?«

»Weil sie mit Vater nicht zurechtkommen konnten. Mit deinem Großvater, dem gefürchteten Wladyslaw.« Onkel Zygmunt streichelte noch immer den Kater. »Vater war Kanzlist am Landgericht, ein großer, starker Mann, dem die Amtsstube zu klein, die Decke zu niedrig war. Ein Löwe, den sie eingesperrt hatten ... Ein Mann, der sieben Kinder durchbringen mußte.«

»Das gibt's. Auch anderswo.«

»Aber Vater konnte Woynowo nicht vergessen, Mocheln und Sittnow, die Güter bei Bromberg. Und auch nicht das Palais an der

Schleuse, in dem es sich inzwischen der Herr Regierungspräsident bequem gemacht hatte ... Vater legte Woche für Woche ein Silberstück zurück, um eines Tages wieder Land kaufen zu können. Ein bißchen Land wenigstens.«

Erst später, Jahre nach dem Kriege, entdeckte ich in den Akten des Geheimen Preußischen Staatsarchivs, daß das Palais in Bromberg schon 1830 zum Schätzpreis von 5122 Talern, einem Silbergroschen und sieben Pfennigen in den Besitz des preußischen Staates übergegangen war.

Damals gerieten die Güter ebenfalls unter den Hammer. Wie so viele andere auch, nachdem Napoleon besiegt und die von ihm zum Großherzogtum Warschau geschlagenen Gebiete zurück an Preußen gefallen waren. Heruntergekommene, abgewirtschaftete Güter: in den Kriegswirren von Truppen belegt, um Vieh und Saatgut gebracht, ausgeplündert und verschuldet.

»Vater wollte wieder ein Stück Land«, sagte der Onkel. »Er hat dafür am Nötigsten gespart. An Fett und Brot, an Holz und Kerzen.«

Kein Leben für meinen Onkel Cajou; ich sah es ein. Den Onkel, der sein Geld später so leicht ausgeben sollte, auf Reisen nicht rechnete, meine Eltern in die »Rio-Rita-Bar« zu einer Flasche Champagner eingeladen hatte.

»Als ich zur Schule kam, wurde es besser.« Onkel Zygmunt überschlug die Jahre: »Anfang 1900 ... nachdem auch Victor das Weite gesucht hatte.«

»Victor –? Wer war denn das?«

»Wir sind vier Söhne gewesen, moj drogi. Und drei von ihnen sind ausgerückt. Cajou, Mieczyslaw und Victor.« Er schob Mikús, der mit meinem Glas spielte, beiseite. »Einer nach dem anderen, ohne Abschied, ohne viel Worte zu machen.« Der Kater sprang in weitem Satz vom Tisch, verschwand wieder hinter dem Ofen. »Victor ging nach Rußland – wer weiß wohin?«

»Weiß es keiner?«

»Er hat nie wieder von sich hören lassen. Es heißt, er sei verschollen.«

Ich beschloß, die Papiere, die Justyna mir übergeben sollte, sorgfältig zu studieren. Mir nichts vom Schicksal der um und um getriebenen polnischen Verwandtschaft entgehen zu lassen.

Sie hatte mich bis dahin kaum interessiert. Wahrscheinlich, weil meine Mutter von den Polen nicht viel hatte wissen wollen. Als Schwedter Kind, das die Dragoner liebte, sie in ihrer Jugend so oft mit klingendem Spiel auf der Schloßfreiheit erlebt hatte, einmal sogar dabei gewesen war, als der Kaiser die Parade abnahm.

Diese Polen... Man hielt eben auf deutscher Seite nichts von ihnen. Wie so oft schon im Auf und Ab der Geschichte. Man hatte nie aufgehört, sich über sie zu wundern; über ihre Lässigkeit und ihren Mut in Stunden der Not; aber man mochte ihnen nicht trauen.

»Es wurde besser, als ich lesen und schreiben lernte. Deutsch natürlich... du weißt, es war zu deutscher Zeit.«

Ich hätte ihn umarmen mögen. Den Onkel, der alle seine Brüder verloren hatte. »Sie hatten also zu Hause nur noch einen? Nur noch dich?«

Es ging dem Onkel um Gerechtigkeit: »Ich konnte nicht klagen. Vater wollte an mir gutmachen, was er bei den anderen versäumt hatte.« Er kam unversehens auch auf seinen Großvater zu sprechen, auf Großväterchen Nikolaus. »Von ihm mußt du doch gehört haben? Irgendwann einmal?«

»Kein Sterbenswort.«

Vom Großvater mütterlicherseits, von Ludwig, dem Hoflieferanten für Neunaugen und Krebse, wußte ich so manches; wußte beispielsweise, daß er 1862 zu den Lübbener Jägern eingezogen worden war, sich jedoch am Kriege 1870/71 vorbei gemogelt, sich als umsichtiger Kaufmann darauf beschränkt hatte, hinter der Front für den pünktlichen Nachschub von Kommißbrot und Vierfruchtmarmelade für die Männer ganz vorn zu sorgen. Und wußte von Urgroßvater Carl Eduard, dem Drucker, daß er sein 1844 herausgegebenes Buch über die Schönheiten der Residenzstadt Potsdam bis Stockholm und Petersburg, Rom und Madrid unter die Leute gebracht hatte. Aber von meinem Urgroßvater väterlicherseits, dem Polen Nikolaus, wußte ich gar nichts. So berichtete Onkel Zygmunt auch von Großväterchen Nikolaus, dem fröhlichen Mann, der im Alter von sechsundzwanzig Jahren den Verlust der Güter miterlebt und wenig später die Verwaltung der Liegenschaften des Grafen Skorzewski übernommen hatte; aus dem Bromberger Palais an der Schleuse vertrieben und auf Schloß Lubostron bei Labischin als guter Freund aufgenommen.

»Besitz?« Onkel Zygmunt lachte. »Großväterchen meinte, es

genüge, wenn andere ihn hätten. Man müsse nur die Kunst beherrschen, an ihm teilzuhaben. In aller Unbefangenheit, ohne Schaden an seiner Seele zu nehmen.«

Urgroßvater Nikolaus, der sich auf Schloß Lubostron wie zu Hause fühlte, hatte drei Söhne, Bronislaw, Wladyslaw und Boleslaw. Doch leider – der Onkel seufzte – leider sollte seine Geschicklichkeit, in mißlichen Lagen den Kopf oben zu behalten, irdischen Besitz, wo immer er sich darbot, in die Nähe himmlischer, auch ihm zugedachter Gaben zu rücken, auf keinen von ihnen übergehen. Einer wie der andere: Sie wollten nur von dem leben, was ihnen zustand. Wurden kümmerlich bezahlte Beamte, die den Federkiel führen und Briefe siegeln mußten. Bronislaw tat seine Pflicht als Bürovorsteher, Wladyslaw als Kanzlist und Boleslaw als Katasteramtsschreiber; sie sollten ihr Lebtag nicht dahinterkommen, wie man es anstellt, den Besitz anderer zu genießen, satt und trunken, allseits geschätzt und verehrt.

Nikolaus konnte es. Und fand – kann es Wunder nehmen? – in reiferen Jahren eine Gönnerin, die ihn fortzog auf weite Reisen, an die Spieltische zu Krakau und Dresden. Die seine Verluste übersah, ihn in Zobel hüllte... Und wenn es ihm gefiel, vier Schimmel einspannen ließ, um an seiner Seite nach Woynowo zu kutschieren, über die Felder, durch die Wälder seiner Väter. Wem gehören sie? fragte er dann. Aniu, Teuerste, wem –? Ohne zu ahnen, daß all das Land ringsum, Woynowo, schon bald zum preußischen Staatsgut »Walstatt« und nach dem Kriege 1914/18 zu einem Versuchsgut des polnischen Landwirtschaftsministeriums werden sollte. Um sich schließlich, nach dem Krieg 1939/45, in das »Kombinat Woynowo« zu verwandeln.

Wem gehört das alles? fragte er. Und freute sich über den Stand des Getreides, die blühenden Wiesen, den unendlichen Himmel. Wer hat schon Anspruch hier auf Erden?

Onkel Zygmunt hatte eine Schwäche für ihn, obwohl er ihn nicht mehr erlebt, Großväterchen Nikolaus bloß noch seinen Bruder Kazimierz auf dem Schoß gehalten, ihm vielleicht sein Geheimrezept, sich im Leben angenehm einzurichten, ins Ohr geflüstert hatte. Aber Onkel Zygmunt kannte all die Geschichten, die Histörchen und Späße, die in der Familie über ihn umgingen. Sie standen vor seinen Augen wie die Seiten eines oft betrachteten, vielgeliebten Bilderbuchs.

Längst warfen die Weiden blaue Schatten in den Schnee; die Krähen waren davongeflogen. »Was rede ich?« unterbrach er sich schließlich. »Was vertun wir die Zeit?«
Ich hatte die Zeit vergessen.
»Und was war mit dem Vater des Nikolaus?« fragte ich. »Mit Markus Vinzenz, dem preußischen Landrat?«

Die schriftliche Erlaubnis des Amtswalters Kühn, Ölbilder meiner Vorfahren an mich zu nehmen, brauchte ich nicht; weder seine Unbedenklichkeitsbescheinigung noch das Siegel der Gauleitung mit Hoheitsadler und Hakenkreuz.
Die Balten, denen Justyna und ich am folgenden Vormittag unseren Besuch machten, wollten sie nicht sehen. »Treten Sie doch ein, bitte!«
Es waren verschüchterte Leute, so um die Fünfzig. Ein hagerer, leicht gekrümmter Mann, von dem man annehmen konnte, daß er viel mit Büchern umgegangen, vielleicht Bibliothekar oder Buchhändler gewesen war. Und eine kleine, rundliche Frau. »Nehmen Sie, was Ihnen zusteht«, sagte sie. »Nehmen Sie es nur.«
Wir traten zögernd ein und folgten den beiden in ein langgestrecktes Durchgangszimmer, das nur zwei hohe Fenster zu einem Lichthof hatte. »Nehmen Sie die Bilder! Wir konnten nicht wissen, daß sie Ihnen gehören.«
Der Mann schlurfte voran, in warmen, für ihn viel zu großen Filzpantoffeln. »Sie sind die ersten, die nach uns sehen ... ein Wort mit uns reden.« Seine Frau hatte Mühe, ihre Tränen zu unterdrükken. »Wir wollten keinem etwas wegnehmen. Keinem Menschen.«
»In Riga ist unser Zinn geblieben. Eine schöne Sammlung ... gute Stücke darunter.« Der Mann sprach ohne jede Betonung, wohl nur, um überhaupt etwas zu sagen. »Wir mußten alles zurücklassen. Man hatte uns versprochen, daß wir hier entschädigt würden.«
»Die Suppenterrine stand noch auf dem Tisch, als wir die Wohnung hier betraten«, sagte die Frau. »Die Teller waren noch nicht leer gegessen.«
Justyna verkroch sich in ihren Pelz, während ich den Zettel des Amtswalters aus der Tasche zog. Sie sollten ihn sehen, der Ord-

nung halber. Ich tat es auch, um der Verlegenheit ein Ende zu setzen. Stempel haben etwas Endgültiges, Unwiderrufliches. Sie nehmen dem, der sie vorweist, Verantwortung.
»Danke. Wir glauben Ihnen.«
In diesem Augenblick entdeckte ich das Portrait des Markus Vinzenz, eines Mannes in noch jungen Jahren, kaum älter als dreißig: Im Rock eines preußischen Beamten, mit seidenem Jabot, das noch an das Rokoko erinnerte, goldbestickten Aufschlägen, einem roten, hochstehenden Kragen.
»Ich hätte Ihnen unseren Besuch erspart«, sagte ich. »Aber es geht um Bilder aus Familienbesitz. Sie sind auf uns überkommen... sind für uns von Wert.«
»Gott mit Ihnen!« Die Frau wandte sich zur Tür. »In der Küche liegt Packpapier. Soll ich es holen?«
Justyna hob das Portrait des Ur-Urgroßvaters von der Wand. Behutsam, mit ausgebreiteten Armen. Es war nicht groß, kaum größer als ein Zeitungsblatt, und nur bescheiden gerahmt. In schwarzlackiertem, an den Ecken beschädigtem Holz.
Mein Blick fiel auf das zweite Bild: Das Portrait einer jungen, offenbar gut aufgelegten Dame mit mandelförmigen Augen, in großzügigem Décolleté, wie es zu napoleonischer Zeit üblich war. Die Ölfarben hatten an Frische verloren. Zartes, verblassendes Rosa lag auf den Wangen der Ur-Urgroßmutter, in den Mundwinkeln ein flüchtiges Lächeln, kaum wahrnehmbar. »Luise!« sagte Justyna. »Eine Berlinerin.«
Die Frau brachte das Papier. »Wir wohnen nun schon drei Wochen hier und haben noch immer nicht die Kraft, in alle Ecken und Winkel zu sehen. Es kostet Überwindung, wissen Sie? Ist eine schlimme Sache...«
»Da hinten liegen alte Briefschaften – gebündelt.« Ihr Mann zeigte auf eine Kommode. »Sachen, die uns nichts angehen.«
»Wohin damit?« fragte die Frau. »Wir würden es gerne mit unseren Freunden aus Riga besprechen, aber wo sind sie geblieben? Einer sucht den anderen, keiner findet sich zurecht.«
Worte, Eindrücke, die ich zusammen mit den Bildern mit mir genommen habe. Die ich nicht vergessen kann, weil die Bilder noch heute um mich sind.
Markus Vinzenz: Der Mann im Dienstrock, 1795 von den Mitständen zum Landrat des Kreises Bromberg gewählt, nachdem er

– wie ich später Akten des Preußischen Staatsarchivs entnehmen sollte – versprochen hatte, sich »geflissentlich in öffentliche Dienst-Verhältnisse einzulassen«, so bedenklich ihm solches Tun auch »bei jetzigen Zeitläuften« erscheine.

Markus Vinzenz, den der König daraufhin in seinem Amt bestätigte, allerdings erst, nachdem ihm vom General-Directorium Westpreußen dargelegt worden war, daß der Gewählte von »vorzüglich rechtschaffener Denkungs-Art, von guten Kenntnissen, voll reifer Überlegung« sei, stets bemüht, »sein Wissen zu vermehren«. Und den Vorzug besitze, »recht gut deutsch zu sprechen«, selbst im Schreiben nur selten etwas »von der polnischen Construction« einfließen zu lassen, »was dem deutschen Sprachgebrauche als nicht völlig angemessen« beurteilt werden könnte.

Markus Vinzenz, der trotzdem ein paar Jahre später, unter dem Eindruck der Siege Napoleons, insgeheim auf die Wiederherstellung eines selbständigen, unabhängigen Polen hinarbeiten sollte...

Vom Glück wenig begünstigt, denn die Grande Armée des Kaisers scheiterte vor Moskau, die früheren Verhältnisse wurden wiederhergestellt, und Markus Vinzenz mußte sich wegen »anti-preußischer Gesinnung« aus Amt und Würden zurückziehen.

Wir legten die Bilder aufeinander, wickelten sie ein und verschnürten sie. Es war mit wenigen Handgriffen getan. Die Frau hielt uns die Wohnungstür auf. »Dank für Ihre Hilfe«, sagte ich. »Sie werden sich einleben. Mit der Zeit.« Ich sagte es so hin, sagte es im Grunde nur, um aus dieser Wohnung, ihrer bedrückenden Atmosphäre, heraus, mit den Bildern fortzukommen.

Der Mann beugte sich über das Treppengeländer: »Fallen Sie nicht! Wir konnten vor dem Hause noch nicht streuen!«

Wie Diebe machten wir uns davon. Nicht die Mitnahme der Bilder bedrückte uns: es war das Unrecht an sich, das umging, jeden schuldig machte, sich weiterfraß.

Justyna begleitete mich noch ein Stück. Und wieder hakte sie ein, ergriff sie meine Hand: »Was wollen Sie? Die Bilder haben Sie. Ihr Onkel wird zufrieden sein!«

Ein Abend blieb mir noch. Ein langer Abend, eine Nacht. Ob sie für mich Zeit haben würde? Lust, mit mir in einen der Keller zu gehen, in denen Kerzen brannten, getanzt und getrunken wurde?

»Sie hieß Luise?« fragte ich. »Und war aus Berlin? Woher wissen Sie das?«

»Ihr Onkel hat es mir erzählt.« Sie schmiegte sich an mich und hatte, wie mir schien, die Balten schon vergessen. »Fragen Sie ihn!«

Auch ihr, der gut aufgelegten Luise, sollte ich erst später, Jahre nach dem Kriege, auf die Spur kommen. Im Traubuch der Jerusalemskirche zu Berlin fand sich die Eintragung, daß Markus Vinzenz, »Preußischer Landrath des Brombergschen Creyses«, auf »Sr. Königl. Majestät allergnädigsten Special-Befehl« am 29. Januar 1798 mit Fräulein Louisa Maria Wilhelmina, Tochter des Christian Ludwig von Schultze, Präsident der Königlichen Ober-Kriegs- und Domänen-Rechen-Kammer, von Herrn Hofpastor Richter »copuliert und eingesegnet« worden sei. Und sollte über ihren Vater, den Schwiegervater des Markus Vinzenz, in vergilbten Akten entdecken, daß ihm Friedrich Wilhelm II. in einer Audienz vom 7. November 1796 eröffnet hat, er stünde »von nun an bloß unter Gott und dem König« und sei in Geldsachen des Staates »keinem weiter Rechenschaft zu geben schuldig«.

Hätte es meine Mutter gewußt! Das Clärchen aus Schwedt an der Oder, als es seinen Mieczyslaw zum Manne nahm ... den Mieczyslaw, der sich Max nennen mußte, weil man eine polnische Verbindung für nicht ganz standesgemäß hielt.

»Und was machen wir heute abend?« fragte ich, bevor wir uns trennten. »Hätten Sie Zeit? Für uns und Chopin?«

Zuneigung, Vertrauen flogen mir entgegen. Für Sekunden schien es, als zögere sie, ihrer selbst nicht ganz sicher. Doch dann gab sie mir entschlossen die Hand: »Es geht nicht. Glauben Sie mir, es geht wirklich nicht.«

Die letzte Begegnung mit Onkel Zygmunt, unser letztes, kurzes Beisammensein: Ich sehe uns in einer Weinstube der Altstadt sitzen, nicht weit vom Rathaus, nahe dem Pranger. Ich schmecke noch den herben Rotwein, fühle das Glas in der Hand. Höre, daß die wenigen Gäste, die um uns sind, nur polnisch sprechen. Blicke auf ein Loch im Fußboden, nicht weit vom Buffet, eine geöffnete Klappe, durch die es in die Tiefe geht. In Gewölbe, in denen Fässer lagern.

Gewölbe, aus denen dann und wann auch einer der Gäste auftaucht, in denen dann und wann einer verschwindet.

Gewölbe, in denen die Posener schon Schutz gefunden hatten, als der große Brand von 1536 wütete, und auch, als Mitte des 17. Jahrhunderts die Schweden anrückten. Als Freunde, wie sie vorgaben, um dann die Stadt zu plündern.

Wir tranken einander zu. »Ich komme wieder«, versprach ich. »Sobald es geht. Vielleicht schon im Frühjahr... Oder bist du dann schon fort?«

»Längst.« Onkel Zygmunt hatte eine verstaubte Flasche ans Licht holen lassen, ohne Etikett, mit braunem Siegel.

»Du kennst unsere Adresse in Berlin. Wenn alles vorbei ist, gibst du ein Lebenszeichen.«

Er sah älter aus als im Hause des Fischers. Schatten lagen unter seinen Augen. Er schien kaum geschlafen zu haben. »Die Papiere stecken schon in meinem Koffer«, sagte ich. »Du kannst sicher sein, ich werde gut auf sie aufpassen.«

Er nickte.

»Und wo finde ich Justyna? Wenn ich wiederkommen sollte?«

»Wo du sie findest?« Er faltete die Hände, blickte in die Butzenscheiben. »Sie wird es selbst nicht wissen.«

Warum hatte ich gefragt? Was wußten wir schon voneinander? Ich wußte ja nicht einmal, ob er wieder zu den Fliegern gehen oder in England etwas anderes, ganz anderes für Polen tun würde. Und wurde von ihm auch nicht gefragt, was sich bei uns so tat, was man sich beispielsweise von unserer Luftwaffe erzählte, von den geplanten Flügen gegen England, die der Welt beweisen sollten, daß es »keine Inseln mehr gab«, von Angriffen auf London, die Churchill zwingen würden, um Waffenstillstand nachzusuchen.

Wir saßen und tranken, wie im Hause des Fischers, und ich hatte das Gefühl, Onkel Zygmunt schon lange, sehr lange zu kennen. Ihm näher zu stehen als Onkel Cajou, der in mein Leben getreten war, als ich noch in den Ewigkeiten der Kindheit lebte, von einem Rennrad träumte, mit Freilauf und Rücktrittbremse.

Zeit zählte nicht. Die Nähe zählte. Das Gefühl, einen Menschen gewonnen und auch schon wieder verloren zu haben.

»Die Bilder sind im Hotel«, sagte ich. Unfähig, auszusprechen, was ich empfand. »Sie sind in Sicherheit.«

»Um so besser.« Er betrachtete den Wein in seinem Glase, sah nicht auf. »Sie stammen noch von Bronislaw. Du erinnerst dich... Deinem Großonkel in Ostrowo.«

Luise fiel mir ein, die schöne Ur-Urgroßmutter mit dem verborgenen Lächeln. »Kam sie wirklich aus Berlin?«
»Aus Berlin. Sie konnte Markus Vinzenz recht sein... Und vor allem seinem Vater. Du wirst wissen –«
Nichts wußte ich. Nachdenklich blickte ich in das nahe, schwarze Kellerloch, auf die ersten Stufen, über die es in die Tiefe ging. Über die sich davonmachen konnte, wer wollte... Und erfuhr, daß der Vater des Markus Vinzenz den deutschen Vornamen Franz geführt hatte, Kammerherr des Königs von Polen und Kurfürsten von Sachsen gewesen war, aber nach der Ersten Polnischen Teilung – wohl oder übel – dem König von Preußen, Friedrich dem Zweiten, hatte huldigen müssen.
»Für Polen und Preußen hat es manche gute Gelegenheit gegeben, Bundesgenossen zu werden«, sagte der Onkel. Er kam auf die nicht genutzte Möglichkeit zu sprechen, den Bruder des zweiten Friedrich, Prinz Heinrich, zum König von Polen küren zu lassen. Auch auf die späteren – von Friedrich Wilhelm III. mißbilligten – Versuche, ein Bündnis mit Polen herbeizuführen: Zur Zeit der Prinzessin Luise von Preußen, späterer Fürstin Radziwill, und ihres Bruders, des Prinzen Louis Ferdinand. »Gute Pläne«, sagte Zygmunt. »Sie haben sich alle zerschlagen.«
Wir stießen ein letztes Mal an. Freunde, die sich verstanden. Ich hätte mich nicht gewundert, wenn aus der Tiefe plötzlich Ahnherr Franz erschienen wäre, ein Glas in der Hand, um mit uns den letzten Schluck zu teilen.
Täuschte ich mich nicht, so waren die Gäste um uns herum fast alle miteinander bekannt. Männer, die Burgunder oder Tokayer tranken, schwarze Zigaretten rauchten und viel Zeit zu haben schienen. Warteten.
Ich habe ohnehin nur wenig von dem, was sich in jenen Tagen um mich tat, begriffen. Mein Aufenthalt war zu kurz, mein Blick nicht geschärft. Aber ich bin sicher, auch der Onkel »konspirierte«, wie einst schon Markus Vinzenz, nachdem Napoleon Europa überrannt und sich auf den Weg nach Rußland gemacht hatte.
Wir tranken aus. Ich glaube, Onkel Zygmunt wollte zum Abschied lächeln, aber es gelang ihm nicht ganz. Dem Helden, der kein Held sein wollte. Dem Nachkommen derer von Woynowo, dessen Hose zerbeult war und der keine Goldstücke mehr in der Tasche trug. »Trzymaj się!« sagte er. »Schlag' dich durch!«

»Wir sehen uns wieder«, antwortete ich. »Wir müssen uns wiedersehen!«

Sollte ich ihn noch einmal nach Justyna fragen? Der schönen Polin, die mir die Goldene Kapelle gezeigt, sich vor dem heiligen Nepomuk bekreuzigt hatte? »Der Krieg ist bald zu Ende«, sagte ich. Nicht mehr.

Er stand auf, ohne Eile, und griff nach seiner Joppe. »Machen wir's kurz. Ich habe noch eine Verabredung.«

So schnell es ging, langte auch ich nach meinem Mantel. »Wenn du willst – ich bringe dich noch ein Stück. Ein Stückchen wenigstens.«

»Nicht nötig.« Er blieb vor der Falltür stehen, den Stufen, die ins Dunkel führten, steiler waren, als ich angenommen hatte. »Du grüßt –? Vor allem meinen Bruder?«

Er stieg hinab. Stufe um Stufe. Ohne sich noch einmal umzusehen.

Am nächsten Morgen verkaufte mir der Hotelportier ein Pfund russischen Tee. Und eine Flasche Kirschlikör. Kostbarkeiten, die es in Berlin nicht mehr gab.

Mit den Bildern unter dem linken Arm, den Koffer in der rechten Hand, schob ich mich aus der Tür. »Bon voyage, monsieur!« rief mir der Mann nach, der zu Zeiten der Posener Messen bessere Tage gesehen hatte.

Draußen trat mir Justyna entgegen. Mit geröteten Backen, hochgeschlagenem Pelzkragen. »Wie schön, daß ich Sie noch treffe!« rief sie. »Reisen Sie gut!« Die Korallen an ihren Ohren leuchteten. »Z Bogiem! Gott mit Ihnen!«

Ich setzte den Koffer in den Schnee, wäre fast ausgerutscht. Versuchte, die Bilder hinter mir an die Hauswand zu lehnen. Sie war schneller: »Bemühen Sie sich nicht! Proszę Pana, der Zug wartet nicht!«

»Justyna –!« Ich suchte nach Worten. »Warum sind Sie nicht ... Hören Sie, wir hätten doch ... hätten wenigstens zusammen frühstücken können!«

Jedes dieser Worte war zu viel. »Wirklich?« Sie legte die Hände auf meine Schultern, küßte mich. Erst links, dann rechts. »Adieu!« flüsterte sie. Und noch einmal, bevor sie davonlief: »Adieu, Cousin!«

Nachwort

Die Frage stellt sich, was aus den Onkeln, die mir so nahe gestanden haben, in späteren Jahren geworden ist: Aus Onkel Gustav, der mir die Nixe Binsebill zeigen wollte, aus Onkel Edwin, der mir beigebracht hat, daß der Mensch ein guter Verlierer sein muß, aus Onkel Eugen, der die lauen Nächte auf dem Amazonas nicht vergessen konnte, aus Onkel Cajou, dem Mann mit den guten Manieren, der mich adoptieren wollte, aus Onkel Willi, der »auf Kies stand«, aus Onkel Carl, den die frühen Kämpfer für den Nationalsozialismus in Schwierigkeiten gebracht hatten; und aus Onkel Zygmunt, dem Polen.

Ich möchte es mitteilen, soweit ich es weiß, und damit auch meine Bemühungen um Authentizität zum Abschluß bringen.

Alle Versuche, noch während des Krieges und später, Verbindung zu Onkel Zygmunt aufzunehmen, sind fehlgeschlagen. Auch von Justyna sollte ich nie wieder etwas hören, obwohl ich in der Volksrepublik Polen Helfer fand, die den verbliebenen Spuren nachgegangen sind. So ist auch die Frage offen geblieben, ob sie eine Tochter des Onkels gewesen ist oder möglicherweise von Großonkel Bronislaw in Ostrowo abstammte. Mein Vater vermutete, sie sei dessen Enkelin gewesen und schon als Kind nach Posen gekommen, schloß daher auch nicht aus, daß die Wohnung, aus der wir die Bilder geholt hatten, bis zur Ausweisung ihrer Eltern ihr Zuhause gewesen ist.

Überschaubarer blieb der weitere Lebensweg meines Onkels Carl, des Zeitungsverlegers und Buchdruckereibesitzers in Oranienburg. Er flüchtete, als die russischen Divisionen Mitte April 1945 zur Umfassung der Reichshauptstadt ansetzten, in seine Geburtsstadt Neuruppin, um schon bald, den Rucksack auf dem Rücken, weiter nach Westen zu gehen. Sein Besitz wurde beschlagnahmt, drei Jahre später von der Landesregierung Brandenburg zum »Eigentum des Volkes« erklärt, und die Rotationsmaschine, die ihn einst das Fürchten gelehrt, ihn um seinen Schlaf gebracht hatte, wurde nach Potsdam geschafft, wo sie noch heute die »Märkische Volksstimme« druckt, also hinreichend Futter findet.

Onkel Willi, der das Leben so liebte, die Seerosen auf seinem Teich hinter Reinickendorf und den Traber Daisy, seine »Perle im Golde«, traf schon bald der Schlag. Die Todesanzeige lag auf dem Schreibtisch meines Vaters, als ich im Sommer 1932 von einer Radtour an die Ostsee zurückkehrte. Er sei spät zu Bett gegangen, weil der Tag wieder einmal so schön gewesen wäre, erzählte man mir. Er habe seine Taschenuhr noch aufgezogen, sei eingeschlafen und nicht wieder aufgewacht.

Schwerer war das Ende meines Onkels Cajou. Er wurde 1947, nachdem König Michael abgedankt hatte und die Volksrepublik Rumänien ausgerufen worden war, verhaftet. Als »Verschwörer«, Freund der Deutschen. Erst zwei Jahre später kehrte er, ohne daß man ihm den Prozeß gemacht hätte, als kranker Mann heim: In seine Villa bei Bukarest, in der man den Seinen die Dachstuben gelassen hatte. Er überlebte den Sturz in Armut und Abhängigkeit nur um wenige Monate. Ich erfuhr es von seinen Töchtern Lucia und Nelly, denen ich späterhin, so gut es ging, von der Bundesrepublik aus half. Hilflosen Damen, die lange Briefe in feinen, wie gestochen wirkenden Buchstaben schrieben. Damen, die sich einst in Berlin um den Schnitt ihrer Bubiköpfe gesorgt und Schuhe mit Louis-Quinze-Absätzen getragen hatten...

Onkel Eugen blieb obenauf. Die Zahl der Krebse, die sich im Oderland fangen ließen, nahm zwar ab, aber die Neunaugenfänge reichten hin, um die Rösterei in Gang zu halten. Bis in die mageren Kriegsjahre hinein blieb er der allseits geschätzte, umworbene Mann, der »Käpt'n«. Und schleppte sich noch immer, trotz der Gicht, die ihn mehr und mehr plagte, an den Stammtisch im »Markgrafen«, um Krebssuppe oder Hechtpastete zu essen und einen Schoppen Grünberger zu trinken. Im Sommer 1944 ist er gestorben: Als hätte er gewußt, daß es Zeit geworden war, Abschied zu nehmen. Denn schon bald wurde aus dem beschaulichen Städtchen Schwedt eine Industriestadt, das bedeutendste

Erdöl-Kombinat der DDR, Endpunkt der russischen Ölleitung »Freundschaft«.

Onkel Edwin, der sonntags eine weiße Nelke im Knopfloch trug und in der Not mit Kokain gehandelt hatte, blieb nicht mehr lange in Berlin. Er ging, nachdem er Milli, die um ein paar Jahre ältere Kriegerwitwe Emilie Bamberg, geheiratet hatte, in die Vereinigten Staaten, nutzte seine Verbindungen zur Hamburg-Amerika-Linie und wurde in Boston Mitarbeiter einer Fracht-Agentur. Er hatte versprochen, mir zu schreiben, hat es dann aber vergessen. Wir sollten nichts mehr von ihm hören.

Ganz im Gegensatz zu Onkel Gustav, den wir nie aus den Augen verloren haben, sieht man von seinem Ende ab. Die letzte Praxis betrieb er in Falkenwalde, vor den Toren von Stettin. Zur Freude seiner Frau, meiner Tante Lenchen; denn sie hatte in der Kleinstadt ihre Ruhe, und er konnte, wann immer er wollte, mit dem Omnibus in die große Stadt fahren, hinab zum Hafen wandern und den Schiffen nachsehen ... Bis die Rote Armee näherrückte. Beide flüchteten nach Wismar, aber es hielt ihn dort nicht lange. Schon bald machte er sich, von Unrast getrieben, allein auf den Weg, zurück nach Falkenwalde, um »nach dem Rechten zu sehen«. Er wurde von befreiten, wohl angetrunkenen polnischen Landarbeitern festgehalten, in ein Handgemenge verwickelt und erschlagen. »Verscharrt«, wie meiner Mutter kurz darauf berichtet worden ist. Mein alter, ruheloser Onkel Gustav, der dem Himmel ohnehin oft näher als der Erde war.

Bliebe noch anzumerken, daß der Autor es für geboten hielt, die Namen der im Umkreis der Onkel auftauchenden Personen, soweit es sich nicht um Mitglieder der Familie oder Persönlichkeiten der Zeitgeschichte handelt, von Fall zu Fall gegen frei erfundene auszutauschen.

Köln, den 6. Dezember 1984

Klaus Dohrn

VON BÜRGERN UND WELTBÜRGERN

Eine Familiengeschichte

272 Seiten, zahlreiche Abbildungen und Faksimiles

Sechs Generationen umspannt diese Geschichte der Familie Dohrn. Das erste Kapitel gilt Heinrich Dohrn, der 1817 die »Pommersche Zentral Zuckersiederei« gründet. Sein Sohn Carl August, humanistisch gebildeter Jurist, belesen, sprachgewandt und musikalisch, Freund Felix Mendelsohn-Bartholdys und Alexander v. Humboldts, Käfer- und Liedersammler, lernt auf ausgedehnten Reisen die Welt kennen. Der jüngste seiner drei Söhne ist Anton Dohrn, Gründer der berühmten meereszoologischen Forschungsstation Neapel. Georg Dohrn schließlich, Generalmusikdirektor in Breslau, dessen Leben reich ist an Begegnungen mit den Großen aus dem Musik- und Geistesleben zu Anfang unseres Jahrhunderts, ist der Vater des Autors.
Das sind nur einige der im Buch geschilderten Personen, deren Lebenswege die Kulturgeschichte ihrer Zeit auf lebendige Weise spiegeln. Durch die feine und farbige, oft humorvolle Darstellung von Charakteren und Episoden entsteht das Bild eines Bürgertums, dem jede Enge fremd ist, dessen Selbstbewußtsein in der Tradition wurzelt, das Wohlstand als Verpflichtung, Aufgeschlossenheit für Kunst und Wissenschaft als Verantwortung versteht.

»Bilder aus einer Zeit und Welt, an die man mit einigem Neid und Respekt zurückdenken mag, über welche man heute vielleicht gar nicht genug unterrichtet werden kann. Weil, wie sag' ich's, ja, so ist es, weil sie, diese Welt, damals noch in Ordnung war.«

Andreas v. Razumovsky in der Frankfurter Allgemeinen Zeitung

NESKE